생태사회를 위한
통합적인 접근

생태사회를 위한 통합적인 접근

초판 인쇄 2020년 9월 10일 **초판 발행** 2020년 9월 21일
엮은이 건국대학교 생태기반사회연구소 **펴낸이** 박성모 **펴낸곳** 소명출판 **출판등록** 제13-522호
주소 서울시 서초구 서초중앙로6길 15, 2층
전화 02-585-7840 **팩스** 02-585-7848 **전자우편** somyungbooks@daum.net

값 19,000원 ⓒ 건국대학교 생태기반사회연구소, 2020
ISBN 979-11-5905-454-9 03300

생태사회를 위한
통합적인 접근

An integrated approach for ecological Society

건국대학교 생태기반사회연구소 엮음

소명출판

현재 우리가 살고 있는 지구촌의 가장 큰 문제 중 하나는 생태계 파괴이고 그에 따른 생명체의 위기이다. 아직 많은 사람들이 실감을 하지 못하고 있을지 모르지만, 실은 우리 목전에 닥친 심각한 문제인 것이다. 때문에 자연생태계 변화가 글로벌 사회에 끼치는 영향을 염려하는 목소리들도 점점 커지고 있다.

생태계 파괴의 심각성은 스위스에서 매년 개최되는 다보스포럼에서도 중점적으로 다뤄지고 있는 글로벌 이슈 중 하나이다. 인간의 삶은 경제발전과 자연생태계의 변화와 아주 밀접한 연관성을 갖고 있다. 때문에 오늘날 세계의 모든 나라는 이런 문제들에 대해서 매우 균형적인 시각으로 접근해야 한다. 지구촌 사람들의 더 나은 생활환경과 발전을 꾀하는 것도 지속시켜 나가야 되겠지만, 자연생태계야말로 우리 세대가 미래 세대를 위해서 반드시 지켜야 할 값진 유산이다. 인류에는 오래전부터 자연을 가능하면 본래의 모습대로 유지하려는 사람들과 이를 개발의 기회로 삼으려는 사람들의 충돌과 대립이 상존해왔다. 하지만 현재 지구의 존재를 위협받고 있는 만큼 이제는 양측이 지속적으로 소통하여 지속가능한 사회로 발전해나가야 할 것이다. 그래야 우리 후세대의 미래가 보장될 것이다.

건국대학교 생태기반사회연구소가 『생태사회를 위한 통합적인 접근』이라는 책을 발간하였다. 이 책에는 오랫동안 이 분야를 연구해 온 훌륭한 필자 열 분의 값진 결과가 담겨 있다. 통합적 접근이라는 균형에 걸맞게 책 전체를 인문과학적, 사회과학적, 자연과학적인 관점에서 구성하여 독자들이 보다 이해하기 쉽게 집필하였다.

열 분의 전문가들이 생태문학과 생태철학에 대한 이해를 시작으로 하여 우리사회가 지속가능한 사회로 발전해나가기 위한 정책과제와 방안들을 제시하고, 마지막으로 서로 소통하고 화합하는 지속가능한 지역공동체의 실천사례들을 보여줌으로써 인간다운 삶에 대한 창조적인 모멘텀을 제공하고 있다. 이런 점에서 이 책이 갖고 있는 의의는 매우 크다고 본다. 독자 여러분께 일독을 권장할 만한 매우 가치 있는 책이라고 판단되어 이에 추천하는 바이다.

건국대학교 석좌교수 · 전 총장 송희영

건국대학교 생태기반사회연구소 구성원들이 연구소 설립의 취지에 부합하는 바를 책으로 출간하게 되어 축하드리며, 구성원들의 마음을 모으는 데 즐겁게 고생하신 사지원 소장님께 진심으로 감사드립니다. 그리고 어설픈 전임 소장을 하다가 공직으로 나오는 바람에 바쁘다는 이유로 집필진에 함께하지 못해 죄송하기 그지없습니다. 그나마 서평으로 참여할 수 있게 해주셔서 한 줄의 끈은 가지고 있다는 안도감은 있습니다.

이 책에서 추구하는 생태사회를 위한 통합적인 접근은 우리사회 전반적으로 보편화되지는 않았지만 부분적으로 시도되고 있는 사례들을 종종 보게 됩니다. 최근에 사회적 기업, 사회적 협동조합, 공동체기업 등에 대해 자주 듣게 됩니다. 이러한 형태의 기업을 포괄해서 '사회적 경제'라고 합니다. 사회적 경제는 그간의 이윤과 이익 중심의 기업 활동으로는 자원의 낭비, 빈부의 격차, 고용의 감소 등이 발생하여 지속가능한 발전을 이룰 수 없다는 반성에서 출발한 것입니다. 그런데 사회적 경제는 사회적 의미와 가치는 있지만 개별 기업으로는 경쟁력의 한계가 있기 때문에 '사회적 경제 생태계'가 형성되어야 상호 협동적으로 활동할 수 있습니다. 즉, 기업의 활동 영역에서조차 생태사회의 개념이 도입되고 있습니다.

또한 정부정책의 영역에서도 생태사회의 개념을 도입하고자 노력하고 있습니다. 제가 소속되어 있는 산림청의 사례를 소개 드리고자합니다. 산림청은 문재인 정부 산림정책의 기조를 "내 삶을 바꾸는 숲, 숲속의 대한민국"으로 정하고 매진하고 있습니다. 핵심골격은 세 가지로 구성되는데 첫째가 한반도의 생태계와 생태축을 복원하고 연결하는 것입니다. 여기에는 북한의 260만ha의 산림황폐지 복원과 백두대간과 DMZ생태축을 연결하는 것이 포함됩니다. 두 번째는 산촌을 거점으로 산림자원을 지속가능하게 이용하여 미래의 선진공간으로 만드는 것입니다. 세 번째는 도시숲을 많이 만들어 미세먼지나 폭염 저감 등을 통해 우리의 삶의 질을 높이는 것입니다.

이렇듯 기업이나 정부 그리고 다양한 공동체가 생태사회를 지향하는 움직임을 보여주고 있습니다. 그러나 여전히 개발과 이윤이라는 자본의 논리와 생태사회의 논리가 균형을 이룬 상태는 아니라고 생각합니다. 이번에 출판하는 책이 제목에서 제시한 것처럼 우리사회의 생태사회를 위한 통합적 접근에 기여할 수 있기를 기대합니다.

31대 산림청장 · 건국대학교 산림조경학과 교수 김재현

　요즘 우리사회는 미세먼지와 플라스틱과 각종 쓰레기 처리문제로 몸살을 앓고 있다. 45억 년 정도 나이의 지구를 1년으로 압축한 지구달력에 의하면 인류는 12월 31일 마지막 날의 마지막 1분 전에 밭을 갈고 모든 천연자원을 소모했으며 마지막 1초 전에 예측할 수 없는 결과를 초래하는 최고의 기술을 사용하다가 소멸 직전에야 깨달았다. 우리의 생활터전이 위기라는 것을. 그리고는 지금껏 '지구적으로 생각하고 지역적으로 행동하자'고 호소하며 지구촌 차원의 노력을 강조해오고 있다. 그러니까 현재 우리는 자연생태계를 최대한 복구하고 보존하고 우리의 생활양식을 근본적으로 전환해야만 하는 급박한 시공간에 서 있는 것이다.

　우리 생명공동체의 존재위기에 직면하여 건국대학교 생태기반사회연구소는 그동안 논의하고 연구해왔던 결과를 집대성하기로 했다. 생태기반사회연구소는 지구상의 모든 생명체의 연계성과 순환성 및 지속성과 역동성 등의 생태적 가치가 기반이 되는 사회로 전환하는 데 기여하자는 시대정신에서 설립되었다. 이 목적에 부합하도록 우리 필진은 생태사회 또는 생태공동체에 도달하기 위한 방안을 다각도로 모색했고 가장 시의성이 있는 주제들을 선정하여 통합적인 관점에서 접근하고자 했다.

독자의 편의를 위해서 실린 순서에 따라 거칠게 스케치해 본다. 제1부는 생태사회를 위한 인문학적인 접근이다.

사지원은 수질, 대기, 토양오염과 유전자변형에 의한 먹거리 불안과 쓰레기 문제가 단독적인 문제가 아니라 정치·경제·사회문제가 얽혀 있는 종합적인 문제이기에 사회과학이나 자연과학처럼 세분화하는 학문이 아니라 우리의 생활양식을 총체적으로 보여주는 문학을 통해서 생태문제를 고민해야 한다고 주장한다. 이때 사지원은 독일이 생태선진국이 되는 데 기여한 독일작가들의 활동과 그들의 작품을 사례로 들어 그 전환과 발전과정을 고찰한다. 사지원은 독일의 참여 작가들은 사회문제를 작품으로만 표출한 것이 아니라 직접 행동으로 보여줌으로써 사회의 개선에 동참했다고 강조한다.

양해림은 생태라는 용어의 탄생과 개념을 논한 이후, 이 개념들이 다양한 학자들에 의해 생태학으로의 발전하는 과정을 상세히 조명한다. 이어서 그는 생태이론의 주축을 이루고 있는 근본생태론, 사회생태론 생태페미니즘을 그 생성부터 전개과정까지 세밀히 살핀다. 나아가 인류의 발전이 야기한 오염문제를 과학기술로 해결할 수 있다고 보는 기술지향주의와 이 기술지향주의가 우리의 지구를 위기로 몰고 왔다고 여기는 생태지향주의에 대해서 설명한다. 이에 따라 양해림은 천연자원의 고갈, 식량부족, 야생동물의 멸종, 온실효과 등을 해결하기 위해서는 생태지향주의로의 의식전환이 필요한 시점이라고 힘주어 말한다.

세2부는 생태사회를 위한 사회과학적인 논의이다.

이병민은 도시의 역사와 이야기 및 철학 등 무형적인 가치와 자산 등을 재조명하고 재해석하여 재창출해내면 문화가 기반이 되는 도시로 재탄생할 수 있으며 이는 도시경쟁력뿐 아니라 국가경쟁력을 강화하는 방안이라고 주장한다. 즉 문화가 지역의 경제 활성화와 지역민의 화합 및 지역 이미지 개선의 차원을 넘어서 지역과 국가의 지속가능한 성장을 위한 요소가 될 수 있다는 것이다. 이병민은 문화가 기반이 되는 도시는 선순환작용이 일어나서 지속적인 성장이 가능해진다고 강조하며 지속가능한 성장을 위한 문화도시기반 강화 방안을 제시한다.

이승은은 국제표준기구 ISO가 기업의 사회적 책임을 인증하기 위해 제정한 ISO 26000을 고찰한다. 이승은은 지배구조, 인권, 노동, 환경, 공정한 사업운영, 소비자 과제, 커뮤니티 참여의 7개 분야로 구성된 ISO 26000 지침에 대하여 조목조목 설명하고 이 지침이 법적 구속력이 없기 때문에 정부가 나서서 이 지침을 준수하도록 적극 권장해야 한다고 주장한다. 그럼으로써 지속가능한 사회가 가능해지고 새로운 패러다임이 펼쳐질 수 있을 것이기 때문이다.

임낙평은 현재 인류가 가장 시급히 해결해야 할 문제를 기후변화라고 여기며 이를 조명한다. 그는 유엔이 주최가 되어 추구하고 있는 '새로운 길'을 찾기 위한 과정을 낱낱이 밝힌다. '새로운 길'이란 탈탄소화를 통해 지구환경정의를 구현하고 지속가능한 미래를 열기 위한 방안이다. 임낙평은 폭염, 혹한, 폭우, 가뭄, 산불, 해수온도와 해수면의 상승 등 지구촌 곳곳에서 일어나고 있는 문제들이 결국은 지구온난화로 인한 것이라고 지목하며 그동안 유엔과 국제사회가 기후변화 관점에서의 지속가능한 미래를 위해 노력해 온 지난한 과정에 대해서 상세히 고찰한다. 동시에 그는 이 미래를 어떻게 하면 펼칠 수 있을 것인가에 대해서 제시하고 탈탄소화와 재생에너지로의 전환이라는 '새로운 길'이 우리나라의 실정으로는 아직 벅차지만 반드시 가야 할 길이라고 힘주어 말한다. 이 길이 생명을 살리는 길이자 평화의 길이기 때문이다.

정수정은 우리가 직면하고 있는 환경문제의 해결안은 실천이기에 의식의 변화가 필수적이라고 강조하며 우리나라의 도처에 있는 체험형 환경교육현장들을 비춘다. 정수정은 현장교육으로 인해 환경문제가 개인의 문제가 아니라 공동체의 문제임을 인식하는 계기가 됐으며, 이에 따라 모두 함께 해결해가야 하는 문제로 인식하는 성과를 올리게 됐다고 현장교육의 효과를 부각시킨다. 동시에 교육현장이 환경문제의 해결뿐 아니라 지역공동체의 소통의 장이 됐고 그럼으로써 공동체의 단합과 삶의 질의 향상에도 기여하게 됐다고 판단한다. 정수정은 우리나라를 넘어 지구

곳곳에서 일어나는 이런 소통과 화합이 시속가능한 발전이자 지속가능한 미래로의 길을 여는 하나의 방안이라고 주장한다.

허순영은 인류는 '발전'이라는 명분으로 자신의 편의와 안락을 위해서 불과 300여 년 동안에 45억 년이 된 지구에 막대한 훼손을 가했고 이제 그 대가를 지불해야만 하는 상황에 처해 있다고 말한다. 특히 허순영은 우리나라 통계청의 국가통계포털과 환경부의 환경통계포털을 이용하여 우리 국민의 환경인식과 실천 상태를 조목조목 밝힌다. 이 자료에 의하면 우리 국민들의 환경인식과 실천의지가 점점 개선되고 있지만 가속도가 붙은 자연생태계의 훼손 속도에 비해서는 답답할 정도로 느리다. 따라서 아직 우리의 현실은 갈 길이 멀어 보인다. 하지만 허순영은 우리의 후손을 위해서 반드시 가야 하는 길이라고 주장하며 이 시대를 살고 있는 우리 모두의 각성을 촉구한다.

제3부는 생태사회를 위한 자연과학적인 접근이다.

이수현은 도시숲과 지속가능한 도시와의 관계에 대해서 고찰한다. 이수현은 국토의 도시화는 여러 부작용을 야기하기에 현재 산림청이 도시 숲 정책을 펼치고 있는 것이라고 강조하며 도시숲의 필요성을 피력한다. 특히 그는 우리나라의 경우 국토의 도시 비율이 90%을 넘어섰는데, 도시숲의 비율은 50%를 넘어서지 못했으며 이마저 도시 외곽에 위치에 있는 실정이라고 지적하고 시민들의 생활권 내의 도시 숲을 증가시켜야 한다고 주장한다.

이때 그는 정부에 의한 도시숲 조성은 예산문제로 한계가 있기 때문에 시민들의 자발적인 참여가 중요하다고 힘주어 말한다. 녹지공간이 많은 곳에서 성장한 아이들이 더 스마트하다는 연구결과도 있듯이, 이수현은 녹지공간의 확보를 통해 도시민들이 넉넉한 마음을 갖고 지속가능한 도시로 성장해나가길 희망한다.

박신애는 고혈압, 당뇨, 정신질환, 아토피, 천식, 비염과 같은 현대병을 치료하기 위해 의료비의 80% 이상이 소요되고 있지만 그 원인을 명확히 규명해내지 못하다보니 적합한 치료법을 찾아내지 못하고 있는 실정이라고 지적하며 그 대안으로 자연 치료적인 의학, 전문용어로 말하면 보완대체의학에 속하는 원예치료를 제시한다. 원예치료는 살아있는 생명체인 식물을 도구로 사용하는 치료법이다. 즉 원예치료는 생명체를 직접 키우는 과정에서 생명체와 지속적으로 소통함으로써 정신과 육체를 동시에 치유하는 치료법이라는 것이다. 박신애는 타 생명체를 살림으로써 자신의 생명을 살리는 원예활동과 그 효과에 대해서 상세히 고찰한다.

유미연은 지속가능한 지역의 정의와 종류를 논한 이후 지속가능한 지역으로 재탄생한 국내외의 사례를 든다. 우리나라의 경우, 신안의 영산도가 주민주도형의 지속가능한 지역 만들기에 성공한 지역이며 제주도의 하례리가 주민주도형의 지속가능한 마을로 자리잡아가고 있다. 유미연은 지속가능한 지역 만들기에 대학과 지역사회가 손을 잡은 사례로 서울 광진구의 시민단체 '광진 주민연대'와 건국대학교의 '생태기반사회연구소' 및 '커뮤니티비즈니스센터'와 'LINC+사업단'의 연계를 든다. 유미연은 정부와 지자체와 지역 소속 대학교들이 협력을 하면 주민주도형 지역 만들기를 성공할 수 있을 것이라고 판단하며 주민주도형 지속가능한 지역 만들기에 희망을 건다.

　이 책이 세상의 빛을 볼 수 있게 된 것은 생태기반사회연구소 연구위원들의 자발적이고도 적극적인 참여와 성실함과 선량함 덕분이다. 학교일과 연구소의 프로젝트와 개인연구 등으로 늘 시간에 쫓기는 선생님들의 자기희생적인 열정이 없었다면, 이런 작업은 가능하지 않은 일이었다. 이 자리를 빌려 먼 길을 매번 기꺼이 달려와 주신 창원대학교의 허순영 교수님과 대전보건대학교의 이승은 교수님, 환경교육센터의 정수정 소장님, 연구소의 일에 주저 없이 나서 주신 건국대학교의 이병민, 박신애 교수님, 외부에서 흔쾌히 집필을 수락하여 연대감을 발휘해주신 양해림 교수님과 이수현 부소장님과 임낙평 대표님께 마음 깊이 감사를 드린다. 또한 연구소의 이런저런 일들을 언제나 흔쾌히 시원스럽게 처리해준 유미연 선생님에게도 감사의 마음을 전한다.

　무엇보다 우리 연구소 초대소장과 건국대학교 총장을 역임하신 송희영 석좌교수님과 우리 연구소의 3대 소장을 지내시고 31

대 산림청장을 맡으셨던 김재현 교수님께서 추천의 글을 작성해
주신 데 대해 고개 숙여 감사 인사를 드린다.

우리 연구소는 앞으로도 지속적으로 모든 생명체의 연계성,
순환성, 지속성, 역동성 등의 생태적 가치를 확산해나갈 것을 약
속드리며 기꺼이 출간을 맡아주신 소명출판의 박성모 사장님,
또 원고들을 세심히 살피고 매끄럽게 다듬어 주신 이정빈 선생
님께도 깊은 감사를 드린다.

집필 대표·건국대학교 생태기반사회연구소 소장 사지원

차례

제1부
인문과학

생태사회를 위한 독일작가들의 활동과 생태문학
사지원

생태담론의 철학
양해림

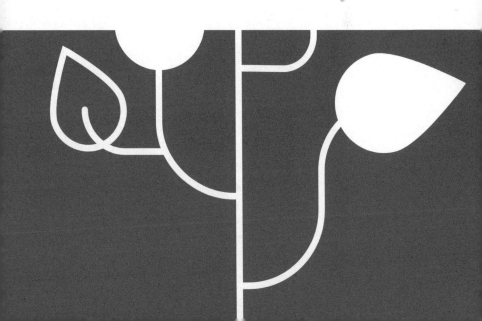

생태사회를 위한 독일작가들의 활동과 생태문학[1]

_____ 사지원 _____

1. 생태와 생태문학의 개념

기상이변, 대기 및 수질오염, 황사현상 등의 폐해로 인한 인류
의 존속여부를 구체적으로 논하고 문학적으로 형상한 지 50여
년이 되어 간다. 하지만 그동안 지구의 위기는 더욱 가속화되었
고, 이제는 유전자변형식품들이 우리의 먹거리를 위협하고 있고
미세먼지가 우리의 일상을 덮치고 있으며 미세플라스틱이 우리
의 식탁을 점령하는 상황까지 와 있다. 이런 초유의 사태를 보면
서 필자는 오랜 노력 끝에 현재 생태선진국가가 되었으며 생태
사회를 위해서 가장 앞장서고 있는 독일을 떠올렸다. 독일이 생
태선진국가가 된 데에는 무엇보다 생태관련 정책들이 완전히 시
스템화 되도록 정부를 움직인 시민들의 오랜 투쟁과 노력이 있
었기 때문이다. 엄밀히 말하면 지금의 생태선진국 독일은 보통

사람들의 의식을 바꾸고 실천하도록 영향을 미친 선구자들 덕분
이다. 작가를 포함한 지식인들이었던 선구자들은 일찍이 기술지
향주의 사회가 초래할 문제들을 예상하고 급속한 산업화와 도시
화를 반대했다. 이 선구자들 중 특히 작가들이 영향을 미칠 수 있
었던 이유는 전통적으로 문학과 철학과 신학이 주류를 이루었던
인문학이 사회를 주도했기 때문이다. 독일의 인문학이 가장 꽃
피웠던 19세기에는 작가의 사회적 역할과 영향력이 지대했다.
이런 전통으로 인하여 독일에는 문학의 사회적 역할과 그 역할
을 가벼이 여기지 않은 풍토가 여전히 남아 있다. 또한 요즘 우리
주변에서 쉽게 들을 수 있는 '생태'라는 개념도 독일에서 탄생했
다. 이런 연유에서 필자는 독일의 작가들이 고도의 자본주의 사
회와 기술지향주의에 저항하기 위해 집필했던 작품들과 그들의
행동을 재조명해 보고자 한다.

'생태'와 '생태학'이라는 개념은 독일의 동물학자 에른스트 헤
켈이 그의 저서 『유기체의 형태론』(1866)에서 처음으로 사용했
다. 그는 "생태학은 유기체가 그것을 둘러싼 외부세계와 맺고 있
는 관계를 연구하는 종합학문이다"[2]라고 정의했고, 이후 여러 글
에서 '전 우주가 하나의 커다란 발전체계의 연계 속에 있다'는 일
원론을 펼쳤다. 그는 우리 인간의 영혼도 세계영혼의 작은 부분
일 뿐이며 우리의 육체도 단지 커다란 유기체의 일부를 형성한다
고 주장했다. 따라서 생태라는 개념에는 상호연계성, 순환성, 지

속성, 역동성 등이 내포되어 있다고 할 수 있다.

생태문학이란 용어 역시 에른스트 헤켈의 생태개념을 근거로 하여 정의되고 있다. 그것은 모든 생명이 서로 관계를 맺고 있고 의존하고 있다는 생태학적 인식을 기반으로 하고 있는 세계관을 보여주며 생태사회를 목표로 하는 미래지향적인 개념이다. 이 개념에는 인간중심적인 사고와 이윤추구만을 목표로 하는 무자비한 개발, 그로 인한 폐해와 삶의 피폐화, 산업과 진보가 초래한 악영향을 비판하는 등 단순히 파괴의 실상을 폭로하거나 이에 문제를 제기하는 작품도 포함된다. 이 작품들에 생태학적 인식이 명백히 드러나 있지 않을지라도 근본적으로 생태계의 파괴와 닿아 있기 때문이다. 이렇게 넓은 의미로 개념이 규정되어질 때, 생태문학은 여러 요인이 얽혀서 다양한 형태로 나타나는 생태문제와 그만큼 여러 방식으로 표출되는 작품들을 포괄하여 생태사회를 실현하는 데 기여할 수 있을 것이다.

생태문학에는 시, 소설, 희곡 등 다양한 장르가 속하지만, 이 글에서는 생태소설만을 다루고자 한다. 생태시에 비해 생태소설의 작품 편수가 많지 않아서인지 그에 대한 글도 생태시에 비해서 활발한 편이 아니기 때문이다. 그 이유는 이러할 것이다. 생태소설은 생태계의 훼손 상태와 오염에 대한 정확한 정보와 지식을 바탕으로 문학적 상상력을 발휘해야 할 뿐만 아니라 정계와 경제계와 얽혀있는 예민한 문제를 건드려야 하는 쉽지 않은 작업이기 때문이다. 하지만 소설은 우리 인간사회의 모습을 총체적으로 보여줄 수 있기에 생태학적 인식을 기반으로 생태학적 대안을 모색하기에 가장 적합한 장르라고 할 수 있다.

이 글에서는 독일 낭만주의의 자연정신을 토대로 탄생한 생태문학과 산업화시기 및 사회운동에 힘입어 생태문학에 대한 논의가 본격화된 1970~1980년대의 소설들을 되짚어보고자 한다. 특히 1970년대 시작된 환경운동, 평화운동, 여성해방운동과 같은 대안운동에 적극적으로 동참했던 작가들의 작품을 살펴보고자 한다. 이들의 소설이 생태문학을 대표하는 작품여서라기 보다는 이 작가들이 문학의 사회적 역할을 명백히 인지하고 다른 작가들보다 먼저 당시의 사회문제에 민감하게 반응하며 지속적으로 관심을 보였기 때문이다.

2. 독일 낭만주의의 자연정신과 생태문학의 단초

독일은 18세기까지만 해도 정치와 경제뿐만 아니라 문화예술 면에서도 영국과 프랑스에 뒤떨어져 있었다. 영국에서는 16세기에 셰익스피어가 세계문학을 이끌었고, 17세기에 의회민주주의를 발달시켰다. 프랑스에서는 17세기에 몰리에르, 라신느, 꼬르네이유가 고전주의를 융성시켰으며, 18세기에 대혁명이 일어났다. 그러나 낭만주의 시대인 19세기에 들어서자, 위대한 학자와 문인들이 독일에서 대거 배출되고 학문과 문화가 꽃피기 시작했다. 따라서 18세기 말부터 싹트기 시작한 낭만주의문학으로 거슬러 올라가 생태문학의 단초를 찾아보겠다.

독일 낭만주의는 영국의 경험론과 프랑스의 합리주의에 입각한 유럽의 계몽주의를 비판적으로 인식한 데서 출발했다. 이성적·분석적 사유를 바탕으로 세계를 조각내고 자연의 신비를 벗겨 그것을 지배하려 했던 계몽주의와는 달리 낭만주의는 전체성을 강조하고 자연을 통합적이고 신비로운 존재로 여겼다. 때문에 낭만주의자들은 자연을 부분으로 나누어 분석할 뿐, 조화의 아름다움과 총체성을 인식하지 못하는 계몽주의자들의 기계적 사고를 비판했다. 낭만주의의 대표작가 노발리스는 1799년에 발표한 「기독교 혹은 유럽」에서 프랑스의 계몽주의자들이 자연과 대지, 인간의 영혼과 문학 등을 말끔히 쓸어내는 데 진력했고 수학적인 순종성을 총애했으며 빛이 색깔과 어울리는 것보다 조각조각 부서지는 것을 좋아했다[3]고 비판했다. 그는 또한 건조한 과학적인 사유가 파괴적인 전쟁과 분열을 야기하고 정복과 소유와 같은 욕망을 낳았다[4]고 힐책했다. 노발리스에게 자연은 임의적으로 분할하여 점유할 수 있는 것이 아니며 모든 종족의 공동의 근거지였던 것이다. 그러니까 자연은 "인간이 상실한 공동체적 감정을 회복시켜 주는 심급기관"[5]이며 사유로 파악되는 객체가 아니라 정신적 존재이고 살아있는 주체이며 영혼을 가진 존재인 것이다. 따라서 자연과 인간은 서로 지속적으로 의사소통을 하면서 새롭게 생성되는 관계를 맺고 있다. 이러한 교환관계가 "자연은 눈에 보이는 정신이고 정신은 눈에 안 보이는 자연이어야 한다"는 사고를 낳으며 "정신과 자연의 접촉만이 정신"[6]이라는 낭만주의의 '자연정신'을 낳는다.

후기 낭만주의 작가 베티나 폰 아르님(1785~1859)에게는 이 '자연정신'이 삶의 원동력이었다. 베티나가 『한 아이와 괴테의 서신교환』에서 "모든 자연은 정신의 상징이며, (…중략…) 사람은 자연을 통해 스스로의 정신을 깨닫게 됩니다"[7]라고 고백하고 있듯이, 자연은 그녀의 정신을 성장시켜주는 주체였다. 또 그녀는 서간체 소설 『귄데로데』(1844)에서 나무들이 사람들에 의해 잘려나가는 것을 회상하며 정신과의 단절을 느꼈다. 그녀는 이를 "자연의 소멸뿐 아니라 인간본성의 자기파괴와 소외"라고 인식했다. 즉 인간과 자연의 의사소통이 인간의 행위에 의해 단절된다는 것이다. 모든 대상을 압박하고 파괴하는 오성이 인간의 자연 간의 소외를 초래한다고 본 것이다. 베티나는 끊임없는 자연과의 접촉을 통해 성숙된 정신의 결실을 보고 이를 문학적으로 형상화했다. 자연을 정신적 가치로 또 정신적 성장의 교본으로 여겼던 베티나의 사고는 지구상의 모든 존재는 서로 유기적인 관계를 맺고 있다는 생태학적 세계관과 같은 맥락에 있다.

베티나의 이런 세계관은 인간해방으로 이어졌다. 집안의 하인들까지도 계급의식이나 차별의식이 없이 한 식구로 여긴 그녀는 여러 사회문제를 접한 1830년대 이후부터는 사회정치적으로 억압받는 이들을 위해 열정적으로 활동하며 국가적 차원의 개선을 요구하는 글들을 발표했다.

특히 베티나는 1837년 괴팅엔 대학의 7명의 교수가 추방된 사건에 적극적으로 개입하면서 공적인 인물이 되었다. 이전까지는 베티나가 정치적 문제에 대하여 구체적인 견해를 표출한 적이 없었다. 1833년 에른스트 아우구스트 폰 하노버 왕이 제정된 지 4년도 안된 헌법을 폐기하자, 야콥 그림과 빌헬름 그림을 포함한 7명의 괴팅엔 대학 교수가 이에 항의했다. 왕은 이들을 영토 밖으로 추방하여 버렸다. 그림 형제와 어렸을 때부터 친구였던 베티나는 1839년 11월 4일 프리드리히 빌헬름 4세에게 이들을 구제해줄 것을 탄원하며 통치자로서의 책임과 의무에 대하여 편지를 썼다. 이는 베티나가 빌헬름 4세에게 보내는 최초의 편지였다. 그 노력이 성공을 거두어, 1840년 11월 2일에 그림 형제가 베를린으로 초빙되자, 베티나는 계속하여 빌헬름 4세에게 희망을 걸었다. 그러나 "낭만주의의 왕관을 쓴 왕"[8]에게 기대했던 자유의 바람은 거부되고 말았다. 각료의 반대에 부딪친 왕이 정치노선을 바꾼 것이었다. 그리고 이를 왕권신수설이 정당화했다. 하지만 베티나는 이에 굴하지 않고 인권을 회복하고 노예처

럼 살고 있는 노동자들의 생활을 개선하기 위해서 국왕의 역할
을 자각시키는 글을 계속 집필했다. 그는 베를린의 빈민굴, 국립
빈민구호소, 노동자들의 가정을 직접 방문하여 실태를 조사하고
그 내용을 기록한 보고서를 만들었다. 그것이 1843년에 집필한
『이 책은 왕의 것이다』이다. 책은 일자리를 잃어버린 직조공들
의 참담한 생활상과 1839년에 선포된 6세 이하 어린이의 노동
금지조치 및 9세부터 16세까지의 청소년들에게 하루 10시간 이
상의 노동을 금지하는 규정은 당장 굶어야 하는 아이들에게는
의미가 없고, 하루 종일 노동주의 횡포에 시달리는 아이들에게
사랑의 복음을 전파하는 것은 별 효과가 없으며, 수십 년의 고된
노동으로 비참한 몰골이 되어 국립빈민수용소에서 죽을 날만을
기다리고 있는 부인들에게 술을 삼가라고 촉구하는 목사들의 설
교 역시 부적합하다는 등의 내용으로 되어 있다.[9]

　1844년 슐레지엔에서 직조공들이 봉기를 일으켰을 때, 베티
나는 이들을 베를린에서 지원하며 독일 주요 신문들에 독일의
빈민상황을 보도하라고 요구했다. 이 봉기가 있기 전에 그녀는
슐레지엔 지방의 조세와 수입의 통계를 근거로 궁핍의 책임은
국가와 지배계층 주도의 경제제도에 있다는 것을 입증하는 저서
의 출판을 계획했다.[10] 그러나 베를린 시 당국에 의해 국가모독
죄로 소송이 제기되어 출판은 수포로 돌아갔다.[11] 큰아들 프라이
문트 후작과 법무장관인 형부 프리드리히 칼 폰 사뷔니의 노력

덕분에 소송은 2개월 금고형의 선고로 끝이 났다.

베티나는 60년 동안 편지를 쓰고 그것을 개작하고 출판했다. 이 편지 자체가 사회의 개선을 위해 개인적인 불이익과 고통을 감수하고 행한 그녀의 문학 활동이자 출판 활동이었으며 개인적인 고백이자 정치적 행위였다. 깨달은 바를 실천하는 힘은 베티나의 새로운 종교가 된 문학의 힘이었다. 고인들과의 정신적인 교류가 그의 정신을 깨어있게 하고 생동하게 하고 강화하고 사유와 행동의 일치를 이루게 했다. 베티나에게 이러한 힘을 부여하는 이들은 고인이 되었지만, 베티나의 마음속에서 생생하게 살아 있었다. 때문에 이 사고가 베티나를 죽음과 삶, 삶과 죽음은 서로 연결되어 있다는 깨달음에 이르게 하고, "무상한 것들을 불멸"로 연결시키는 순환적 세계관을 갖게 했다. 요컨대 베티나의 세계관은 자연과 인간, 정신과 육체, 이성과 감정의 분열이 존재하지 않는 일원론적 통일체였다.

베티나 폰 아르님은 '최초의 사회주의 여성'이라 불릴 만큼 빈곤한 사람들의 문제에 깊은 관심을 갖고 불공평한 분배와 인권 탄압을 인식했으며 인간에 의한 인간의 지배를 타파하기 위해서 열정을 쏟았다. 그녀는 문학의 사회적 역할을 확실히 인지하고 있었으며 문학을 통해 진정한 인간해방을 부르짖었다. 이는 인간과 자연, 주체와 객체, 이성과 감정을 구분하지 않는 수평적이고 평등한 가치관, 즉 생태학적 세계관에 기초한 것이었다.

낭만주의자들의 자연관에 신비적이고 관념적인 요소가 있긴 하지만 자연을 살아 있는 유기체로 여기고 자연과 인간의 소통을 추구하며 사회문제를 지적한 것은 큰 의미가 있는 일이다. 바로 이러한 낭만주의 세계관에서 우리는 생태문학의 단초를 엿볼 수 있다.

3. 산업화 시기의 생태문학

1830년대 후반 들어, 독일에 철도가 개통되고 공장들이 들어섰다. 그러자 농촌인구가 도시로 몰려들고 신시가지가 형성됨으로써 자연과 농촌이 점차 붕괴되어 갔다. 과학화, 기술화, 물신화해가는 세계에 대한 우려가 이제 직접 생계와 실존의 문제와 부딪치게 되었다. 이에 따라 도시와 농촌, 가내공업과 기계산업, 전통과 근대를 대립시키는 소설들이 등장했다.

시적 사실주의[12] 작가 고트프리트 켈러(1819~1890)는 『마을의 로메오와 율리아』(1856)에서 경제적, 사회적으로 독립된 이상적인 농촌시민사회가 근대화되고 자본주의화하면서 몰락해가는 과정을 묘사했다.

만츠와 마르티는 젤트빌라 근처의 마을에서 덕망 있고 든든한 경제기반을 가진 "최고의 농부에 속하는" 인물로 안정된 시민사회의 일원이었다. 소설에서 두 농부가 평화로이 쟁기질을 하는

장면은 자연의 일부로 장면 전체가 극히 조화로운 정경을 지아
낸다. 즉 인간과 자연이 아름다운 질서를 유지하고 있는 것이다.
하지만 건전하고 건강한 정신을 가졌던 두 농부는 자기네들 밭
사이에 있는 주인 없는 땅에 욕심을 내고 도시에서 몰려든 투기
꾼들의 부추김에 의해 허욕에 찬 건달이 되어 결국 가정을 파탄
으로 몰고 간다. 두 집안의 아들과 딸은 소꿉친구로 사랑하는 사
이였다. 하지만 이들은 시민사회의 도덕성을 철저히 내면화하고
있으며 아버지들이 잃어버린 '시민'이라는 명예를 지키고자 자
살하고 만다. 요컨대 자연에 의지해 살던 농촌 시민사회에 파고
들기 시작한 근대화와 새로운 가치체계의 물결이 평온한 사회의
질서에 균열을 야기하고 아이들을 죽음으로 몬 것이다. 소설은
두 농부의 피폐한 정신과 이웃과의 연대감을 잃어가며 물질우선
주의와 한탕주의가 지배적인 가치가 되어가는 모습을 객관적이
고 사실적으로 보여주면서 만츠와 마르티의 싸움이 사회상 전체
에 뿌리를 두고 있음을 제시한다.

고트프리트 켈러는 『취리히 금요신문』에서 앙숙 관계가 된 두
집안 젊은이들의 죽음을 "만연해가는 풍기문란이며 정열의 야만
화"라고 평가한 기사를 보고 소설의 착상을 얻었다. 때문에 소설
은 두 농부의 몰락과 그 자식들의 비극적인 운명을 개인적인 사
건이 아니라 사회전체의 변화와 연계 속에 있음을 여실히 드러
냈다. 즉 자본주의의 확대로 대부분의 시민이 프롤레타리아로

전략할 수밖에 없는 사회구조적 모순을 지적한 것이다. 그리고 이로써 두 젊은이의 죽음에 대한 사회적 비판에 제동을 걸었다. 소설은 자연의 섭리에 따라 땅을 일구며 이웃과 소박하게 살던 사람들이 자본주의에 물들어 대지와 고향을 버리고 사랑을 파괴하는 모습, 즉 자연생태계와 사회생태계의 파괴뿐 아니라 인간성의 황폐화까지 생태계 전반의 문제를 다루었다.

반면에 빌헬름 라베(1831~1910)는 화학공장의 설립으로 인한 가내공업의 몰락과정을 『피스터의 방앗간』(1884)을 통해서 적나라하게 드러냈다. 라베는 브라운슈바이크 근교의 한 설탕공장에서 방류한 폐수로 인하여 야기된 소송사건을 듣고 이 소설을 탄생시켰다.

물레방앗간을 운영하고 있는 피스터는 근처에 새로 생긴 설탕공장 '크리커로데'에서 방류한 폐수로 인해 물고기가 죽고 물이 오염되어 물레방아를 돌릴 수 없게 되자 공장주를 상대로 소송을 제기한다. 이때 일어나는 방앗간 주인과 공장주의 투쟁은 농업국가에서 산업국가로 넘어가는 혼란을 대변한다. 피스터는 승소하지만 시대는 이미 물레방아를 필요로 하지 않는다. 전통이 근대의 건조한 기계주의에 밀려나고 만 것이다.

『피스터의 방앗간』은 "현대 환경오염의 문제를 주제로 삼은 최초의 문학작품의 하나"[13]로 당시의 생태소설과 달리 냇물의 오염실태를 직접 보여줌으로써 자연파괴에 세부적이고 구체적으로 접근했다고 평가할 수 있다.

세기전환기의 생태문학은 산업화와 도시의 광역화에 대립하여 씨족사회와 토착문화를 예찬하고 대지를 찬양하며 이상향을 설정했다. 예컨대 빌헬름 폰 폴렌츠의 『그라벤하겐의 사람』(1897), 구스타프 프렌센의 『외른 울』, 헤르만 뢴스의 『이리로 둔갑한 사람』(1910) 등이 이에 속한다.

20세기의 전반부에는 두 번에 걸친 세계대전으로 인한 자연생태계와 사회생태계의 파괴뿐 아니라 인간에 내재하고 있는 마성과 고도로 발달한 과학문명 및 산업기술의 노예가 되어 가는 인간상 등 생태에 대한 문제의식을 엿볼 수 있는 소설들이 주류를 이루었다.

4. 1970년대의 대안운동과 작가들의 활동

생태문학이 본격화될 수 있었던 것은 1970년대에 활성화된 시민운동 덕분이었다. 독일에서는 1960년대 말부터 소규모 시민단체의 활동이 있었다. 이들은 주로 쓰레기 매립지나 지역정비계획 또는 시 중심부 우회도로 등의 수정을 요구하는 일을 했다. 이 시민운동이 전국적으로 주목받게 된 최초의 사건은 1969년 하노버에서 있었던 시외버스 요금인상 반대시위였다. 이후 여러 시민단체가 단합하여 집단적인 힘을 발휘했다. 이 운동은 환경, 여성해방, 평화운동에 초점을 맞추었으며 '대안운동'이라 불렸다. 이 시민운동은 1968년 폭발하게 된 학생운동과 성격이 달랐다. 학생운동은 베트남 전쟁에 반대하고 대학교육제도의 개혁과 반권위주의를 부르짖으며 전 지구적인 사회개혁을 꾀했다. 반면에 전국에서 모여든 시민들이 세계적인 주목을 받으며 펼쳤던 시민운동은 1975년 라인강 상류지역의 뷜과 1976년 10월과 11월에 엘베강 하류의 브로크도르프 지역에서 원자력발전소 건설을 반대한 시위였다. 또 1977년 5월에는 방사능폐기물 처리장으로 계획된 베저강변의 그론데 지역과 엘베강의 고르레벤 지역에서 시위를 펼쳤다.

이 시위에 적극적으로 참여하며 생태파괴를 우려하는 글을 발표했던 작가가 1972년 노벨문학상을 수상한 하인리히 뵐(1917~1985)이다. 뵐은 "대지의 가치"를 제대로 평가하자고 호소한 글 「브로크도르프와 뷜」에서 "문화란 대지의 경작으로 시작"되었으며, "'너희에게 대지를 예속시킨다'는 것은 대지를 파괴하고 경시하라는 의미가 아니다"[14]라고 각성을 촉구했다. 또한 뵐은 "주위 세계라는 것은 전통적으로 내려오는 환경이라는 의미일 뿐 아니라 발아래의 땅, 이웃, 숨 쉴 공기"[15]라고 정의했다. 하지만 그는 오늘날의 "자연정경은 인간, 동물, 물, 숲, 공기, 땅이 순전히 그 유용성에 헌신할 때 생겨나는 산업정경이 되었다"[16]라고 한탄하면서 "산업국가의 복지는 더 이상 국민총생산이 아니라 마실 수 있는 공기와 식수로 측정될 것"[17]이라고 경고했다.

다른 한편 그는 전후의 사회가 도시의 재건축과 재정비사업을 위하여 무조건 부수어버렸던 정책을 지적하며 좌파적인 젊은이들이 벌이고 있는 나무보호와 옛 건축물의 보존 운동에 찬사를 보냈다.[18] 즉 그들은 보존이라는 새로운 가치를 창출해내는 데 기여하고 있다는 것이었다.

일련의 일들에 동참하면서 뵐은 여러 시민단체가 모여 형성한 녹색당의 창당을 적극 지지했다. 원자력발전소의 건설과 핵폐기물의 처리문제, 산성비로 인하여 숲이 훼손되어가고 지속적인 산업화로 인하여 시골마을들이 붕괴되어 가는 모습에 반대하는 녹색당의 기본방침들이 그의 사유와 일치했기 때문이다.[19] 그가 보기에 녹색당은 1970년대의 성장제일주의와 소비를 최고의 미덕으로 여기는 독일사회에서 변화를 이끌 수 있는 유일한 정당이었다. 평생지기이며 20세기의 마지막 노벨문학상 수상자 귄터 그라스가 골수 사회민주당이었던 반면에 뵐은 사민당에 크게 실망하고 녹색당으로 전환했다. 사민당이 언론을 제대로 활용하지 못하고 학생운동 이후 생겨난 테러집단 적군파에 대한 경찰권력을 남용하며 포용력 없는 정책을 폈기 때문이다. 또한 뵐은 녹색당의 핵심구성원이 된 동독의 사회생태론자 루돌프 바로[20]를 동독의 감옥으로부터 석방시키는 데 큰 기여를 했다.

뵐이 녹색당에 관심을 보였던 또 다른 이유는 평화운동 때문이었다.[21] 환경운동과 한 줄기에 있는 평화운동은 뵐이 생애의 마지막에 열정적으로 참여했던 분야이다. 뵐은 작가생활을 시작하면서부터 독일의 재무장을 지속적으로 반대해왔다. 전쟁과 무장에 대한 저항이 그의 문필활동의 목표였다고 해도 과언이 아닐 정도였다. 새로운 무기가 안전을 도모하는 것이 아니라 오히려 안전을 위협한다고 그는 단언했다.[22] 소련이 동독에 퍼싱 II 미사일을 배치하자, 나토는 1979년 12월 브뤼셀에서 군비확장을 결의했다. 이후 독일 작가들은 무장해제운동과 평화운동을 적극적으로 펼쳤다.

이때 특히 하인리히 뵐과 귄터 그라스와 크리스타 볼프가 주요연사가 되었다. 하인리히 뵐은 미소 양국이 무기의 균형이라는 명목하에 과도하게 무장화 해가는 모순과 허위를 지적하고 무조건적으로 무장 강화를 반대했다. 그는 "대지가 비옥해지기 위해서는 완전히 갈아엎어져야 한다"[23]고 호소하며 지구촌의 개혁을 주장했다. 귄터 그라스는 핵무기에 투자하는 비용을 기존 무기 강화를 위해 사용하자는 견해였다. 크리스타 볼프는 "적자생존이 지배하는 현대산업사회에서 끝까지 평화를 추구하는 학문은 오로지 문학"이라고 단언했다. 때문에 이들은 자연파괴, 끝없는 경제성장, 여성과 소수민족의 차별 등을 제재로 한 작품에서 대립을 평화적으로 해결해나가는 에코토피아를 그렸다.

5. 에코토피아를 지향하는 생태문화

'행동하는 지성인'이라는 불렸던 귄터 그라스(1927~2015)는 1970년대의 여성해방운동에 주목하고 1977년『넙치』를 발표했다. 전지적 존재인 '넙치'는 여성에게 의지하여 평화스럽고 만족스럽게 살아가는 역사 이전의 남성에게 여성의 그늘로부터 벗어나 역사를 만들라고 부추겼다. 그때부터 인류에 지배문화가 생겼다. 자연으로부터 소외되고 출산능력을 갖지 못한 남성은 자연에 위협을 느끼고 그 자연을 정복하고자 했으며 "오로지 기록에 의해 살아남고자" 했다. 폭력의 역사가 시작된 것이었다.

작가는 남성의 역사와 여성의 역사를 작품 전체를 통해 대비시킨다. 그는 시대마다 약간의 차이가 있을 뿐 본질적으로 남성에 의한 역사는 전쟁, 정복, 착취, 불공평한 분배 등 기아와 폭력으로 점철되어 있다고 보았다. 반면에 여자요리사들에 의해 주도된 식량과 요리의 역사는 인간을 양육하고 삶을 지속시켜 온 원동력이었다. 그러니까 남성들에 의해 허위문명이 이루어진 반면에 여성들에 의해 진정한 생명의 역사가 이루어진 것이다. 소설은 "넙치"를 남성들을 이성으로 무장시키는 "남성지배원리"로, "진보"를 "대기오염"의 다른 이름으로 제시한다.

귄터 그라스는 지금까지 남성중심사회가 모든 진보에도 불구하고 기아문제를 해결하지 못하고 있으며 결국에는 인류를 파멸의 위기로 몰고 갈 것을 예고하고 그에 대한 대안을 촉구했다. 그렇다고 해서 그가 평화스러웠던 모권사회를 이상향으로 설정하거나 여성주도의 사회를 건설하자는 것은 아니다. 해방된 여성이 남성의 행동방식을 그대로 모방할 경우 억압체제의 악순환은 또다시 되풀이 될 것이기 때문이다. 해방은 양성 모두가 지금껏 지배해 온 사고의 틀과 관습으로부터 벗어나는 것이지, 역할을 교체하는 것이나 생물학적인 차이를 무시하는 것이 아니다. 소설은 남성과 여성이 모두 해방을 취하는 제3의 길을 제시한다. 그것은 룽에엑 노파가 말하는 "둘 다 함께"라는 방안이다. 즉 진정한 대안은 이분법적 사고와 대립구도를 넘어서 함께 하는 것이며, 이것이 제3의 길이라고 소설은 말한다.

크리스타 볼프(1929~2011)의 『카산드라』(1983)는 전쟁에 대한 위협을 느끼고 평화를 외치는 시기에 발표된 작품으로 인류문명의 뿌리를 파고들었다. 볼프는 현대 인류문명이 파멸로 치닫는 원인이 "본래로부터의 소외"[24]에 있다고 보았다. 즉 그는 "사냥을 하기 위해 처음 무기를 발명하고 먹이를 놓고 경쟁하는 다른 집단에 그 무기를 사용하고 가부장적이고 경제적으로 효율적인 집단이 모권사회 구조를 지닌 덜 효율적인 집단을 정복함으로써" 그리고 "점점 더 많은 생산물을 얻으려는 이 집단의 욕망이 인류를 파멸의 지경까지 몰고 왔다"[25]고 지적한다. 현대문명의 파괴성은 가부장제의 필연적 결과이며 이 남성들의 역사가 전쟁, 약탈, 성폭력, 생태계의 파괴를 낳았다는 것이다. 그러나 크리스다 볼프는 양성의 대결구도를 그리지 않고 지혜롭고 생명력 있는 남성과 여성을 내세워 서로 화합하고 조화를 이루어 나가는 세계를 추구한다. 그것은 스카만더 강변의 동굴에서 이루어진 생태공동체이다.

흔히 여성성의 은유로 사용되는 "동굴"의 입구는 버드나무 "뿌리가 마치 여자의 음모처럼 뻗어나 있고" 문이 없으며 그저 숲으로 가려져 있을 뿐이다. 이는 이 공동체의 개방성과 포용성의 이미지를 나타낸다. 이 공동체는 트로이와 그리스가 전쟁을 벌이고 있을 때, 양 진영에서 온 여성과 소수의 남성들이 모여 이루어졌다. 그들의 대모역할을 하는 아이스베와 지도자 안히세즈는 생명력과 포용력 그 자체이며 정신적 지주이다. 때문에 전쟁터로부터 도망쳐 온 사람들은 이곳에서 "죽이는 것과 죽는 것 사이의 제3의 것, 삶"을 발견한다. 안히세즈는 "자상하게 나무와 대화를 하기 전에 나무를 벤 적이 없으며, 그가 그 나무로부터 얻은 씨나 어린순을 땅에 심어 계속적인 삶을 보장하지 않고는 벤 적이 없었다." 고향이란 전원적인 모습을 연상시키고 마음의 평화를 주는 곳이다. 이곳에 오면 사람들이 고향을 느낀다. 이런 곳에서는 경쟁이나 상대방 짓밟기와 밀어내기가 자리를 잡을 수 없으며 "미소 짓는 생동력, 분리되지 않은 것, 삶 속의 정신, 정신 속의 삶"이 실현된다. 이러한 공동체는 "절멸과 죽음에 직면한 전쟁의 한 복판인 여기 그리고 지금 실질적으로 살려는 구체적 희망의 모델"[26]이 될 수 있다. 요컨대 소설은 그동안 인류가 추구해 온 물질문명, 과학, 합리가 낳은 모순을 보여주고 이성과 감성 및 정신과 육체가 분리되지 않고 총체성이 구현되는 사회의 구축에 대한 열망을 표출하고 있다.

권터 그라스와 크리스타 볼프가 인류의 보편적인 문제, 즉 가부장제의 문명사회가 인류의 위기를 가져왔다고 서술하고 있는 반면에 하인리히 뵐은 1970년대 독일사회의 병리현상을 다각도로 보여준다.

하인리히 뵐의 소설 『배려 깊은 포위』(1979)는 독일사회가 직면하고 있었던 여러 문제, 즉 정계와 경제계 인물들의 부도덕성, 언론과 경찰의 결탁, 테러리즘과 그에 맞선 국가의 보안조치[27]를 전면에 내세웠다. 그러나 소설은 논의가 미미한 독일 소설 장르에서 흔치 않은 "환경소설"[28]로 평가받았다. 특히 소설에는 뜯지도 않은 채 곧장 쓰레기통으로 향하는 정당들의 선전책자와 광고전단지 등에 의한 산림의 희생과 낭비, 석탄 채굴, 지속적인 산업화와 도시의 광역화로 인하여 전원적인 마을이 파괴되어 가는 모습들이 구체적으로 드러나 있다. 소설은 여러 사건들을 경제계의 핵심인물 프리츠 톨름의 가정을 통해서 보여준다.

지방의 작은 신문사 사장인 톨름은 정부의 에너지 정책을 자신의 신문을 통해 대대적으로 홍보함으로써 언론제국을 이루고 독일 경제인 협회 회장이 되었다. 경제계의 거물이라는 사실로 인해 그는 테러리스트의 대상이 되고 그에 따라 정부의 보호와 감시의 대상이 된다. 때문에 그는 '안전망' 속에서 소진되어 가는 '포로'나 마찬가지이다. 그야말로 산업화와 자본주의화에서 얻은 그의 풍요가 무화되어 버릴 지역에 있는 것이다.

정부는 "정지와 굴착－그리고 나면 석탄이 말해준다"라는 슬로건 아래 경제적 가치가 있는 지역이면 "풀 한포기"는커녕 "두더지 발자국 하나 찾아볼 수 없게" 파헤친다. 명예욕이 강하지만 기회주의자가 아닌 톨름은 내심으로는 정부의 개발 이데올로기를 은근히 경멸하며 경찰의 안전보호조치를 신뢰하지 않았다. 소설은 프리츠 톨름의 시각으로 독일사회의 반생명적 개발과 감시로 인해 '밀실'은 없고 광장만 있는 비민주적인 본성을 포착한다.

또한 이 소설은 아버지와 전혀 다른 길을 가는 68혁명 세대의 자녀들을 등장시켜 세대 간의 갈등을 드러낸다.

경제학 박사인 큰 아들은 산업사회의 상징물을 방화하여 4년을 복역하고 취업을 금지 당했다. 이후 그는 공산주의자 아내와 시골에 살면서 채소를 가꾸고 "급속한 현대화"로 인하여 쓰레기가 된 건축용 목재나 버려진 가구들을 손질해서 쓰거나 내다 팔아 생계를 유지해간다. 환경운동가인 작은 아들은 자동차 반대운동과 원자력발전소 및 살인적인 도로건설에 반대운동을 벌인다. 딸 자비네는 노동력이 값싼 동남아로 공장을 이전하여 노동력과 성착취를 하고 있는 사업가 남편의 파렴치함과 사악함에 염증을 느끼고 그와의 허위적인 삶을 청산한다. 또한 모든 것이 한눈에 들어오는 조그만 마을 전체에 경찰들이 포진해 있어서 마을 사람들은 극도로 예민해져 있으며 서로 대화를 나누지 않기 때문에 연대감이 사라지고 땅값과 집값이 하락한다.

이처럼 소설은 비인간적인 사회에서 훈기를 느낄 수 있는 '마지막 보루'인 가족공동체와 마을공동체마저 흔들리고 있음을 드러냈다. 동시에 땅이 죽어가고 환경이 파괴되는 것은 사회적 불평등과 부조리와 무관하지 않으며 자본가들이나 기업주들의 끝없는 욕망이 인간과 인간, 인간과 자연의 관계를 파괴하고 있음을 제시했다. 이런 곳에서는 인간과 자연 그대로의 가치보다 상품가치가 더 높이 평가를 받는다. 현대의 고도산업사회는 세계화라는 이름으로 미개발지역의 사람들과 자연에 대한 착취를 세련된 방법으로 신속하고도 광범위하게 진행해왔다. 거대 자본주의가 문명화라는 미명하에 세계를 획일화된 거대주의로 만들고 세계 각국을 오로지 이윤을 앞세운 무한 경제체제로 내몰고 있는 것이다. 결국 뵐은 경제적·사회적 정의가 이루어지지 않는 한 인간이나 자연에 대한 지배는 멈추지 않을 것이며 생명 자체의 존귀함이나 "모든 생명체는 근원적으로 평등하다"[29]는 생명주의는 요원한 일이 될 것임을 암시한다.

그럼에도 불구하고 강요받는 사회와 비틀린 세상에서 생에 대한 희망을 주고 살만한 사회를 구축하는 것을 작가의 사명으로 여겼던 뵐은 붕괴 직전의 사회라도 문학의 힘을 통해 평화적으로 개선해나갈 수 있다는 바람을 포기하지 않았다. 그럼으로써 그는 독자에게 사회가 개선될 수 있다는 희망을 주었다. 이 소설에서 희망의 싹은 폭력을 자제하고 평화적으로 해결하려는 모습에서 엿볼 수 있다.

그동안 자본주의와 그와 맞물려 있는 생태파괴에 저항했던 아들들은 폭력적인 저항을 자제하기로 한다. 그 이유는 자본주의 사회의 거대한 힘에 대항하는 체제반대운동의 무력함을 인정해서가 아니라 폭력은 폭력을 낳을 것이며 악순환의 연속으로 인하여 결국 무고한 시민들만 피해를 볼 것이기 때문이다. 하지만 가장 큰 희망은 아버지 톨름의 완전한 의식전환으로부터 나온다.

경제인협회 회장 톨름의 완전한 태도변화는 큰 아들의 친구이자 테러리스트인 베벨로가 자폭하는 일이 계기가 되었다. 자본가 톨름은 경제인의 장례식에 참여하는 것이 아니라 반자본주의 테러리스트 베벨로의 장례식에 참여함으로써 자본주의 체제의 선두에서 하차해버린다. 이후 그는 그동안 은밀하게 품어왔던 소망, 그러나 한 번도 입 밖에 내지 않았던 "어떤 사회주의가 와야 하고 승리해야 한다"는 말을 내뱉음으로써 그동안 어중간한 위치에서 어정쩡하게 살아왔던 인생을 청산한다. 이때 소설은 "이쪽 저쪽—소련을 말함—할 것 없이 매일 더 많은 환자와 노예를 만들어 내는 체제"라고 말할 뿐 어떤 사회주의를 구체적으로 묘사하지는 않는다. 하지만 여기서 가리키는 "어떤 사회주의"
는 1970년대에 실제로 존재하고 있는 그런 사회주의가 아니라,
"이윤과 계급의 차이가 없고"[30] 분배가 제대로 이루어지며 인간
성이 살아 있는 사회이다. 이런 사회를 구축하기 위해서 틀름 부
부는 큰 아들이 살고 있는 시골마을에 모여서 작은 공동체를 형
성하고자 한다. 그곳의 사람들은 빵을 손수 굽고 우유를 농장에
서 직접 사오며 채소밭을 가꾼다. 아주 단순한 생활이 펼쳐지는
곳이다. 안전망의 감옥과 인공정원이 아니라 가공되지 않은 투
박하고 소박한 자연 그대로의 생태공동체이다.

　여기서 혹자는 뵐이 사회생태론자 루돌프 바로의 영향을 받지
않았나 하는 의문을 가질 수 있다. 생태평화론자라는 의미에서
둘의 성향은 비슷하고 녹색당의 창당에 함께 동참했으나, 뵐의
인터뷰와 글에서 루돌프 바로의 흔적은 찾아볼 수 없다. 뵐은 참
여 작가로서 현실 앞에서 "장님놀이"를 하는 것이 아니라 몸으로
실천하면서 생태학적 상상력을 발휘하여 독자에게 영향을 미치
고자 했다. 그는 작가생활 초기부터 독일이 사회주의를 구축할
수 있는 기회를 놓쳤다고 개탄하였으며 1950년대부터 환경오염
에 대한 우려를 표명했다. 또 1961년에 집필한 「칼 마르크스」에
서는 노동자 계급을 사회변화를 위한 유일하고 현실적인 힘으로
여기지 않음을 밝히고 사회를 평화적으로 개선하기를 희망했다.
이 희망이 그의 소설의 근저를 이루고 있다.

6. 생태문학의 활성화를 기대하며

생태문제에 대한 지대한 관심을 보였던 하인리히 뵐과 귄터 그라스와 크리스타 볼프가 사망한 이후 ― 생태소설들이 발표되지 않은 건 아니지만 ― 독일 생태문학은 활기를 잃은 듯하다. 물론 그동안 시민들의 지속적인 생태운동과 정부의 생태적 환경정책에 힘 입어 생태적 패러다임이 정치, 경제, 산업, 문화, 교육현장에 뿌리를 내렸다. 독일 정부는 모든 정책결정 시에 생태라는 개념을 염두에 두고 있으며 핵발전소를 2022년까지 완전폐쇄하기로 결정을 했다. 또 아직 확정되진 않았지만, 온실가스 감축을 위해 현재 독일 전력의 38%를 차지하고 있는 석탄 화력발전소를 2038년까지 모두 폐쇄하기로 정부위원회가 합의했다. 학교에서는 유네스코와 연계하여 '지속가능한 발전을 위한 교육'을 모토로 '아젠다 21'을 실천하고 있으며 전 영역에 걸친 생태문제를 해결하기 위해서 프로젝트 수업을 하고 있다. 이처럼 독일은 생태사회로 거듭나기 위해서 시민과 기업 및 정부가 거버넌스를 형성하여 지금도 다양한 방법을 모색하며 실천에 앞장서고 있다. 독일사회에 이런 정서가 정착되도록 글로, 또 행동으로 노력했던 사람들이 생태문학 작가들이다.

하지만 지구촌에 나뒹구는 각종 쓰레기와 오염문제 및 약자와 소수에 대한 억압 등 자연생태계와 사회생태계 및 인간의 정신적 생태계까지 치유된 생태사회를 건설하는 일은 아직 요원해 보인다. 때문에 추상적인 언어나 그럴싸한 훈계로서가 아니라 구체적인 이야기를 통해서 생태계의 위기를 총체적으로 생생하게 보여주는 생태소설이 더욱 활성화되어야 한다. 우리나라의 실정도 마찬가지다. 나희덕, 문정희, 최승호, 김원일, 김지하, 조세희, 이문구, 한승원, 한강 등의 생태문학가들이 생태시와 생태소설들을 꾸준히 발표하고 있지만, 우리나라에서는 여전히 생태와 환경이라는 개념이 구분되지 않은 채 사용되고 있으며, 심지어 생태라는 용어가 남발되고 있다. 따라서 정부의 홍보와 학교의 교육 및 작가들의 작품을 통해서 의식변화를 일으켜야 한다. 언급했듯이 총체적으로 보여준다는 장점 때문에 생태소설은 생태, 정치, 경제, 윤리, 생활방식 등 여러 분야가 얽혀 있는 생태문제 해결책을 모색하기에 가장 좋은 장이다. 따라서 생태소설은 단순히 고발과 비판을 넘어서서 어떤 대안, 즉 실천하고자 하는 강력한 희망이 담긴 에코토피아를 보여주어야 한다. 왜곡된 현실 속에서 작가가 제시하는 하나의 대안이 "유토피아적으로 보일 수 있으나 어떤 세계에서 우리가 살고 있는지 아주 정확히 파악한다면 실현 가능하다"[31]고 하인리히 뵐이 주장하듯이, 유토피아적 비전이 없다는 것은 미래에 대한 희망이 없다는 말이나 다름없다. 그리고 보다 나은 삶을 위한 인간의 노력은 그 자체만으로도 충분히 아름답고 삶의 기쁨이 된다. 따라서 생태문학은 생태학적 상상력과 울림을 주는 언어를 통헤서 지구상의 모든 존재가 사랑으로 하나 되는 생태사회를 구현할 수 있도록 독자를 자극해야 한다. 이것이 인류의 미래를 위해서 오늘날 생태문학이 해야 할 역할이다.

생태담론의 철학[1]

양해림

1. 생태담론의 등장

생태란 용어는 아주 오랫동안 고대부터 있었던 이른바 '전일적이고 유기적인 세계관으로 표현될 수 있는 사유의 전통'에서 나왔다. 비록 근대의 탄생 이후에 이러한 오랜 전통이 소수 또는 주변부의 위치에서 맴돌았지만, 이를 대변하고 있는 전통은 지속적으로 생태담론 안에서 받아들여져 왔다. 특히 20세기 이후 생태담론이 새로운 자연관이나 새로운 철학의 등장으로 평가한다면, 논의의 역점을 기존의 관점과는 달리 해석해야 하는 복잡한 과제를 안고 있다. 따라서 최근 활발히 논의되고 있는 "생태담론은 고대부터 있었던 생태학적 사유가 근대 자연과학의 업적과 그 발견물들에 근거하여 이른바 객관성을 획득하는 과정을 배경으로 하여 새롭게 등장"[2]하게 되었다. 오랜 역사적 배경을 갖고 있는 생태학ecology을 뜻하는 에코eco는 희랍어 오이코스 oikos에서 나왔다. 오이코스는 "다스린다"라는 의미의 집을 뜻한 다. 여기서 생태학과 경제학이라는 단어가 파생되었고, 그 의미 는 집oikos에 관한 학문Die Lehre von Haus, 거처, 서식지, 보금자 리, 또는 경영 등을 포함하고 있다. 따라서 생태학은 희랍어인 oikos(경제)와 logos(학문)가 합성되어 19세기에 이르러 만들어 진 낱말이다. 인간이 그 안에서 사는 다양한 물리적인 집들 가운 데 가장 커다란 공간과 사야를 차지하고 있는 집이 곧 지구인 것 이다. 이러한 지구는 서로 분리될 수 없는 자연적 요인들과 문화 적 요인들의 통일적 결합체를 구성하고 있다.

하지만 인간에게는 물리적인 집과 별개로 이념적 집들ideelle Häuser이 있다. 이들 중 가장 큰 포괄성을 가지는 집은 "존재 전 체das Ganze des Seins"이며, 이것이 철학의 탐구대상이다.[3] 다 시 말해 생태라는 개념은 간단히 집을 의미한다. 살림하는 집과 살림살이가 위기를 맞고 있다는 것은 죽임과 죽음의 논리가 우 리를 위협하고 있다는 것을 뜻한다. '살림'이라는 명사는 '살리 다'라는 동사에서 나왔으며, 죽임의 반대말이다. '살림살이'는 단 순한 집안 일이 아니며, 전 가족의 생명을 책임지는 고귀한 생명 살리기이다.[4] 가정에 해당하는 그리스어 오이코스나 라틴어 파 밀리아familia는 "자급자족의 경제단위"라는 의미가 훨씬 더 강 하다. 로마의 파밀리아는 오늘날의 가정처럼 아버지, 어머니, 나,

동생 등으로 구성된 집단이 아니다. 그래서 파밀리아는 일정한 크기의 장원莊園처럼 경제적 자급자족이 가능한 단위에서 동일한 가부장pater-familitas의 권위와 지배하에서 생계를 함께 해결하는 모든 사람의 집단의 일컫는다.[5]

협소한 의미에서 생태학이라는 개념은 "살아 있는 것들의 환경 또는 살아있는 것들과 그것들을 둘러싼 사이의 관계의 유형 또는 유기체들의 상호의존성에 관계하는 과학"을 일컫는다. 이를테면 생태학 또는 생태적이란 말은 에콜로지라는 용어와 관계가 깊다. 여기서 생태적이라는 단어는 어떤 특정한 과학에 한정되어 있지 않다. 그래서 생태학은 단순히 생물을 연구하는 차원을 넘어서 생물이 생존하기 위해 서식하고 있는 장소 및 다른 구성원과 맺고 있는 관계를 연구한다. 오늘날 생태학적이라는 표현은 고대 그리스의 개념에서 유래한다. 이런 점에서 생태라는 개념은 오이코스에 내재되어 있는 특성에 견주어 자연계에 존재하는 모든 것에 상호 의존하는 관계에 있으며 생명공동체는 하나의 구성원이라는 생각을 공유한다. 따라서 생태라는 개념은 인간과 동식물, 토양, 물, 공기 등은 상호 연관된 서로 주고받는 연대관계로 얽혀있는 하나의 공동체인 것이다. 여기서 오이코스는 네 가지의 관점에서 나누어 살펴볼 수 있다.

① 계보학적으로 볼 때 대지에 뿌리를 두고 있다. 그것은 반드시

대지를 재료로 하여 대지 위에 세어질 수밖에 없다.

② 그것들은 특정한 지리적, 사회문화적 맥락에 가장 적합한 다양한 형태를 취할 수밖에 없기 때문에 형식적으로 볼 때 획일적이지 않다.

③ 가치론적으로 볼 때 그것들은 거기서 거주하는 자의 삶을 확장시키고, 가능한 욕구를 충족시키기 위해 의도되었다.

④ 그것들은 인간중심적 관점이 아니라 생태 중심적 관점이 열려 있다.[6]

생태학이란 명칭은 오랜 그리스시대의 역사적 배경을 갖고 있지만, 근대에 이르러 1866년 독일의 생물학자 헥켈E. Haeckel에 의해 구체화되었다. 헥켈은 '생물과 무기적 환경 그리고 공생하는 여타 생물과의 관계'를 연구하는 생물학의 한 분야로 제창했던 학문을 생태학이라 일컬어져 왔다. 즉, 생태학은 일반 형태학 Generelle Morphologie에서 생물과 외적 세계의 상호작용을 연구하는 학문을 나타내기 위하여 만든 용어이다.[7] 헥켈은 생태학을 "자연의 경제에 관련된 지식의 총체·동물이 무기 및 유기 환경들이 맺고 있는 모든 관계에 관한 연구"라 정의한다. 특히 "직·간접적으로 연관된 동식물과의 우호적이거나 적대적인 관계를 포함"하고 있다고 말한다. 또한 다윈Dawin은 "생존투쟁의 조건이라 언급한 모든 복잡한 상호관계를 연구하는 학문"이라 정의했다. 이로부터 100년이 훨씬 지난 이후에야 일상적인 단어가 되었다.

그러나 생태학의 이념은 그 명칭보다 훨씬 오래되었다. 생태학의 현대역사는 18세기에 시작되었다. 당시 생태학은 지구라는 생명망을 보다 포괄적으로 바라보는 방식으로 등장하였다. 이렇게 생태학은 지구상에 살아있는 유기체들을 상호작용하는 전체로서 기술하고자 하는 관점에서 시작했다. 그 이후 자연의 경제라는 풍부한 생각들을 탄생시켰으며, 오늘날 과학으로서의 생태학이 정착되었다.[8] 20세기 초반 클레멘츠F. Clements를 필두로 여러 생태학자들은 지구를 포괄적인 유기적 존재로 표상하기 시작하였다. 그는 지구가 거대한 길드, 즉 생산자(초록식물)와 이차소비자(초식 및 육식동물) 그리고 분해자(곰팡이와 박테리아)로 구성된다고 은유적으로 표현하였다. 클레멘츠는 식물 집단을 초유기체super-organism라 하였고, 개체처럼 생성과 성장, 죽음의 단계를 거치는 과정을 관찰했다. 또한 러브록J. Lovelock의 "가이아 가설"[9]은 시스템 생태학의 이론들을 사용하고 있지만, 기본적으로 지구를 살아있는 유기체로 본다는 점에서 유기체론에 가깝다. 오늘날 생태학은 어떤 형태로든지 자연에 질서가 있다는 믿음과 더불어 유기체론적 전제들에서 몇 가지 시사점을 얻고 있다. 자연계가 질서정연한 체계를 이루고 있다는 것, 개체는 독립되어 살수 없다는 것, 그리고 인간중심주의는 더 이상 지지될 수 없다는 것과 같은 관점들은 현대 생태학이 전제하는 입장들이나.[10] 또한 생태계란 용어는 은유적으로 비유되는 상위 유기적 존재를 표현하기 위해 1935년 탠슬리A. Tansley에 의해서도 불려졌다.[11] 탠슬리가 생태계의 용어를 사용함으로써 본질적인 방법론을 달리하는 새로운 생태학의 출현을 예고하였다. 생태계의 먹이사슬의 관계는 생명 순명환적이다. 제1단계는 빛, 물, 토양, 공기 등으로 이루어진 생명토대이다. 그 기반 위에서 제2단계의 초록식물이 생산자 역할을 담당하며, 제3단계의 동물은 주로 소비자로 생명을 이어간다.

생태는 생물과 그 주변 환경과의 관계 속에서 생활상태, 즉 존재와 그 주변 환경, 그리고 그 둘의 상호작용이라는 세 영역을 통섭統攝하는 개념이다. 이런 점에서 생태라는 용어는 생태적 자아인식과 그에 따른 윤리와 실천을 의미한다. 자연을 향한 존중과 경외를 강조하는 동서양의 자연관을 대조적으로 진술한 나쉬 Roderick Frazier Nash의 자연관은 이제 고전이 되었다.[12] 그는 "오랫 동안 생태학적인 전쟁터의 최전방에 머물러 있었다"[13]고 말한다. 이렇듯 생태계ecosystem는 많은 부분들이 서로 복잡하게 얽힌 상호연관체계이며 동시에 복잡하고 거대한 순환체계이다. 넓게 보아 그것은 물질과 에너지와 생명체들의 순환체계인 것이다.[14]

그러나 생태학이라는 학문은 단순히 종種의 생태학의 범위를 넘어서서 점차 자연에 대한 종합적인 관점을 제시했다. 더 나아가 생태학은 자연환경, 지구환경, 사회 환경에 대한 하나의 윤리적인 규범까지도 포함하는 용어로서 그 의미의 내연과 외연의 폭이 확장되고 일반화됐다. 따라서 생태라는 개념은 생명과 인간을 하나의 전체로 보고 그 속에서 개체들이 서로 긴밀한 관계 속에서 상호작용하고 있다는 생각은 생태학적 태도의 핵심을 이루고 있다.

오늘날 생태담론의 생태란 용어는, 생태학은 물론이고 20세기 들어 태동하고 있는 자연과학 내의 새로운 학문경향들, 즉 이원자 물리학, 혼돈과학, 일리야 프리고진의 영역인 비평형 열역학 등의 과학이 제시하는 세계에 대한 새로운 시각, 즉 인간과 자연, 개체와 개체 등 세계를 관계적인 측면에서 설명하고자 하는 시각을 총칭하는 상징적 표현이다.[15] 그리고 현대 철학자 레오폴드나 롤스턴 3세 등에서 보여주고 있는 "대지의 개념에 의한 생태계의 보전"이나 야생자연으로 뛰쳐나간 철학을 통해 "생태적 도덕관의 전환"을 촉구하는 주장도 생태개념의 또 다른 표현이다.

레오폴드Aldo Leopold(1887~1948)의 『모래땅의 시계A Sand County Almanac』(1949)는 대지의 윤리The Land Ethic라는 사상과 함께 진보적 생태주의의 주요한 탐구주제로 발전하였다. 그는 원래 산림학자로 출발했으며, 사냥터의 숲과 동물생태계의 보전에 평생의 노력을 기울였다. 그에게 있어서 자연생태계는 그 자체로서 하나의 전체holism로 이해하였으며, 바로 이 전체를 지칭하는 개념이 대지라는 개념이다. 그는 환경윤리학의 관점에서 보았을 때, 보전되어야 할 대상도 '대지'이다. 생명체들 이외에 생태계를 구성하는 무생명체들도 함께 포함된다는 점에서 그의 환경윤리는 생태중심주의로 분류된다. 그의 대지윤리의 철학적 원리는 다음과 같이 표현된다.

어떤 것이 생명공동체의 온전성과 안전성과 아름다움을 보전함에 이바지 할 때 그것은 옳다. 그렇지 않은 쪽은 이바지 할 때, 그것은 옳지 않다.[16]

즉, 그의 대지개념은 생명공동체나 자연 생태계 전체를 일컫는다. 그리고 보전되어야 할 대상은 생태계의 온전성과 안전성 그리고 아름다움의 세 개념으로 규정한다.[17] 숲은 토양, 식물 및 동물이라는 회로를 통해 흐르는 에너지가 솟아나는 원천이다. 식물은 태양으로부터 에너지를 흡수한다. 이 에너지는 생물군계의 회로를 통해 흐른다. 레오폴드에 의하면, 이것은 여러 층으로 이루어진 피라미드로 표현되며, 이 피라미드의 최하층은 토양이며, 식물 층은 토양에, 곤충 층은 식물에, 조류 층과 설치류 층은 곤충에 각각 의존하며, 그밖에 대형 육식동물이 최상층을 이룬다. 여기서 먹이사슬은 에너지를 위쪽으로 전달하는 통로이다. 죽음과 부패는 에너지를 토양으로 되돌린다. 이 회로는 폐쇄되어 있지 않다. 일부 에너지는 부패과정에서 흩어져 대지로, 일부는 공기로, 일부는 숲으로 저장된다. 이렇게 하여 정상적인 에너지 순환이 이루어진다. 피라미드의 가장 기본적인 특징은 상호의존이다. 요컨대 레오폴드의 대지윤리는 생명공동체의 온전성integrity과 안전성stability과 아름다움beauty을 보전하는 경향이 있으면 옳은 것이며, 그 반대의 경향이 있으면 그른 것이다. 따라서 자연환경에 대한 윤리적 가치판단은 생태학에 관한 지식에 근거하지 않을 수 없다. 이런 점에서 생태학에 대한 지식을 가지고 있는 사람은 생명의 샘인 자연을 파괴할 수 없을 것이다.

레오폴드의 충실한 계승자인 롤스턴 3세Holmes Rolston는 자연세계가 객관적으로 도구적 가치, 본래적 가치, 체계가치를 가지고 있다는 생태학적 도덕관을 수립한다.[18] 롤스턴 3세에 따르면, 생태계가 복잡성, 통일성, 본래적 가치를 지니고 있기 때문에 인간은 생태계에 대해 직접적인 도덕적 의무를 져야 한다고 주장한다. 전체론적 관점에서 우리는 공동체 자체를 도덕적으로 고려해야 하며, 도덕적 고려의 대상은 공동체 그 자체이지, 그 구성원은 아니다. 따라서 우리는 공동체를 사랑하고 존중해야 한다.[19] 롤스턴 3세는 "나는 지식을 갈구하지만, 그러나 시골의 전원 풍경과 숲은 나에게 아무 것도 가르쳐주지 않는다. 오히려 도시의 인간들이 나에게 많은 것을 가르쳐 준다"고 이야기한 소크라테스에 대해 거꾸로 "도시의 철학자들이 나에게 가르쳐 줄수 없는 것들은 도리어 숲과 자연경치들이 나에게 가르쳐 주고 있음을 발견한다"고 고백한다. 그에 의하면, 철학의 생태학적 전환은 시골의 자연 경치와 숲과 나무들, 야생동물들과 각종 생명체들로부터 많은 것들을 우리가 배워야 한다는 것이다. 그래서 그는 "야생 자연으로 뛰쳐나간 철학Philosophy Gone Wild"[20]을 제창한다. 이러한 명칭은 단지 슬로건이 아니라 그의 전 생애를 일관해 온 삶과 학문적 태도를 압축하여 표현한 말이다. 따라서 그에 의하면, 우리는 가치의 생태학적 전환을 받아들여야 하며, 이것을 일방적으로 문명과 문화의 관점에서만 자연을 고찰하는 것이 아니라, 이와 반대로 자연 생태계의 관점에서 문명을 바라보아야 한다고 주장한다.

이러한 생태담론은 현재에 들어와 생태위기라는 말들이 여기저기서 들린다. 생태담론은 단순히 인간과 자연의 대립관계에 있지 않음이 분명하다. 이제 자연은 희생자이고 인간은 가해자라는 전형적인 구도도 깨어져야 한다. 왜냐하면 인간과 자연은 모두 피해자일 수 있기 때문이다. 더 나아가 과학이나 합리성도 피해자이다. 왜냐하면 생태위기의 원인은 우리의 사회, 정치, 문화 등 도처에 숨어 있기 때문이다. 생태주의자들은 이구동성으로 많은 정부들이 추구하고 있는 현실 속의 환경정책에 대해 대체로 냉소

적이다. 생태위기의 근본 원인은 인간이 환경을 지배하게 되면서 환경을 관리해야 할 대상으로 바꾼 것일 뿐 여전히 자연의 권리를 무시하는 사고의 산물에서 벗어나지 못했기 때문이다. 이러한 생태위기는 우리 모두에게 직면하게 되면서, 1990년대 들어 사회과학자, 환경운동가들에 의해 이론과 실천의 결합을 통해 미국과 유럽을 비롯하여 광범위하게 확산되고 있다.

2. 생태담론의 철학

생태철학은 지난 1970년 초반 등장하였다. 짐머만Michael E. Zimmerman은 생태철학을 크게 세 부류로 나누어 논의하였다.

첫 번째 부류는 인간중심적 개량주의이다. 이 부류는 환경문제의 원인을 인간들의 무지와 끝없는 욕망, 그리고 근시안적 이기주의적 계산에서 찾는다. 즉 이 부류는 인간중심주의에서 벗어나 비용과 효용 계산을 장기적인 관점에서 사려 깊게 숙고한다면, 지금과 같은 무분별한 자원사용이나 오염행위를 하지 않을 것이라 기대한다.

두 번째 부류는 환경윤리학의 여러 유형들이다. 이 입장은 인간중심적 개량주의와 다르게 인간만이 아니라 자연의 일부를 직접적인 윤리적 고려의 대상으로 삼는다.

세 번째 부류는 환경문제에 합리적 효용계산이나 기존 윤리학의 범위를 확장함으로써 대응할 수 있다고 간주하지 않는 입장이다. 이 관점에서 환경문제의 근본적 원인을 효용계산이나 기존의 전통윤리학 안에서 문제점을 찾아내려는 것은 근본적인 해결책이 아니다. 1980년대 들어 새로운 환경윤리를 구성하여 적극적으로 탈인간중심주의의 입장에 서고자 했다. 이는 하그로브의 환경윤리, 네스의 근본생태주의, 드볼·세션즈·폴 테일러의 생명중심주의, 캘리코드의 대지윤리, 짐머만, 하이데거, 카푸라, 한스 요나스의 자연관 등에서 찾아볼 수 있다. 따라서 새로운 환경윤리학은 다음과 같은 관점에서 살펴볼 수 있다.

첫째, 근본생태론적 입장이다. 근본생태론은 환경문제를 자연에 대한 보다 근본적이고 영적인 접근, 즉 인간을 포함한 자연계의 전일적 구조에 대한 인식의 인간정신과 같은 우주적 기운에 대한 인식이 필요하다는 생각에서 나왔다. 그래서 심층생태론자들은 생존하고, 반성하고, 자기 나름의 형태에 도달할 평등한 권리를 갖는다는 평등주의 입장에서 생태계를 바라본다. 따라서 심층생태론자에게서 모든 생명체는 밀접한 상호관계를 맺고 있기 때문에 각자의 평등성과 다양성을 인정하고 생명체끼리 공생의 원리를 추구한다.[21] 이런 측면에서 심층생태학의 목표는 기본적으로 생태계의 모든 구성요소에 대한 인류의 박애를 촉구하고, 이들 요소들이 다시 인간의 지배에서 벗어나 자신의 방식대

로 살아갈 수 있는 자유를 부여한다.[22]

둘째는 생태페미니즘ecofeminism이다. 생태페미니즘은 "옛 지혜"를 일컫는다. 이 용어는 여성운동, 평화운동, 환경운동 등 1970년대 말에서 1980년대 초까지의 다양한 사회운동으로부터 성장해 왔다. 이 입장은 환경문제의 근원을 가부장제, 여성에 대한 남성의 지배에서 찾는다. 가부장제는 자연에 대한 인간의 지배를 당연시 하는 결과를 가져왔다. 에코페미니즘이란 개념은 프랑스 작가 드본Francosie d'Eauboone이 처음으로 사용했다. 드본은 1972년 "새로운 행동의 시작, 생태페미니즘Launching a New Action : Ecofeminism" 프로젝트의 부분으로 생태학—여성성을 연구했다. 그녀는 1974년에는 생태페미니즘을 위한 시간이라는 주제로 생태페미니즘에서 『페미니즘인가 아니면 죽음인가』를 발표했다. 이 책에서 드본은 여성억압과 자연 억압사이에는 직접적인 연관성이 있기 때문에 하나의 해방은 그 밖의 다른 해방과 밀접하게 연관되어 있다고 주장했다. 이는 생태페미니즘에서 그 이전에 분리된 것으로 생각되었던 페미니스트운동과 생태운동을 종합하고자 했다. 무엇보다 드본의 생태페미니즘론은 새로운 인간주의를 지향한다. 드본은 이미 5천 년 전에 가부장적 권력이 시작되면서 남성들의 다산성과 여성(생식)성 모두를 산만하게 퍼뜨리는 결과를 초래했다는 것이다. 이 가부장제적 권력이 자연을 착취하는 농경생활을 통해 사업팽창을 만들어 냈다. 이에 저항하여 지구, 상징, 그리고 위대한 어머니 지구의 보전을 위해 노력해 왔지만, 그렇게 쉬운 것은 아니었다.[23] 생태페미니즘은 대중들 사이에서 평등한 세계를 지향하기 때문에 여성적인 사회라는 것도 여성의 손에 권력을 쥐는 것이 아니라 세상 어디에도 권력이 존재하지 않음을 다음과 같이 강조한다.

생태페미니즘은 이론과 실천의 연관성과 총체성에 관한 것이다. 그것은 살아있는 모든 것의 특별한 힘과 완전함을 옹호한다. 우리에게 스네일 다터(북미산 민물고기의 일종)는 어느 공동체의 물에 대한 요구나 마찬가지로 고려되어야 하며, 돌고래는 참치에 대한 기호와 나란히 그리고 참치의 먹이가 되는 생물은 스카이랩(미국 유인 우주 실험실)과 마찬가지로 존중되어야 한다. 우리는 여성 정체성을 지닌 운동 세력이며, 이 절박한 시기에 해야 할 특수한 사명이 있다고 믿는다. 우리는 기업전사(corporate warrior)들에 의한 지구와 지구 위의 존재들의 파괴와 군대전사들에 의한 핵 전멸 위협에 관심을 기울여야 한다고 본다. 우리에게 우리의 신체와 성(sexuality)의 권리를 부정하는 것도 바로 이 남성주의적 정신이며, 그것은 복잡 다양한 국가권력에 바탕을 두고 자신의 뜻을 관찰하고 있다.[24]

이와 같이 생태페미니즘의 시각은 자연 속의 생명이 협력과 상호 보살핌, 사랑을 통해 유지된다는 사실을 인식하는 새로운 우주론과 인류학의 보편성을 제기한다. 이러한 방법을 통해 모든 생명체의 다양성, 문화적 표현들은 우리의 안녕과 행복의 진정한 원천으로서 존중하고 보존할 수 있게 된다. 이 목표를 위해 세계를 새로 짠다, 상처를 치유한다, 망web을 새롭게 상호 연결한다.[25] 지난 1970년 말부터 생태페미니즘의 논의는 지속적으로 있어 왔다. 마리 델리의 『여성과 생태학』, 수잔 그리핀의 『여성과 자연』, 캐롤린 머찬트의 『자연의 죽음』 등이 출판되면서 생태페미니즘의 발전에 많은 기여를 하였다.[26]

셋째는 사회생태학이다. 이 입장은 사회의 위계질서, 권위적 구조가 인간에 대한 지배를 넘어서 인간이외의 자연에 대한 무분별한 파괴를 가져왔다고 주장한다.[27] 이 입장들의 공통점은 근대적 세계관에 대한 철저한 비판이다. 근대적 세계관이란 데카르트가 이야기하는 심신이원론이나 기계론적 자연관이다. 그들은 이러한 세계관이 가치의 소재를 인간 안에 두고 자연을 철저히 재료의 저장고나 지배의 대상으로 여겼다.[28] 머레이 북친Murray Bookchin(1921~2006)은 『사회생태론의 철학』(1990)에서 사회생태학의 바탕인 기본개념들과 물음들, "자연이란 무엇인가, 역사, 문명 진보란 무엇인가?"에 대해 묻는다. 이 물음 속에서 그는 인간은 어떻게 자연과 연관되어 있는가? 이성이란 무엇인가? 세계는 어떻게 알 수 있는가? 이를 설명하는 방법과 논리는 무엇인가? 이러한 물음들을 통해 그는 사회생태학의 방식으로 세계를 바라보았으며, 현시대의 환경문제를 사회문제에서 이끌어냈다. 그래서 그의 근본물음은 "환경문제를 사회구조, 그리고 사회이론을 어떻게 유기적으로 결합시켜 사유할 수 있을 것인가?"[29]의 근본적 물음에 대한 해답을 찾는 것이었다.

북친의 관점에서 인간의 거주환경이나 지구의 자연생태계에 대한 관리, 보호, 보존의 이념은 부정적으로 말할 필요는 없으나, 보수적이며 인간중심주의였다. 그래서 그는 사회 생태학이 지닌 특징 가운데 자연세계와 인간세계에 대해 전통적으로 지녀왔던 거친 이미지들을 거부한다. 사회생태학이 이해한 자연은 결코 맹목적이지도, 침묵하지도, 잔인하지도, 경쟁적이지도, 냉혹하지도, 필연적이지도 않은 개체군들의 집합체이다.[30] 북친이 보기에 심층생태학의 생태중심주의는 러브록의 가이아 이론에서 두드러지게 나타났다. 러브록은 심층생태학이 인간을 가이아의 육체에 기생하는 단순한 지적인 벼룩 정도로만 보고 있다고 말한다. 이러한 태도는 인간을 비하함으로써 자연을 숭상하는 것 같지만, 인간에게 보이는 주체적인 능력들이 자연에서 비롯된 것이라는 사실을 고려한다면 자연을 비하하는 것이라고 북친은 말한다.[31] 북친의 사회생태론은 두 가지 측면에서 환경문제를 해결하고자 했다. 하나는 환경문제이고, 다른 하나는 사회적 지배와 권력관계다.[32] 북친에 의하면, "고도의 위계가 존재하는 사회가 자연을 학대하고 파괴할 가능성도 높다. 사회적 위계는 자연을 지배하고 착취하는 동기와 수단이 되는 심리적인 조건과 물질적인 조건을 제공한다."[33]

북친은 생태학적 공동체를 이루었을 경우, 인간은 더 이상 지구의 암세포가 아니라 신경세포가 될 수 있다고 강조한다. 또한 북친은 『사회적 생태론과 코뮌주의』(2012)에서 인간이 자연에서 살아가는 방식을 기존의 관점과는 다르게 인간중심을 사회적으로 해석한다. 지금껏 환경주의자들은 인간보다는 자연을 향해 있다. 인간 사회활동의 부산물이 자연에 해로운 것이 될 것이라 간주한다. 그래서 그는 인간의 활동에 제약을 가하고 규제하는 방향이라면, 인간의 활동 그 자체보다 인간이 사회를 어떠한 방식으로 재구성하느냐에 따라 충분히 생태적인 사회구조를 만들 수 있다고 본다.[34] 북친의 생태학적 실천방식은 프랑스혁명 당시의 '파리 코뮌'에서 그 동기를 찾아냈다. 북친에 따르면, 인간은 사회적 동물이기 때문에 자연과 인간 모두가 살아가는 방식은 공동체를 재구성하는 데 있다. 그 공동체는 소규모 지역에서 부터 연방제를 기초로 하는 국가 형태의 대규모 지역으로 점차 나아간다. 따라서 북친은 공동체의 재구성된 기본 단위를 통해 인간의 의사결정 방식 가운데 가장 바람직한 '직접민주주의'가 가능한 소규모 지역 공동체를 제안하면서 '리버테리언 지역자치주의'를 주창했다. 즉, '리버테리언 지역자치주의'란 도시 단위로 직접 민주주의를 실현하는 것이다. 북친에 따르면, 민중 자치를 통해서

만 뿌리 깊은 위계제를 극복할 수 있다. 말하자면 "프롤레다리아 급진주의의 중심지가 공장이었다면, 생태운동의 중심지는 마을, 타운, 자치체 등의 공동체다."[35] 그는 읍·면·시의 자율적 코뮌들이 아래로부터 연방을 구성해 국가에 대항하여 이중 권력을 만들 것을 제안한다. 지역의회에서 선출된 대표가 연방 의회에 참가하고, 거기서 논의된 것은 지역의회에서 비준을 받았을 경우에 효력이 발생한다. 이는 지역 의회나 기업체에 이르기까지 통제한다. 이러한 새로운 사회질서 안에서만 자연과 인간의 조화는 실현될 수 있다. 북친이 그의 사회생태론을 전개하는 데 많은 영향을 미쳤던 사상가들은 크게 세 부류로 나뉜다.

첫째, 막스 베버, 호르크하이머, 아도르노, 칼 폴라니 등으로서 이들은 지배의 문제와 이성, 과학, 기술로 인한 현대의 위기를 진단하는 사상에 영향을 받았다. 합리주의적인 인간은 자신의 관점에 따라 자연을 정복하였고, 그들은 이것을 지배 행사의 도구로 만들었다. 자연에 대한 인간의 지배는 다른 인간에 대한 인간의 지배를 만들어 놓았다.[36]

막스 베버Max Weber는 『경제와 사회』(1921)[37]에서 목적론적인 설명의 도구로써 사회과학을 이해할 수 있으며, 이를 통해 사회적 행위의 구조를 밝혀내어 그 의미를 부여받을 수 있다고 보았다. 베버에게서 목적은 어떤 행위의 원인이 되는 결과를 설명한다. 즉 그는 어떤 목적을 통해 나타난 결과에서 어떤 가능성의

원인을 고찰했다. 행위결과는 인간의 행위로서 이해한다.[38] 여기
서 이해는 수단/목적의 관계다. 베버는 사회학을 사회적 행위와
사회적 관계로 파악하고 인과적으로 설명했다. 베버의 사회적
행위에 대한 설명은 인간의 행위에서 드러난다. 행위는 주관적
으로 생각한 의미에 따라 의미관계를 현실적으로 이해할 수 있
는 행위여야 한다.[39] 즉 사회적 행위는 상호 주관적인 방식으로
인간의 합목적론적인 활동 속에서 가능하다. 베버는 넓은 의미
에서 사회적 행위를 통해 인간의 행위를 설명하였고, 사회과학
의 인식을 새롭게 받아들였다. 이러한 사회과학 인식의 방법은
행위하는 행위자가 인간의 행태Verhalten를 어떻게 이해할 수 있
는가에 있다.[40]

호르크하이머Max Horkheimer와 아도르노Th. Adorno는 『계몽
의 변증법』(1947)에서 인간은 자기 자신의 관점에 따라 환경을
정복하는 일에 자신의 합리성을 이용해왔다고 보고, 이성을 단
지 지배의 도구로만 삼았다고 파악한다. 합리주의적인 인간은
자신의 관점에 따라 자연을 정복하였다. 인간은 이성을 지배 행
사의 도구로 만들었다. 이성의 도구화는 자연을 후퇴시켜 놓았
다. 자연에 대한 인간의 지배는 다른 인간에 대한 인간의 지배를
만들어놓았다. 우리는 자연 지배의 정도가 점점 진보되었고, 현
재의 기술 상태가 지상에서 낙원의 상태로 되었음에도 불구하고
그것과는 더 벗어나 있거나 그 근처에 잠재적으로 파멸의 그림

자가 드리워져 있다.[41] 이러한 문화 발전의 침울한 측면을 아도르노와 호르크하이머는 제2차 세계대전 이후의 사회 상황에서 그 원인을 찾았다. 그들의 이론은 그 당시의 정치적이거나 과학 기술의 전체주의에 대한 비판으로 등장하게 되었다. 이것은 현대의 과학 기술에 그 근거를 두고 있으며, 과학은 이런 부정적인 발전을 저지시키기보다 오히려 이를 심화시켰다는 데 있다. 우리가 과학과 기술의 발전으로 인해 인간의 삶을 크게 변화시킨 긍정적인 점을 인정한다고 할지라도 선진산업사회는 인간에 대한 소외화 현상을 야기하였다.

경제학자 칼 폴라니Karl Polanyi(1886~1964)는 『거대한 전환』(1944)에서 경제와 공동체를 조화시키면서 경제성장과 개인의 자유를 허용하는 것이 가능함을 보여주었다. 폴라니는 반자본주의적이고 반마르크스주의적인 관점에서 공동체와 그 안의 인간관계가 분열을 조장하는 시장의 힘으로부터 보호되어야 한다고 주장했다. 지난 1990년대 이후 전 세계에 확산된 자기조정 시장에 대한 종교적인 믿음이 불평등, 실업, 저성장, 공동체파괴, 환경파괴를 야기했다. 그는 "인간 세상을 구성하는 모든 물질, 서비스, 심지어는 사회적 관계까지도 상품으로 만들 경우 이상적이고 효율적인 질서가 수립될 것"이라는 신념을 반박했다. 또한 폴라니는 "시장경제가 인간과 인간이 사는 그 자연 환경을 치명적으로 파괴하기 때문에, 지속 가능하지 않다고 확신했다."[42] 이러한 폴라니 이론은 전후 진보적 사회과학에 많은 영향을 미쳤고, 2008년 미국발 금융위기 이후 신자유주의의 대안을 모색하는 데 지속적인 영감을 안겨주고 있다. 따라서 폴라니는 20세기 자본주의를 넘어서는 대안을 모색하면서 진보적 이상주의와 결합했다.

둘째, 윌리엄 고드윈Willaim Godwin, 피터 크로포트킨Peter Kropotkin 등의 생태아나키즘(무정부주의자)들의 유토피아적인 전통과 자연적 호혜주의이다. 특히 크로포트킨은 공동체주의, 탈도시화, 산업의 탈중심화, 대안적 기술, 유기농업, 성장의 억제, 새로운 자연주의적 감수성을 수용했다. 그는 현재의 억압적인 산업 자본주의의 세계를 반위체계적 사회체계에 근거한, 탈중심적－민주적 공동체로 변형시켜야 한다고 주장한다.[43] 그는 인간 사회의 진화발전에는 상호경쟁이 아니라 상호부조가 보다 중요한 역할을 한다고 강조한다. 즉 그에 따르면, 동물이나 인간의 진화에는 상호투쟁도 존재하지만, 상호부조와 상호지지의 법칙 역시도 존재한다. 또한 종의 유지와 진화에는 상호투쟁보다 상호부조가 훨씬 더 적절하다는 것을 생물학적 근거로 제시했다.[44] 이런 측면에서 생태아나키즘은 자신이 인정하지 않는 권력을 부정하는 의미로 정부의 권력만을 부정하지는 않는다. 생태아나키즘이 부정하는 권력은 정부에 한정하지 않고 종교, 사회, 자본, 문화단체 등 강압적으로 개인의 자유를 침해하는 어떠한 권력도

이에 해당된다. 따라서 생태아나키즘은 "정부가 필요 없는 유토피아적 전통과 자연의 호혜주의사회"를 추구한다.

셋째, 북친의 역사관, 이성관 그리고 자연관의 형성은 두 가지 흐름에 영향을 주었다. 한 흐름은 북친 스스로 칭하는 소크라테스 이전의 철학 전통을 한스 요나스Hans Jonas(1903~1993)에 이르는 유기체론적 전통과 책임윤리학의 전통[45]이 그것이다. 요나스는 자연에 대한 침범행위와 인간자신의 문명화는 서로 맞물려 있다고 본다. 하나는 자연의 영역에서 자연의 피조물로 침투해 들어가는 것이며, 다른 하나는 도시국가와 법률이라는 피난처를 통해 자연에 대한 내성을 구축하는 것이다.[46] 요나스가 지적했던 것처럼, 인간에게 있어서 오랫동안 객관적 기술의 대상이 될 수 있었던 것은 바로 기술의 개입으로 인한 피상적 특성들 때문이었다. 인간의 기술적 개입은 자연을 일시적으로 혼란스럽게 만들어 놓았다. 이제껏 자연은 스스로 균형을 회복해 왔으며 인간과는 비교할 수 없을 만큼 강력하며 무궁무진하게 인간의 행동에 절대적 영향을 미쳐왔다. 요나스가 『책임의 원칙』(1979)에서 제시한 기술에 대한 윤리적 통제의 4가지 원칙,[47] 첫째, 기술의 장기적長期的인 영향을 예측할 수 있는 보다 나은 방법을 개발해야만 하며, 둘째, 유토피아적인 행복에 대한 예측보다는 불행한 최후의 심판에 예언을 하는 것에 우선권을 둠으로써 나날이 증대되는 미지의 것들에 대해 신중하게 대처하여야 하며, 셋

째, 인류의 생존이나 기본권적 인간애가 결코 위험에 처하지 않
게 행위해야 하며, 넷째, 우리 후손의 창창한 미래를 보장하는
것이 우리의 의무임을 인식해야 한다.

3. 기술(인간)지향주의와 생태지향주의

오라이어단O'riordan(1981)은 환경론자의 신념체계 내지 이데
올로기를 중심으로 환경문제에 대한 시각을 기술지향주의와 생
태지향주의로 구분한다.

기술지향주의는 환경보전보다는 인간의 경제적 욕구를 더 중
요시 여긴다. 따라서 기술지향주의는 경제성장 과정에서 환경오
염이 지속적으로 발생한다고 할지라도 환경기술 개발을 통해 해
결할 수 있다는 입장이다.[48] 지난 1970년 논의들은 주로 기술지
향주의에 대한 비판이었다. 기술지향주의가 환경문제를 낳았고,
그와 관련하여 서양의 전통철학이 반성해야 한다는 것이 주요 기
조였다. 점차 자연스러운 발전단계로 왜 인간중심부가 안되는지,
그렇다면 무엇인지를 설명해야 했다. 이는 자연의 가치는 도대체
어디서 비롯되었는지에 대한 이론적인 해명과 동시에 또 자연의
가치를 인정하는 것은 어떤 삶의 방식을 살아가는 것이고, 이런
삶은 어떻게 가능한가하는 실천적 문제에 대한 해명을 요구했다.

지금까지 인간의 역사는 인간에 의한 자연정복의 역사에 지나지 않았다. 그러한 역사의 밑바탕에는 그것을 뒷받침하는 세계관 및 인생관이 숨어져 있다. 그것은 인간중심주의anthropocentrism라는 말로 일컫는다. 인간과 자연이 맺는 관계는 두 가지의 서로 어긋난 방식이 있다. 이를 인간중심주의 또는 우주중심주의라 부르기도 한다. 기술지향주의를 주장하는 사람들에 따르면, 모든 가치는 인간적 가치이며 그런 가치를 위해 인간이외의 모든 존재는 단순한 도구·수단에 지나지 않는다는 신념이다. 인간의 행동이 의도적인 이상 그리고 의식적 행동이 필연적으로 어떤 정당성을 필요로 하는 이상, 자연에 대한 인간의 무제한 정복과 약탈도 그 나름대로 정당성을 요구한다. 기술지향주의는 우주의 객관적 형이상학적 구조를 반영하는 것으로서 인간에 의한 자연의 무제한 개발과 도구화, 즉 자연의 정복에 철학적 정당성을 부여한다. 자연보호에 대한 인간중심적인 해석은, 주목할 만한 종, 즉 우리가 감정적·실용적·인식론적인 이유로 특별한 중요성을 부여하는 종을 보전하게끔 만든다.[49]

인간중심주의가 갖고 있는 의미는 가치론적, 존재론적, 인식론적 의미로 나누어진다. 가치론적 인간중심주의는 인간이 우주의 중심이라는 믿음이다. 가치론적 인간중심주의에서 인간은 원래가 궁극적이고 본래적인 가치를 지닌다. 이 가치에 비추어 볼 때 다른 여타의 모든 존재들은 외적이고 비본래적인 가치에 지나지 않는다. 즉 가치론적 인간중심주의는 인간이 여타의 모든 다른 가치들의 원천이요, 척도가 된다는 신념을 전제한다. 존재론적 인간중심주의는 인간이 우주의 중심적 위치를 점한다는 견해로 해석한다. 인간의 유일성은 인식능력, 미적 체험능력, 윤리적이고 정신적인 체험능력과 더불어 합리성, 언어능력, 상징능력, 기술능력 등으로 정의되곤 한다. 인식론적 인간중심주의는 일종의 인식론이다. 인식론은 인식주관과 인식객관을 동시에 포함하고 있기 때문에 모든 인식론은 필연적으로 아는 자와 알려지는 것 사이의 관계를 포함한다. 인식론적 인간중심주의는 인식객관과 인식주관사이의 관계에서 즉 인간과 자연과의 관계에서 그 중심을 인간에게 둔다는 것을 의미한다.

생태지향주의적 환경론의 기원은 초자연주의transcendental-ism라는 철학적 사조에서 찾는다. 초자연주의는 인간의 유용성만을 맺고 있는 자연과의 단순한 관계가 자연을 경외하는 관계로 대체되어야 한다는 입장이다. 인간은 자연을 단순한 쾌락의 도구로 더 이상 확대해서는 안 되며, 자연은 생물학적 생존권을 갖고 있으며, 인간과 자연은 일종의 윤리적 관계로 맺어져 있다.[50] 이런 점에서 생태지향주의는 기술지향주의의 사고가 환경위기를 초래한 장본인이며 인간중심주의는 정당화될 수 없다는 입장이다. 예컨대 테일러는 인간의 가치에 근거한 기준만이 우월성을 상징하는 것이 되는 데 의문을 제기하면서 모든 존재자들에게 나름대로의 독특한 존재방식이 있다고 주장한다. 종적 존재방식의 차이를 무시하고 인간에게만 유용한 기준으로 판단하는 것은 오류라는 것이다. 생태지향주의자들은 자연계가 인간을 위한 것이고, 인간은 자연을 지배할 수 있다는 관념으로부터 자연 자체의 가치를 인정하고 인간과 자연의 조화를 추구하는 관점으로부터의 전환이 환경문제를 푸는 쟁점이라고 본다. 생명의 고유한 가치뿐만 아니라 미, 질서, 목적론적 조직, 다양성, 혹은 오래된 것 등 생명 없는 자연물의 내재적 가치도 인정한다. 이로부터 그것들은 자연의 모든 현존은 단순히 존재하기 위한 내재가치를 보이며, 자기보존을 위한 명백한 권리를 갖는다고 주장한다. 자연가치·생물다양성의 감소는 다양한 가치문제를 제기한다. 예컨대 군대 개미들 가운데 병정개미의 위턱에서만 사는 진드기가 멸종되는 것이 왜 문제가 되는가? 생명의 가치는 무엇인가? 전통적으로 생명 다양성의 보존을 지지해 주기 위한 많은 도구적 정당화가 있어 왔다. 생명 다양성에는 엄청난 의학적, 농업적, 경제적, 과학적 가능성이 잠재되어 있다는 것이 그것이다. 생명자체는 고유한 가치를 지닌다. 그것은 단순히 생명 이용의 방식에 따라 중요한 것이 아니라 그 자체로 소중하다는 의미다.

생태지향주의는 우리의 세계관과 문화와 생활양식에 대해 근원적인 질문을 던지며 새롭게 형성되고 있는 생태학적 비전과 조화 되도록 개조하려는 장기적인 안목의 급진적인 생태운동을 지칭한다. 즉 복합성, 상호의존성, 균형성, 다양성, 평등성, 공생 등과 같은 생태계의 특성에 바탕을 둔다. 현대 철학자 레오폴드나 롤스턴 3세 등에서 보여주는 "대지의 개념에 의한 생태계의 보전"이나 야생자연으로 뛰쳐나간 철학을 통해 "생태적 도덕관의 전환"을 촉구하는 주장도 생태개념의 또 다른 표현이다. 환경문제가 부각된 것은 20세기 들어 1960년대 중반 이후부터다. 대표적으로 1980년대 들어 심층생태학deep ecology은 환경문제의 가장 커다란 원인을 인간중심주의에서 찾았다. 지금까지 환경문제의 대응방식은 인간중심주의에서 벗어나지 못한 얕은 생태학shallow ecology에서 나왔기 때문에 근본적인 문제를 해결할 수 없다는 것이다. 근본생태학자들은 노르웨이의 아르네 내스Arne Naess, 미국의 드볼과 세션Devall & Session, 카푸라Capra, 시나이더Gary Snyder, 그리고 영국의 포리트Poritt 등이다. 특히 내스는 생태담론의 영역을 개척한 철학자이다. 내스는 과학철학과 의미론에 조예가 깊었으며, 개별철학자로서는 스피노자와 간디에 깊은 관심을 보였다. 내스에게 있어서 철학이란 지혜에 대한 철학이 아니라 행동과 관련된 지혜에 대한 사랑을 의미하였다. 그에게서 행동 없는 지혜에 대한 사랑은 의미 없는 것이었고, 지혜 없는 행동 또한 무의미한 것이다. 특히 내스는 자신의 논문 「피상적 생태운동과 근본적, 장기적인 생태운동」을 통해 환경주의와 자신의 입장을 근본적이고 광범위한 생태운동의 주류로서 근본 생태론이라 명명하였다. 여기서 근본생태론은 이기적인 개인과 포괄적인 혹은 확장된 자아Self를 서로 다른 것으로 구분한다. 그는 생태계 속의 모든 것들은 자기를 실현할 평등한 권리를 지닌다고 생각하면서, 큰 자아실현Self-realization은 근본생태론의 핵심적 체계로 정의한다. 먼저 이기적인 개인들은 타자를 자신과 분리하여 생각하지만, 확장된 자아는 타자를 자신과 동일하게 취급하면서 타자를 자신 안에 포함시킨다.[51] 특히 그는 자아가 생태계로 확대된 상태를 일반적인 의미의 자아실현과 구분하여 큰 자아실현이라 명명했다. 내스의 심층생태학의 입장은 세 가지 측면에서 언급할 수 있다. 첫째, 심층생태학은 기본적인 사회경제적 실행에 대해 부분적인 개혁을 추구하는 '얕은 환경론'을 거부한다. 둘째, 이러한 심층생태학의 실행이 왜, 그리고 어떻게 해서 발생했는가에 대해 보다 심도 있게 질문을 제기한다. 셋째, 심층생태학은 자아와 자연에 대해 본연적이고 정신적인 일체화에 기반이 되는 '전체 세계관'을 포용한다.[52] 또한 시나이더는 인류 역사상 최고의 민주주의를 실현한 인종을 아메리카 인디언으로 보면서, 아메리카 인디언의 문화를 주목해야 한다고 주장한다. 시나이더는 동물이나 식물도 국민이며, 그들도 정치적 토론에서 그들의 처지와 목소리를 낼 수 있는 민주주의를 강조했다. 그러한 민주주의에서 인간 이외의 생물도 대표권을 지니며, 모든 국민들에게 속해 있는 힘이라는 표현의 표어가 담겨져 있어야 한다.[53]

생태지향주의는 감각과 감정을 가진 생명존재자의 고통을 최소화하는 데 역점을 둔다. 즉, 생태지향주의는 감정중심주의, 생명존재의 내재적 가치를 인정한다. 동시에 도덕적 배려의 대상을 강조하는 생물중심주의, 무기물과 자연전체의 아름다움과 질서, 다양성 및 목적론적 체계 등 고유한 내재적 가치를 주장하는 전체론과도 구별된다. 따라서 생태지향주의는 인간과 자연사이의 대등한 관계를 주장한다. 생태지향성이 환경정책의 이념적 가치기준이 되면, 국가정책은 경제성장보다 환경보전에 우선을 두게 되어 정책의 생태적 합리성을 실현하는 데 기여할 것이라 사료된다.

4. 21세기 생태담론을 위하여

환경문제는 우리에게 단순히 자원이거나 개발의 대상으로서만이 아니라 우리 자신이 삶을 영위해야 하는 집이라는 사실이다. 21세기 생태담론은 인간과 자연, 인간과 사회, 인간과 동식물 등 물리환경을 재구성하여 생태학을 새로운 방향으로 다음과 같이 나아가도록 해야 한다.

첫째, 21세기 생태담론은 물리학과 화학과 같은 생물학에서뿐만 아니라 복잡계를 통해 다양한 세계로 나아갈 수 있게끔 해야 한다. 자연은 우리들이 생각하거나 깨달은 것보다 훨씬 더 복잡하게 얽혀 있다. 즉 자연의 생태계는 수많은 부분들이 서로 복잡하게 얽혀 있는 상호연관체계이며 동시에 거대하고 복잡한 순환체계이다. 지금까지 가이아와 마찬가지로 복잡계속의 혼돈이론은 과학자들의 상상력을 고취시켰으며, 고대 그리스의 잃어버린 이교적 우주론에서 나온 용어였다. 생태계는 초원이나 산호초 바다에서 진화적 혼란으로부터 나타났으며, 또한 붕괴되기도 하였다. 복잡한 시스템들은 영원히 지속되지는 않았지만, 존재하는 동안에 동적인 응집력, 안정성과 질서에 대한 놀라운 능력을 보여 주고 있다. 지구의 건강한 항상성의 상태가 분명한 안정균형점을 구분할 수 없을지라도 감소하는 종, 개체군, 군집, 그리고 생태계를 멸종으로부터 구하기 위한 생태학의 새로운 통찰력을 갖추어야 할 것이다.

둘째, 21세기 생태담론은 감성적 환경미학의 체험에서 우러나와야 한다. 이러한 입장들은 앞에서 고찰하였듯이, 레오폴드의 대지의 윤리에서 자연의 생태계를 하나의 전체론holism으로 보는 관점, 롤스턴 3세의 늪지에서의 미적 체험, 안 네스의 자연의 대자아를 체험하는 방법으로 자기 이탈-감정이입-타자 체험의 단계 등을 총괄하는 환경미학의 체험에서 고려해야 할 관점들인 것이다. 따라서 인간의 미학적 자연체험의 유구한 역사를 인정하여 자연에 대한 오늘날의 생태학적 이해가 환경미학에 끼친 영향을 제대로 평가해야 할 과제를 안고 있다. 자연의 생태학적 기능과 생명의 가치를 하나의 체계로서 받아들일 것을 요구하며 자연체험의 양면성과 서구의 자연에 대한 이분법적 가치관의 극복은 절실히 필요하다.

셋째, 21세기의 생태담론은 자연을 통해 우리 인간 스스로가 만들어 가는 자연이어야 한다. 현재의 생태위기를 극복할 수 있는 생태학적 윤리의 목적론적 방향은 기존의 인간 상호간의 관계에서 인간과 자연의 관계로 보다 더 확장해 나가야 한다. 다시 말해 우리는 개개인을 위해 또한 우리 문명의 모든 인간을 위해 지구를 더 편한 곳으로 만들기 위해 받아들이고 사용해야 한다. 즉 진보, 기술, 자연의 균형, 자연에서의 협동, 혼동 혹은 질서 등에 관한 불일치가 어떠한 것이든 간에 생물의 다양성을 보존하는 것이 통합된 의무가 있다. 따라서 21세기의 생태담론은 고대 그리스 아리스토텔레스의 철학에 뿌리를 둔 협소한 목적론적 관계에서 벗어나 인간과 자연의 상호공존관계로 확장해 나가야 할 것이다. 이런 측면에서 21세기 들어 생태담론이 목적론적 관점으로 자연을 조망하는 것은 더 이상 바람직하지 않다. 자연은 현재 존재하지 않을 만큼 제멋대로 인간의 손길을 타고 길러져 왔다. 지금까지 서구의 목적론적 관점은 인간이 만물의 영장이고 자연을 이용할 권리를 갖고 있으며, 만물이 인간의 요구에 따라 봉사해야 한다는 생각이었다.[54] 사회학자 울리히 벡이 『위험

사회』에서 지적한 바와 같이, 이제까지 "자연은 자연이라기보다 오히려 어떠한 개념, 규범, 회상, 반反 유토피아의 구상이었다"[55]고 말한다. 이제껏 인간은 환경과 적응하면서 끊임없이 생존 투쟁을 해 왔다. 인간도 자연의 산물이며 자연으로부터 결코 벗어날 수 없다. 인간이 자연을 통제할 때조차도 자신의 목적을 위해 자연의 법칙을 단지 이용할 뿐인 것이다. 이런 점에서 21세기 환경정책은 진보, 기술, 자연의 균형, 자연에서의 협동, 혼동, 질서 등 생물의 다양성을 보존하는 것이 의무라는 사실을 인식해야 한다.

넷째, 21세기 생태담론은 인간중심주의를 넘어서 생태중심주의로 더욱 확장하여 나아가야 할 것이다. 최근 들어 도시와 농촌의 구분, 토양의 소모, 산업적 오염, 도시의 난개발, 노동자들의 건강악화와 산재, 영양실조, 독성물질, 공유지의 사유지화, 농어촌의 빈곤과 고립화, 산림파괴, 인간에 의해 야기되는 홍수, 사막화, 물 부족, 지역적 기후변화, 석탄을 비롯한 자연자원의 고갈, 에너지의 보존, 엔트로피, 산업폐기물을 재활용해야 할 필요성, 생물종과 환경사이의 연계성, 역사적 배경을 가진 과잉인구, 기근의 원인, 과학과 기술의 합리적 운영 등 산적한 환경문제들이 광범위하게 널려져 있다.[56] 인간중심주의를 넘어선다는 것은 인간에게 인간 아닌 다른 생명의 입장에서 사고할 것을 요구하는 역설적 궁지를 선택하는 것이 아니라, 인간과 인간 아닌 모든 것의 대립 속에서 설정되는 어떤 특권적인 자리를 제거하는 것이며, 인간을 포함하는 순환계의 입장에서 인간의 문제에 접근하는 것을 의미한다.[57] 이렇듯 환경문제의 심각성은 21세기의 현시점에서 광범위한 영역으로 확대되어 가고 있다. 궁극적으로 인구증가, 천연자원의 부족, 식량부족, 육상 및 해양생태계의 파괴, 야생동물의 멸종, 온실효과, 오존층파괴, 산성비, 이상기후 등 시급히 해결해야 할 산적한 환경문제를 남에게 떠넘기거나 방관자가 아닌 내가 능동적인 주체가 되는 환경의식의 전환이 필요한 시점이다.

제2부
사회과학

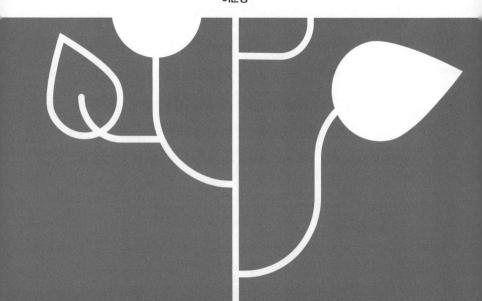

지속가능한 성장을 위한
문화 기반 도시 경쟁력 강화

———————— 이병민 ————————

1. 지속가능한 성장과 문화

경제성장에 대한 방향성과 논란은 인류가 지구상에 나타난 이후로 계속되어 왔지만, 최근의 논의는 양적인 성장보다는 질적 성장, 지속가능성과 회복력에 대해 보다 많은 관심을 기울이고 있다. 2015년 9월에는 이와 관련된 중요한 국제의제에 대한 합의가 이루어졌는데, 유엔 회원국(193개국)이 모여 합의한 지속가능발전목표Sustainable Development Goals, SDGs가 그것이다. 물론, 많은 내용들이 환경과 보호 측면에 집중되어 있기는 하지만, 사회와 경제발전의 내용도 중요하게 담겨있다. 이러한 지속가능 발전목표는 우리가 처해 있는 현재 상황에 대해 통합적 사고방식의 전환을 통해 인류공통의 발전을 꾀하기 위한 노력이 필요함을 강조하고 있다. 지속가능발전목표는 기존의 발전목표와 달리 선진국을 포함한 모든 국가에 해당하는 보편적인 목표를 설정하고 있다는 점에서 특징이 있다. 이전의 밀레니엄발전목표 MDGs의 한계를 넘어 국내외의 불평등 문제, 정의, 기후변화, 인권, 성평등, 환경 지속성, 평화와 안보를 아우르는 발전목표를 제시하고 있다. 이는 현 한국사회에도 지향점으로 제시될 수 있는 목표를 포함하고 있어 관련 요소들을 통합적으로 고려하여 발전목표를 세우고, 인류공영에 이바지하여야 한다는 점에서 중요한 시사점을 갖는다고 할 수 있다.(SDGMUN, 2016) 이러한 의제는 전 세계가 함께 풀어가야 할 17가지 목표와 169가지 세부목표로 이루어져 있으며, 다양한 목표들이 문화와 관련된 지속가능한 성장과 관련되어 있다.(〈그림 1〉 참조) 안전하고 지속가능한 도시, 양질의 일자리와 경제성장, 불평등 감소, 환경, 양성평등의 촉진, 평화롭고 포용적인 사회 등 환경, 경제, 그리고 사회적 형평성 등을 강조한다.(UCLG, 2017)

지속가능발전에 따른 성장을 토대로 예를 들어 문화가 목표의 끝이 아니라 빈곤 해소를 위한 다양한 콘텐츠로 사용될 수 있음을 강조하고 있다. 또한 일자리를 창출하고 현지 문화와 상품을 알릴 수 있는 지속가능한 관광 등 다양한 방법의 개발과 이행 등이 포함된다. 이러한 내용들에는 구체적으로 사회기반시설, 산업화, 기업의 지원, 천연자원의 효과적인 사용, 그리고 연구개발 Research and Development, R&D 등도 포함되어 있다.

〈그림 1〉 지속가능발전목표[1]

이와 같이 지속가능성을 염두에 두고, 문화에 대한 논의를 진전시키는 것은 최근 기후변화, 고령화 시대로의 진입, 경제 성장 경로의 불확실성, 저성장, 저소비, 높은 실업률 등이 일반화되는 '뉴노멀New Normal'시대로 접어들었기 때문이라 할 수 있다. 관련하여, 경제·사회의 구조적 변화에 신속히 대응할 수 있는 회복력resilience의 보유여부가 국가 및 지역의 경쟁력을 좌우하고 있다. 위기나 위험에 대응할 수 있는 사회·경제적 적응력adaptation과 회복력 있는 사회 구현을 목표로 하는 정책으로 패러다임의 전환이 요구함을 반영하는 현상이라 할 수 있다.(하수정 외, 2014) 지속가능한 발전과 관련하여, 회복력은 역경에 대한 창조적인 반응과 개인이 자신의 삶에서 부정적인 상황을 극복 할 수 있게 해주는 타고난 인간의 특성으로 정의되고 있으며, 어떤 사례에서는 회복력을 위한 새로운 구조가 "문화적 회복력Cultural Resilience"으로 나타나기도 한다.(정수희 · 이병민, 2018) 이러한 이론은 억압, 학대, 빈곤, 폭력 및 차별의 부정적 영향을 극복하기 위해 전통적인 삶의 방식을 사용하는 것과 관련이 있는데, 이때의 "문화적 탄력성"은 다양하고 도전적인 환경을 탐색하고 극복하기 위해 자신의 전통과 문화 배경을 토대로, 삶의 경험을 활용하여, 취득해낸 역량 또는 내부적인 강점으로 정의된다.(Strand, J. & Peacock, R., 2003)[2]

문화를 고려할 때의 핵심사항은 성장의 패턴과 질적 내용이 성장률만큼 중요하다는 것이며, 사람들이 어떻게 성장과정에 참여하고 포용적 성장을 이끌며 일자리를 창출하는가이다. 지속가능한 발전에 대한 논의는 2012년 브라질에서 개최되었던 리우+20Rio+20 회의 때부터 공식적으로 이루어졌는데, 이때부터도 '포용적이고, 지속가능한 경제성장'을 강조하며, '모든 사람을 위한 전면적이고 생산적인 취업과 사회보호에 대한 촉진'을 중요한 이슈로 강조해온 점에 비추어 볼 때, 우리에게도 시사하는 바가 크다. 이러한 시각에서 예를 들어 문화를 고려한 경제성장과 산업 발전에 대한 주요 키워드도 고부가가치, 노동집약, 다각화, 혁신, 양질의 고용, 창조와 혁신, 문화와 콘텐츠 기반 중소기업의 육성, 소비의 중요성, 청년고용, 이주노동자, 고용의 다양성과 안정성 확보 등 단순한 양적성장보다는 질적 토대를 바탕으로 한 장기적 성장에 초점이 맞추어져 있다고 할 수 있다.

이전의 밀레니엄 발전목표와 지속가능발전의 가장 큰 차이점 중 하나는 경제성장을 빈곤의 종식방법으로 해석한다는 점이며, 포용적이고 지속가능한 상업화 촉진, 개도국과의 연계, 가치사슬 및 시장으로의 편입 증대 등을 고려해 본다면, 문화적으로 건전한 발전이 인류공영뿐 아니라, 국가와 지역의 장기적인 발전을 위해서도 반드시 필요한 관점이라고 할 수 있다. 예를 들어, 현대 자본주의 사회의 부작용과 급격한 도시화 진전에 따른 사회·도시문제를 해결하기 위한 지속가능한 경제모델로서 공유경제가 최근 부상하고 있는데, 이러한 시각이 지속가능한 발전을 위한 새로운 시각의 한 측면이 될 수 있다. 대량생산과 과잉 소비가 야기한 에너지 고갈 및 환경 문제, 급격한 도시화의 진전에 따른 교통·주거·안전·실업 등 도시·사회문제 해결 방안으로 공유경제를 바라보고, 문화와 연관하여 장기적인 관점에서 논의를 하는 것이 궁극적으로는 지속가능성을 담보할 수 있느냐하는 문제와 연결되기 때문이다.

이와 같이 지속가능한 발전을 염두에 둔 문화 기반 경제 활성화 측면에서 보자면, 다양한 측면의 복합적인 고려가 필요하며, 장기적인 비전을 염두에 두고, 인적자본 확충 및 노동시장의 유연성 강화, 여성, 고령인구 등 다양한 인력의 발굴 및 활용, 시장이 요구하는 고급인력의 문화 기반 질적 수준의 향상, 문화를 토대로 하는 노동 및 직업구조의 변화와 훈련, 환경의 정책적 지원, 노동시장 유연화에 의해 나타날 수 있는 고용 불안전성에 대응하기 위한 사회적 안정망 구축 등 복합적인 요소의 종합적인 고려가 필요하다.

이러한 주제를 염두에 두고, 지속가능성을 담보하기 위해서는 현재의 지역정책에 대한 반성과 장기적인 비전을 염두에 둔 질문들에도 답할 수 있어야 할 것이다. 예를 들어 현재의 문화를 기반으로 한 지역 및 도시재생의 지원에 있어서 지금까지 가시적인 목표에 몰두했었다면, 어떻게 문화를 기반으로 삶의 질을 제고할 것이며, 지원정책의 목표를 통해 문화향유는 어떻게 달성할 것인가 하는 문제들이다. 이를 위해, 지금까지 단기적인 성과에 몰두했었다면, 지속가능한 발전을 염두에 두고 장기적인 성과를 어떻게 창출할 것인가 하는 부분도 중요한 화두가 된다. 또한, 문화를 고려한 지역발전을 위한 수요는 무엇이 있을까와 그렇다면, 그러한 수요를 바탕으로 한 지원의 궁극적대상은 누가 되어야 하는 것도 중요한 이슈가 될 수 있다. 또한, 궁극적으로는 절대적인 빈곤보다 상대적인 빈곤의 해소를 위해서 문화를 통해 어떻게 일자리를 창출할 수 있을까 하는 부분도 매우 중요하게 고려되어야 한다. 이는 실제 최근 정부의 가장 중요한 관심사와도 연결된다. 그리고 그러한 생태계 내에서 정부의 역할과 거버넌스는 어떻게 구축되어야 하는가 하는 부분 또한 중요하다.

2. 문화 기반 지역발전의 동향

최근의 도시는 하드웨어 중심으로 시설을 확충하고, 정량적quan-titative 확장을 꾀하기보다는, 내부 자산을 통해 정체성을 공고히 하려는 정성적qualitative 성장이 더 중요해지고 있다. 실제, 이러한 추세에 비추어 많은 지자체들은 산업구조의 변화 및 물리적 시간의 경과로 인한 기존 시설의 노후 및 기능 유실에 대해 어떻게 기반시설을 처리하고 지역의 정체성에 맞추어 지속적인 발전을 꾀할 것인가에 대한 문제에 직면해 있다.(이병민, 2016)

이는 도시가 지속가능성을 전제로 발전을 꾀하기 위해 새롭게 재생을 거듭하며, 성숙한 도시로 성장할 것인가 하는 문제와 연결되어 있다. 관련하여, 최근 많이 논의되고 있는 도시재생[3]의 개념은 기존의 산업적 측면에서의 개발development 개념에서 지역이 가진 인문학적 가치와 도시의 성숙도를 강조하는 재생re-generation으로 중요성이 옮겨지고 있다. 유럽 복지정책의 실패와 분권의 대안으로서 지역 자립의 새로운 방식으로 문화를 기반으로 한 도시 재생의 개념이 대두된 영향도 크다고 할 수 있는데, 이는 기존의 도시재생 정책에서 산업적 측면이 강조되었던 점과는 달리 지역의 자원으로서 인문학적 가치 등에 대한 인식이 더욱 중요해졌음을 알려주고 있다. 이러한 개념들은 이미 제인 제이콥스, 찰스 랜드리 등과 같은 여러 학자들에 의해 창조도시(혹은 창의도시)라는 형태로 문화적인 측면의 중요성이 강조되어 왔다. 또한 창조경제, 창조계급, 창조산업 등을 기반으로, 창조성이 도시의 경쟁력을 높일 수 있는 경제적 가치 역시 크다는 측면에서 창조적인 도시재생의 중요성이 커진 측면도 있다.(〈그림 2〉 참조)

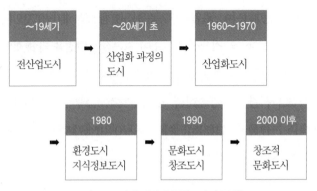

〈그림 2〉 도시의 발달과 문화도시의 등장[4]

국제적인 경향성을 살펴보면, 지역의 고유한 문화적 정체성을 보호하고, 문화를 지역과 국가발전의 새로운 원동력으로 활용하려는 노력들이 지속되어 오고 있는데, 유네스코에서는 1970년대부터 문화와 지역발전의 관계에 주목하기 시작하였으며, 최근에는 문화를 지역과 국가의 발전을 위한 지속가능한 필수요소이자 원동력이라고 강조하고 있다. 문화를 기반으로 하여 지역관련 21세기 초반에 기획된 많은 프로젝트들은 소위 창조도시의 도시재생과 리모델링, 그리고 이의 문화적 활용에 관계되어 있다.

이러한 유연한 접근은 이벤트적 프로젝트가 아니라, 공간에 유연하게 접근하면서, 함께 공통된 지역문화를 통해 지역을 재생시키려는 지혜와 관련이 있다. 최근의 도시재생과 관련해서는 지역의 많은 사람들이 관계되고, 문화와 관련하여 예술가의 흔적을 묻히고, 기획가들은 사회를 이해하려는 지혜를 더하고자 노력하는 시도가 많이 나타나고 있다. 이는 사회를 온전히 바꾸려는 것이 아니라, 관계하는 사람들과 지역의 문화를 탄력적으로 이해하려는 노력의 일환으로 읽혀진다. 그러한 유연성은 시대에 따라, 지역의 특성에 따라, 관계하는 사람들에 따라 달라지고, 새로운 도시재생의 트렌드를 낳고 있다. 지역에서의 도시재생과 관련된 문화발전은 이러한 의미와 매우 밀접하게 연관된다고 할 수 있다.

국내에서도 2014년 지역문화진흥법을 제정하고, 문화지구, 문화도시, 문화마을 등을 지정하는 등 많은 관련 움직임이 나타나고 있다. 또한, 문화를 지역과 국가발전의 중요한 요소로 인식하고, 도시재생 등에서는 적극적인 문화정책을 추진하고 있는데, 이때 예술의 의미도 지역문화와 더불어 점점 커지고 있다.[5] 또한, 국토부는 지난 2014년 12월 문화체육관광부, 중소기업청과 함께 '지역문화와 지역상권 기반의 도시재생 활성화'를 위한 업무협약MOU을 체결(2014.12.19)하여, 그동안 부처의 특성에 따라 제각각 진행되어 왔던 도시재생 정책의 통합을 통한 효과적인 접근방향을 제시한 바 있으며, 최근에는 그 중요성이 더욱 강조되고 있다. 이는 2007년부터 추진되어왔던 '살고 싶은 도시만들기', 2010년부터의 '도시활력증진지역개발'사업에 이어 2013년의 '도시재생'사업으로 이어져 2013년 관련법의 제정과 함께 2017년부터는 '도시재생뉴딜'사업으로 이어지고 있다. 하지만 법에 명시된 목적대로 사회적·문화적 활력과 지역공동체의 회복보다는 Top-down방식을 통해 경제기반형, 일자리창출 사업이 강조되는 경우도 있어 우려가 되기도 한다.[6] 문재인 정부 들어 관련 정책이 국정과제의 하나로 채택되어 도시재생 관련 정책들이 추진되고 있지만, 본래 취지와는 다르게 하드웨어 중심 사업들이 주를 이루고 있다는 비판도 있기 때문이다.

실제로 우리나라의 경우 지역이 가진 역사·문화적 자산과 기반시설, 지역적 특수성에 대한 이해를 바탕으로 지역맞춤형 도시재생에 대한 수요가 증가하고 있다는 점에 주목할 필요가 있다. 다행인 것은, 정부의 적극적인 정책적 지원과 맞물려, 지자체 단위에서도 지방자치 분권화 시대 지역의 자산이라 할 수 있는 문화콘텐츠와 결합한 지역문화에 대한 많은 관심을 기울이고, 성공적 지역콘텐츠의 개발을 통해 지역을 활성화 시키고자 하는 다각적인 노력들이 나타나고 있다는 점이다.(이병민·이원호, 2014) 특히 도시의 자산으로서 문화자산의 가능성에 대한 이론적 접근과 함께, 문화자산이 지역의 역사·문화적 가치를 담

고 있으며, 지속가능한 도시재생의 도구로 활용될 수 있다는 점
에서 이러한 노력들이 의미가 있다고 하겠다. 이러한 측면에서,
지방자치분권이 강조되는 현 시점에서 도시재생의 특징을 알아
보고 문화와 지역을 어떻게 이해하는가는 매우 의미 있는 일이
라 할 수 있다.

3. 도시재생의 특징 변화

도시재생은 영국, 미국, 일본 등 선진국들의 도시를 중심으로
시작되었는데, 대도시의 무분별한 교외화 현상과 도심부 쇠퇴현
상 등에 따라 구시가지 및 기반시설의 노후화, 도심공동화 현상
등 사회문제 해결을 위해 개념이 변화되어 왔나고 할 수 있다.
물리적인 환경정비 및 도시재개발의 지속성 문제와 함께 최근에
는 문화·경제·환경을 모두 포함시키는 개념도 포함하면서, 지
역의 지속성에 대한 문제가 제기되고 있다.[7]
잘 알려진 대로 도시재생은 지역을 재활성화 시킨다는 의미
로, 이미 번성했던 지역이 쇠퇴의 과정에서 겪게 되는 사회·경
제적 및 물리적 문제를 해결하고 재활성하는 것이 정책의 목표
이다. 이러한 목표는 지역의 상황에 따라, 도심재개발과 같은 물
리적 방식, 지역 공동체 회복과 같은 사회 프로그램, 지역 내 고

용창출과 같은 경제적 방식 등 여러 가지로 나타날 수 있으며, 각 방식의 수단은 각 나라나 각 시기의 정치 이념적 성향, 지역의 여건에 따라 변화될 수 있다. 다만, 이러한 특징이 쇠퇴지역의 특성상, 사회적 배제 문제를 해결하고, 목표에 도달하기 위하여 주민 참여적 방식으로 옮겨가고 있는 것이 최근 추세이다.[8]

과거의 접근방식이 물리적 환경의 개선에만 주안점을 두고 사회적·문화적 환경을 별도로 취급함으로써 물리적 환경의 개선효과가 지속되지 못한 채 도시가 다시 쇠퇴하거나 새로운 지역의 개발이라는 결과를 초래하였기에, 기존 도시에 대한 종합적인 재생을 통해 도시부흥을 도모하고자 하는 도시재생urban regeneration의 개념이 최근 등장하였는데, 쇠퇴된 도시의 문제를 종합적인 시각에서 지속적으로 개선함으로써 도시를 재활성화하려는 시도이다. 시대적으로는 1970년대 중반 이후 영국과 미국을 중심으로 문화를 통한 도시재생 정책이 시행되었으며, 유럽, 일본 등으로 빠르게 확산된 바 있다. 1990년대에는 이러한 경향이 한국을 비롯한 싱가포르, 일본 등 아시아지역까지 확장되었으며 특히 최근에는 문화를 통한 도시재생, 지역발전의 중요성이 전 세계적 공감대를 이루고 있다.

이에, 도시재생을 '기존의 노후화된 시설과 결합될 수 있는 새로운 가치의 프로그램을 통해 낡고 오래된 장소의 활용가능성을 살려내고 이를 바탕으로 주변의 사회적 변화를 이끌어내 도시와의 새로운 관계망을 창조하는 것'(도시재생 네트워크, 2009)이라 볼 때, 국내에서 시행된 사업들을 재평가하고 보완할 여지가 있다. 도시민 스스로가 도시의 내재적 가치를 재창조하고 그 가치를 사회 모두가 다시 공유할 수 있도록, 도시의 전통과 역사, 장소와 삶의 다양성과 정체성을 재정립한 도시를 전범으로 하는 도시재생, 문화를 기반으로 하는 사회적 재생의 필요성이 높아지기 때문이다.(조명래, 2010)

그 결과 최근에는 기존의 산업적 측면의 도시재생보다는 인문학적 측면이 강조되면서, 문화를 통한 도시재생, 지역발전의 중요성이 공감대를 이루고 있다. 예를 들어, 낙후된 도심에 예술가 공동체를 정책적으로 유치함으로써 도시재생을 도모하는 등의 예가 그것이다. 문화를 기반으로 한 도시재생은 지역의 문화를 기반으로 한다는 점에서는 유사하지만, 국가별 상황에 따라 다소 차이가 나는데, 구도심의 낙후지역을 재활용하는 경우, 산업유산을 기반으로 도시재생을 하는 경우, 지역의 전통시장 활성화와 공동체 활동을 강조하는 경우 등 다양하며, 지역의 맥락을 충분히 이해해야 한다는 점에서 상향식으로, 지역의 주민이 주체가 되어야 한다는 점이 중요하다고 하겠다.

기존의 지역 재생 정책들이 하드웨어 및 클러스터를 중심으로 접근한 관점이라면, 새로운 도시재생 연구는 이러한 방향에서 탈피하여 인문학적 접근으로 인간 중심의 휴먼웨어Humanware

〈표 1〉 기존 해외 도시재생 정책의 주요 내용 비교[9]

구분	UNESCO	유럽형	일본형
배경 및 목적	세계화에 따라 문화다양성에 바탕을 둔 국제도시 간의 연대	제조업 쇠퇴로 인한 산업의 발전을 도모	1995년 지방자치법 제정 이후, '도시재생'과 창조도시에 대한 정책적 관심 증대
추진 체계	정부 및 지자체 중심	상향식	지역 내 NPO 법인 및 마을 단위로 진행
활용 자원	문화자원과 잠재력	문화예술	전통 문화자원 중심
주요 키워드	문화브랜드, 국가경쟁력, 승인, 창의성	지역기반의 통합, 수요보다는 기회	환경, 생태, 역사성, 내발적, 장인

개발에 초점을 맞추어야 할 필요가 있다. 이는 한국의 상황이 배경과 자원 등 다른 외국상황들과 매우 다르기 때문에, 이에 대한 분석을 통해 현재 한국의 실정에 적합한 한국형 창조도시 모델을 고안하여 새로운 도시재생 정책의 방향성을 제시할 필요가 크기 때문이다.(〈표 1〉)

또한, 이러한 도시재생의 연구는 단기간에 끝나는 것이 아니라, 지속가능한 지역의 발전을 담보하여야 하기 때문에, 지역의 핵심적인 콘텐츠를 바꾸는 작업이 될 것이다. 이러한 측면에서 지역문화와 다양한 콘텐츠들이 중심이 되는 도시재생 연구가 필요한 시점이다.

4. 문화를 토대로 한 도시재생의 접근

통상적으로 장소는 장소성의 긍정적 요소와 부정적 요소의 보유 유무에 따라, 이를 대체하거나 보완할 수 있는 인위적인 개입을 통해서 장소의 매력을 가중시키는 전략적 요소들을 갖출 수 있는데, 이때 도시재생의 잠재적 가능성을 포함한 개념으로서의 '자산'을 이야기할 수 있다.[10] 이는 장소의 세부 유형에 따라, 자연자산, 인프라자산(하드웨어적 요소), 제도자산, 인적자산(휴먼웨어적 요소), 문화자산, 예술자산(콘텐츠웨어적 요소) 등으로 구분할 수 있으며, 특히 문화자산의 경우는 실제적인 장소의 이미지 place image와 직결되며, 장소성을 형성한다는 점에서 핵심적인 요소로 인식되고 있다.(정수희·이병민, 2014) 이외에 보다 생태계적인 접근을 위해 도시재생으로 연결시키기 위한 프로그램의 운용으로서의 소프트웨어적인 요소가 추가될 수 있을 것이다. 기존 연구에서는 사회자본이론과 의사소통행위이론, 지역주체의 역량과 참여, 관계의 중요성 등을 적용하고, 최근에는 지역의 고유성 및 희소성을 극대화하기 위하여 환경적 자산과 역사·문화적 자산 등을 포함하여, 도시재생과의 연관성을 강조하기도 한다.[11]

특히 문화적인 요소를 활용한 도시재생은 많은 국가와 지역에서 문화자산을 중심으로 추진되고 있다. 도시재생 차원에서 논하는 역사문화유산이란 옛 사람들이 만들어 낸 물리적·정신적

자산으로서 역사적 사건, 장소, 생활양식 등과 관련한 것들도 포함한다. 이때, 문화자산을 기본으로 하는 문화적 도시재생은 지역의 고유 자원을 활용하여 정체성을 강화시키는 도시재생형, 새로운 자원 투입을 통해 정체성 확장 효과를 발생시키는 도시혁신형으로 나누어 볼 수 있으며, 이에 따라 지역 생태계 형태가 다르게 나타날 수 있다. 도시재생형이 기존의 요소인 문화자산들을 토대로 장소성을 기반으로 하여, 규모scale의 확대를 통해 지역의 정체성을 강화하거나, 문화적인 역량을 확장하는 데 주력한다면, 도시혁신형과 같은 경우는 지역의 장소성을 기반으로 하되, 기존의 자원 이외에 혁신적인 문화자산을 새롭게 투입하여 정체성의 범위를 확장시키며, 융합 혹은 분화를 통해 새로운 지역정체성을 만들어가는 방식이라고 할 수 있다.[12]

이때, 도시재생형은 전통적인 문화보존지역이나, 역사성이 강조되는 지역이 두드러질 수 있으며, 도시혁신형은 새로운 문화의 유입과 전통과 현대가 결합하여 새로운 문화가 도시재생의 도구로 활용될 수 있는 여지가 많은 지역이라고 할 수 있다. 물론, 이러한 유형분류와 적용은 지역의 상황에 따라 다양한 변용이 가능하다.

도시재생과 관련하여 지역의 문화자산을 적용해본다면, 지금까지 생태계의 중요성만이 논의되었던 점에 비추어 보았을 때, 지역의 문화자산을 토대로 하여 지역정체성을 발굴하고 이를 중심으로 한 지역정체성 강화에 대한 전략 개발이 요구된다 할 수 있다. 이에, 문화자산을 토대로 한 도시재생은 지역의 차별적인 문화특성을 기반으로 한 문화자산이 근거가 되어, 실제적인 사업화의 단계를 거쳐 문화자산이 강화되거나, 융합, 연계 과정을 거쳐, 지역정체성을 확립하거나 발전의 모판이 되는 진화적 모델의 근거가 되는 상황을 상정할 수 있다. 이는 단순한 역사·문화적 가치를 기반으로 하는 시설물의 건립이나, 경관을 개선해 나가는 차원이 아니라, 지역의 합의와 가치를 모색해나가는 일련의 작업들과 관련되며, 실제적인 사업의 기획에 있어서도 지역의 문화자산을 확인하고, 협치를 이루어나가는 과정 속에서, 재생과 혁신을 통해 지역발전의 비전을 공유해 나가는 작업이라고 할 수 있다.(이병민, 2016)

5. 문화를 매개로 한 도시경쟁력 강화 사례

원래 도시재생의 개념은 대도시의 무분별한 교외화 현상과 도심부 쇠퇴현상 등에 따라 구시가지 및 기반시설의 노후화, 도심 공동화 현상 등 사회문제 해결을 위해 추진되었지만, 물리적인 환경정비 및 도시재개발에 집중하면서, 도시의 지속성에 대한 문제가 또한 제기되었는데, 지역의 여건에 따라 다양한 유형이 나타난다고 할 수 있다. 도시재생과 도시혁신의 유형을 참조하여 살펴보면, 문화를 기반으로 한 도시재생은 지역의 문화를 기반으로 한다는 점에서는 유사하지만, 각 상황에 따라 다소 차이가 나는데, 서양과 동양의 역사적 배경에 따라서도 적용방식이 다르게 나타날 수 있으며, 문화자산을 확대하며, 지역의 정체성을 강화하느냐, 혁신적인 요소들을 접목하느냐 등에 따라 다양한 조합이 가능할 것이다.

예를 들어, 창조도시로 유명한 요코하마시의 코가네쵸는 한때 유명한 성매매 거리였던 곳(260여 개)을, 지역주민들과 요코하마시, 경찰 등이 손을 잡고 성매매 업소를 몰아내고, 그 공간을 예술가들이 차지하면서, 예술 공간으로 탈바꿈시킨 곳이다. 인근 철로 밑에 예술가들을 위한 스튜디오를 마련하고, 주변의 성매매 점포들은 내부개조를 통해 예술가들을 위한 레지던스와 전시회 공간을 만들고, 미술전시회를 개최하는 등 다양한 콘텐츠를 더하였다. 현재는 요코하마 비엔날레와 연계하여, 행사규모도 더욱 커졌다. 도시재생 프로젝트의 결과 2004~2017년에 지역인구가 1,200여 명 늘었고, 부동산 가격이 오르면서 지방세 수입도 증가한 경우이다. 연도별로 살펴보자면, 2005년만 해도 성매매 점포가 있었으나, 그때부터 코가네쵸 성매매 점포 철거 사업이 시작되었고, 2008년에는 '코가네쵸 바잘'이라는 미술전시회가 열렸다. '코가네쵸 바잘'은 이후 매년 개최되었는데, 일본 국내뿐만 아니라 아시아를 비롯한 세계 각국에서 예술가들을 초청해 규모를 점점 더 확대해나가고 있다. 현재는 요코하마 비엔날레와 연계하여 국제적인 프로젝트가 되고 있는데, 중심이 되는 단체는 비영리조직NPO 법인 '코가네쵸 에리어 매니지먼트 센터'라 할 수 있다. 이 와중에, NPO와 지역주민, 경찰, 공무원이 같이 협력해서 성매매 점포를 철거했으며, 요코하마 시는 건물소유자와 협의해서 천막간판을 철거할 수 있게 교섭해서 (간판을) 뗄 수 있게 도와주며, 공고한 거버넌스 관계를 구축하였다. 이러한 경우는 지역의 브랜드와 이미지를 바꾸고, 예술가들이라는 혁신적인 자원을 투입하여, 도시를 혁신적으로 바꾸려고 한 노력이 돋보이는 경우라 할 수 있다. 주민들이 참여하여, 적극적으로 장소성을 유지하되, 새로운 지역의 생태계를 구축하며, 정체성을 만들어나간 사례라 할 수 있다.

포르투갈 리스본의 LX factory의 경우도 산업유산을 활용한 유사한 경우인데, 19세기 지은 방직 공장지대의 건물들을 리모델링하여 예술클러스터를 만들었다는 점에서 조금 차이가 난다. LX factory는 1846년에 방직공장으로 시작되었으며, 1873년 첫 번째 포르투갈 실업가에 의해 공장 인근에 노동자 주택이 지어지면서, 리스본에서 가장 중요한 제조 단지 중 하나가 되었다. 그러나 이러한 공장도 수십 년 동안의 직물 제조량의 급속한 감소로 인해 1990년대 들어서는 생산량이 급속하게 줄어들었다.

리스본 시의회가 관련 지역을 보수하는 방법을 결정하기 전에, 해당 건물은 MainSide라는 부동산 회사에서 보유하고 있었는데, 처음 이 회사는 임시 보수 공사와 함께 지역 발전계획에 대한 협의회의 최종 결정에 따라 LX factory를 수년간 그대로 유지할 계획이었다. 그러나 협의회 계획이 명확하게 결정되지 않자, MainSide는 2007년 LX Factory 프로젝트를 결정하고, 해당 공장을 23,000 평방미터의 예술적 창조성이 기반된 지역으로 전환했다. LX Factory는 처음 TV 광고의 배경으로 사용되었고, 콘서트 및 연극. 문화전시 등 기존 건물을 활용한 산업유산의 재활용단지 등 많은 용도로 사용되었다. 구체적으로는, 패션, 광고, 커뮤니케이션, 멀티미디어, 미술, 디자인, 건축, 음악, 사진, 관련 스튜디오, 서점 및 시설과 함께 무용 학교 및 여러 카페, 레스토랑, 호스텔 등 보다 다양한 용도로 활용되고 있다.

현재는 클러스터 내에 예술가들의 작업실, 쇼룸, 갤러리, 가구점, 카페, 레스토랑, 콘서트 홀 등이 모여 있어 많은 이들의 방문이 끊이지 않고 있다. 특히 복합서점Ler Devagar과 함께, 기존 건축물을 활용한 호스텔 등이 주요한 방문 포인트가 되고 있으며, 주말이면 다양한 공연도 열리는 지역의 핫플레이스가 되고 있다.(Xie, 2015) 산업유산이라는 지역의 정체성을 그대로 유지하면서도, 외부의 문화예술 전문가들을 적극적으로 유입하여, 지역의 혁신을 이루었다는 측면에서 의미가 크다고 하겠다.

이러한 사례를 통해 우리가 문화가 기반이 되는 도시재생에서 더 관심을 두어야 할 부분은 도시의 역사와 이야기, 철학 등 도시가 가지고 있는 무형적인 '가치'와 지역이 주체가 되어야 한다는 사실이다. 무조건 건물을 허물고, 새로 짓는 것보다 지역의 사람이 중심이 되어, 산업과 예술적인 생태성, 문화가 기반이 되는 전통의 복원과 공동체성의 창출, 미학성의 추구 등을 강조하고, 이러한 부분들이 조화를 이루어야 유의미한 발전을 기대할 수 있을 것이다.

6. 문화를 매개로 한 도시경쟁력의 강화

지역의 재생이 경제적 재화로서의 땅의 가치만을 높이는 재개발에만 집중한다면, 물리적인 공간의 확대만을 가져오겠지만, 기존의 시설과 인프라와 결합할 수 있는 다양하고 새로운 가치의 프로그램과 콘텐츠를 기획한다면, 지역발전과 사회적 변화를 이끌어내면서 발전의 지속력을 갖게 될 것이다. 지역의 장소성을 기반으로 하는 문화와 도시재생이 결합하게 되면 새로운 브랜드의 창출이라는 효과를 낳게 되는 것이다.

도시재생의 문제 해결과 목표의 지향점은 새로운 경쟁력을 만들어내는 데 있으며, 다양한 주체들의 결합에 의해서 확장과 융합을 이루어가는 일련의 과정이라고 볼 수 있다. 기존의 물리적 자산 뿐 아니라, 문화자산을 토대로 지역발전을 위해 비물리적 자산까지도 고려하여 도시재생의 방향을 택하고, 지역발전을 위한 콘텐츠와 프로그램을 위해 다양한 거버넌스 관계들이 결합된다면, 자생적인 선순환구조 마련의 기반이 구축될 수 있다.

도시재생이 도시의 공공성을 담보하는 해석·공유·창조의 과정으로 이루어지기 위해서는 이를 가능케 하는 주체가 있어야 하며, 이 주체들은 곧 문화적 도시재생의 주체로서 문화생산자와 문화소비자 모두를 망라하게 된다.(조명래, 2010)

구체적으로 과제를 고민해보자면, 예를 들어 지역유휴공간을 활용한 청년 문화예술인을 위한 예술창작 공간 제공 등이 수요자와 문화향유, 지역의 균형발전 등에 대해 유효한 과제가 될 수 있을 것이다. 창의적 설계(디자인, 공간), 문화적 생활 등 정책 분야에 문화적 관점을 접목하고, 생산과 산업뿐 아니라 국민의 삶, 수요, 소비의 측면까지 고려하며, 정책과 국민 소통 등 정책의 품격을 제고하고 수요자이면서 이용자인 국민을 배려할 수 있기 때문이다. 또한, 콘텐츠로 차별화된 지역 특화 발전을 도모한다면, 부처와 영역에 상관없이, 지역 내 행정·경제·교육·사회 주체간 생태계 차원의 전략적 협력구조를 형성하여 지역사회 선순환 발전구조를 구축하려는 노력이 필요하다. 예를 들어, 지역 콘텐츠기업, 프로슈머, 전문가(기획, 창작)-제작(중소기업)-유통

(지역 외 대기업)—소비, 지원(공공) 등 다양한 가치사슬별 협력 체계 및 리쿠르팅recruiting을 통한 협력프로젝트가 가능할 것이며, 지역 문화공동체를 활성화하여 콘텐츠 휴먼 인프라를 구축하고, 콘텐츠를 매개로 하는 지역문화공동체 형성에 지원하려는 정책 노력이 경주될 필요가 있다. 지역 전통문화와 음악, 미술 등 문화예술뿐 아니라, 콘텐츠를 수집·발굴·가공·향유하는 지역 문화공동체에 코디네이터, 관련 인력 등 지원이 더해지면, 영국의 경우에서와 같이 융합적인 성과를 기대할 수 있기 때문이다. 이를 위해 예를 들어 문화체육관광부의 지역문화진흥법 토대 도시/마을재생 및 생활문화공동체사업 뿐 아니라, 농림축산식품부의 농촌 중심지활성화 사업 등을 연계하여 지역의 인구정부 환경개선 및 문화 활성화를 위한 노력이 더해진다면 시너지를 창출할 수 있다. 거버넌스 측면에서는 문화예술콘텐츠 관련 단체·기업 등과의 협력·연계로 공동체 활동 지원 및 지역의 문화적 삶 확대가 필요하다. 구체적으로 지역산업진흥원, 또는 지자체 문화재단, 문화원 뿐 아니라, 지역의 테크노파크 등이 연계되어 문화사업간 연계를 활성화하려는 노력이 매우 필요하다.

구체적으로 산업간 융합 등을 고려해 본다면, 기 구축중인 콘텐츠 코리아랩 등을 연계하여 융합적 콘텐츠관광Content tourism의 성과를 창출하도록 다양한 프로젝트를 지원하는 안도 유효하리라 생각된다. 기존의 관광정책을 통해 관광두레 등 자립적 발전이 가능한 토대가 어느 정도 갖추어졌기 때문에 예술산업과 콘텐츠산업 등 분야와 함께, 관광산업 등을 연계하여 새로운 수익모델을 창출하는 노력과 정책적 지원 등이 더해진다면, 유의미한 성과를 창출할 수 있기 때문이다. 일본의 경우 지역창생활동의 일환으로 지역별 애니메이션산업을 연계하여 관광 진흥정책을 펴고 있는데, 이와 같이 지역단위 관광과 축제 진흥을 위한 특색 있는 스토리의 개발과 산업적인 콘텐츠의 접목이 필요하다고 하겠다.

다만, 우려되는 점은 현재 진행되는 도시재생의 프로젝트가 이러한 역할분담과 전략의 고민 없이 하드웨어 중심으로 흐르게 될 경우, 유의미한 성과를 창출하기 어렵다는 점이다. 다양한 해외사례들을 비추어 보았을 때, 실제 프로젝트를 벤치마킹하여 많은 사업들이 아시아와 한국에 도입되며 대형 프로젝트의 유행에 일조했으며, 이러한 트렌드가 하드웨어 중심 도시재생과 연결된 현상이 무관하지 않다. 이와 같은 대형 프로젝트는 도시 브랜드 가치 제고에 적지 않은 효과를 드러냄과 함께, 신자유주의의 특성을 나타내며, 한편으로는 생활권의 문화를 위협한다는 비판도 나타나고 있기 때문이다. 실제 스페인 동북부의 작은 탄광도시이자 바스크 분리주의자의 테러도시로 악명을 떨친 빌바오는 '구겐하임 미술관' 하나로 스페인의 핵심 문화창의도시가 되었지만, 오히려 많은 구겐하임 미술관을 전 세계에 양산함으로써, '예술계의 맥도날드'와 같은 오명을 쓰기도 했다. 관이 주도하는 많은 지역문화 관련 예술을 활용한 도시재생 프로젝트는 하드웨어가 우선되고, 그 안에 예술이라는 콘텐츠를 끼워 넣는 식이 되기 쉽다. 우선 공간을 만들어 놓았으니 뭐든 해야겠고, 그러려면 그 공간을 운영하는 프로그램을 조성자인 '관'이 스스로 짜는 경우가 많다. 그 결과 모두가 공간의 '타자'가 되며, 주어진 프로그램을 소비하는 '관람자'로 전락하게 되기도 한다.[13]

중요한 것은 지역의 콘텐츠와 같은 매개체를 통해 기존의 기계적 개발과 같은 우를 범하지 않기 위해서 도시의 공공성을 지향하고, 지역의 기존자산에 대한 재해석을 통해 문화자산을 문화적 재생산의 '오브제'로 잘 활용하는 것이다. 이를 위해서는 지방자치 분권화시대 지역의 주체적인 참여가 우선되어야 한다는 점이 강조되어야 한다. 문화라는 기반을 통해 다양한 커뮤니티들 구성 요소들이 잘 연계되어, 도시재생의 전략적인 방향을 잘 유지하고 지속가능성을 담보하는 것이 매우 중요하다 하겠다. 이러한 점을 명심해야 문화를 통한 도시 경쟁력의 강화가 지역에서도 좋은 결실을 맺을 수 있을 것이다.

지속가능한 사회와 사회적 책임

──────────── 이승은 ────────────

1. 지속가능한 사회를 위하여

우리들의 활동은 다양한 형태로 우리가 활동하는 사회 및 환경에 큰 영향을 미치고 있다. 이러한 영향은 사회의 보건 및 복지를 포함한 지속가능한 개발을 해치지 않아야 하며, 나아가 우리 사회의 지속가능한 개발에 도움 되는 것이어야 한다.

기업이나 조직의 경우는 개인의 활동보다 사회와 환경에 더 크게 영향을 미친다. 기업이나 조직의 활동 역시 사회의 보건 및 복지를 포함한 지속가능한 개발을 해치지 않아야 하고 사회의 지속가능한 개발을 하도록 기여해야 한다. 이러한 것을 사회적 책임이라고 한다. 인구의 급증과 더불어 한정된 자원의 활용, 기후변화에 대응, 기아, 빈곤, 에너지 문제, 테러 등으로 인한 사회 불안정, 자연환경 파괴와 생물 다양성의 상실, 이해가 복잡하게 얽히는 이해관계자와의 딜레마 등을 풀어나가는 방법으로 사회적 책임을 강조한다.

기업의 사회적 책임에 대한 활동은 18세기로 거슬러 올라가 기업이 노동자, 시민사회 및 환경에 대해 관심을 기울인 데서부터 시작되었다고 한다.

18세기 영국의 소비자들은 동인도회사에서 가져온 카리브제국에서 노예 노동자들이 생산한 설탕의 구매를 거부했다고 한다. 19세기 초 영국의 퀘이크 리드 컴퍼니라는 회사는 노동자를 위한 마을을 만들고 그들의 가족을 위한 학교와 도서관을 세우고 공업용수를 재이용하기 위한 송수관 펌프를 설치했다고 한다.

기업에게는 갈수록 경제적 역할 뿐 아니라 사회적·환경적 역할이 강조되었고, 세계화의 급진과 함께 노동, 인권 및 환경 분야의 국제적인 관심도 지속적으로 발전해 급기야 2010년에 사회적 책임을 정의한 ISO 26000이라는 국제표준이 제정되게 되었다. 보통 사회적 책임을 윤리경영이나 기부, 자선활동 등과 혼용해서 이해하기도 하는데, 이들이 기업의 사회적 책임 활동에 포함되지만, 충분조건은 아니다.

기업이 사회적으로 책임 있는 방식으로 운영되기 위해서는 설명책임, 투명성, 윤리적 행동, 이해관계자의 이해관계 존중, 법치 존중, 국제행동규범 존중, 인권 존중 등 7가지의 원칙이 적용된다.

사회적 책임은 조직의 의사결정 및 활동이 사회 및 환경에 미치는 영향에 대해 투명하고 윤리적인 행동을 통해 조직이 져야 하는 책임인 것이다.

  우리는 기업이 설명책임을 다하지 못해 겪는 어려움을 많이 봐 왔다. ① 미리 의도하지 않았거나 예상하지 못했다 할지라도 중대한 결론을 포함한 조직의 결정이나 활동의 결과는 설명해야 한다. 경영진은 조직의 지배권을 가지는 주주에 대해서 설명할 의무를 지며, 법률과 관련해서는 규제 당국에 설명할 의무를 진다. 또한 조직이 스스로의 결정 및 활동에 의해서 영향을 받는 사람들에게는 물론 일반 사회에 대해서도 보고할 의무를 진다. ② 이러한 영향에 대해서는 적당한 시기에 사실에 근거하여 명확하고 객관적인 방법으로 투명하게 제시되어야 한다. ③ 조직의 행동은 정직, 공평, 성실이라고 하는 윤리관에 근거하여야 하며, 이 3가지의 윤리관은 사람, 동물 및 환경에 대한 배려이며 이해관계자의 이해(편익)를 위해서 노력한다고 하는 관여의 표명이 된다. ④ 조직의 목적은 조직 각각의 소유자, 멤버, 고객 또는 구성원의 이해관계로 한정되는 경우가 있지만, 그 외에도 개인 또는 그룹도 권리, 주장, 또는 특정의 이해관계를 가지는 경우가 있다는 점을 고려해 모든 이해관계자를 존중해야 한다. ⑤ 조직은 관련 법률 및 규제를 알고 조직 내에서 이러한 관련 법률 및 규제를 준수해야 한다는 것을 통보하고 준수되고 있는 것을 확인해야 하고 ⑥ 국제 행동 규범도 존중해야 한다. 그리고 ⑦ 중요하고도 보편적인 인권을 존중하여야 한다.

위의 7가지 원칙 위에서 행해지는 사회적 책임의 핵심 주제는 조직 거버넌스, 인권, 노동관행, 환경, 공정한 사업운영, 소비자 과제, 지역사회참여와 발전에 관한 것이다.

세계는 이미 상품, 서비스, 정보, 자본의 교환이 크게 증가하여 상호의존성 혹은 컨버전스로 인한 복합 프로세스이다. 세계화 프로세스에 수반되는 경제적·환경적·사회적 경계의 붕괴 관점에서 다국적 기업은 더 큰 사회적 책임을 진다는 전제가 만들어졌고, 사회적인 서비스를 유효하게 제공하거나 법을 집행할 능력이 결여된 정부하에서 그 책임은 더욱 강하게 요구된다. 자국이 아닌 다른 나라에서 소비자, 노동자, 환경, 지역사회의 보호 등에 대한 기본적인 규범을 어기면 소비자의 외면을 받게 된다는 사실도 여러 기업의 사례에서 나타나고 있는 현실이다.

2. 사회적 책임의 실행

기업은 다음 7가지 핵심 주제에 대해 리더십을 가지고 원칙에 근거해 의사결정을 해야 하며, 이러한 의사결정은 기업의 방침이나 전략에 반영되어 조직 내에 의사소통되어야 한다. 다양한 이해관계자가 있다는 것을 알고 존중하며 쟁점의 우선순위와 실행계획을 수립하여 실행하고, 지속적으로 개선해 나가야 한다.

1) 조직 및 조직의 지배구조

조직의 지배구조는 조직이 목표달성을 위해 조직이 의사 결정하는 시스템을 말한다. 조직 내의 한 사람 한 사람은 올바르게 판단하고 있다고 해도 조직으로서 명확한 의사결정이 안되거나 즉석에서 이루어지는 행동이거나 하면 조직의 지배구조 시스템은 잘되어 있다고 할 수 없다. 사회적 책임이라고 하는 배경에서 생각할 때 조직의 지배구조는 조직이 실행해야 하는 중심 주제인 동시에 다른 6개의 중심 주제를 실행하는 토대가 된다.

2) 인권

인권은 모든 사람에게 주어진 기본적 권리이다. 인권은 크게 ① 시민적·정치적 권리와 ② 경제적·사회적·문화적 권리 두 종류로 나눌 수 있다. 모든 사람은 평등하게 대우받고 자유롭게 생각을 표현하고 일하고 먹고 의료 및 교육 서비스를 받고 안전하게 생활하기 위한 기본적인 권리를 가지고 있다는 것을 알아야 한다.

인권을 지키기 위해서는 개인 및 조직 모두의 인식과 행동이 중요하다. 모든 사람이 성별·연령·인종·출신지·장애의 유무 또는 신체적 특징 등에 의해서 차별을 받지 않는 사회를 만들기 위해서는 개개인의 의식은 물론이고, 각 조직이 조직의 활동과 관련되는 사내·외의 사람의 인권을 존중하고 직접적·간접적으로 인권을 침해하는 일이 없도록 배려하는 것이 중요하다. 조직은 조직의 활동이 관계자들에게 인권침해에 해당하지는 않는지, 또 직접적은 아니어도 결과적으로 인권침해를 초래하는 환경을 만들거나 또는 만드는 일에 가담하는 것은 아닌지를 확인해야 한다. 만약 인권을 침해하는 행위이거나 환경을 만드는 경우에는 인권침해를 받은 사람 또는 그러한 사항을 알게 된 사람이 상황을 보고하고 내용이 개선되도록 반영할 수 있는 구조를 동시에 가지고 있어야 한다.

① 듀 딜리전스(due diligence)

자신의 조직이나 그 관계 조직(거래 조직)이 인권을 침해하고 있지 않는가를 확인하고 침해하고 있는 경우는 시정한다.

② 인권에 관한 위험한 상황

정치가 부패하고 있는 경우나 법률로 보호되어 있지 않은 거래관계 등 특정의 상황에서는 인권을 침해하는 행위가 간과되기 쉽기 때문에 특별한 주의를 기울인다.

③ 공모 회피

조직이 직접적으로 인권침해를 하거나 다른 사람의 인권침해에 의해서 이익을 얻는 것 등 인권침해에 의해서 부당한 이익을 얻는 것을 회피한다.

④ 불만 해결

인권이 침해되었을 때 그것을 조직에게 전할 수 있는 제도를 확립함으로써 인권에 관한 불만을 해결해야 한다.

⑤ 차별 및 사회적 약자

조직과 관련되는 모든 사람에 대하여 직·간접적인 차별을 금지하고 불리한 상황에 처하기 쉬운 사회적 약자에 대한 기회 균등과 권리 존중에 특히 배려한다.

⑥ 시민적 및 정치적 권리

자유로운 언론, 표현, 정치 참가 등 사람으로서, 사회의 일원으로서 존엄한 생활을 하기 위한 권리를 존중한다.

⑦ 경제적, 사회적 및 문화적 권리

사람이 살아가는 데 있어서 정신적·육체적으로 건강하고 행복한 생활을 추구하기 위한 권리를 존중한다.

⑧ 노동에 있어서의 기본적 권리

국제노동기구(ILO)가 정하는 노동에 있어서의 기본적 권리(결사의 자유, 단체 교섭권, 강제 노동의 철폐, 아동노동의 폐지, 차별의 철폐)를 존중한다.

3) 노동관행

노동관행은 조직이 고용을 창출하고 종업원에게 임금을 지불하는 것으로 생활 기준을 유지·개선해 나간다고 하는 기본적인 노동관계이며, 사회·경제에 대해서 큰 영향력을 가지고 있다. 또 조직과 직접적인 종업원과의 관계뿐만 아니라, 하청 노동 등 하청업체에서의 노동도 포함되어 있다. 노동은 상품이 아니다라는 것이 노동관행의 기본 원칙이다. 구체적으로는 '노동은 상품이 아니다'(1944년 국제노동기구ILO 필라델피아 선언)라고 하는 기본 원칙 아래 조직이 모든 노동자에 대한 평등한 노동 기회를 확보하고 공정하고 노동자의 안전과 건강을 배려한 노동 조건·노동 환경을 정비하는 것과 동시에, 정부·사용자·노동자의 대표자 사이의 교섭·협의·정보교환 등의 사회 대화의 중요성을 인식하는 것이 요구되고 있다.

이러한 노동자의 권리를 보장하기 위해서는 첫 번째로 정부의 역할이 중요하고, 세계 인권 선언 및 관련되는 ILO 노동기준과 일치한 법률의 채택·시행 및 노동자와 조직에 사법에 대한 접근이 확보되어 있어야 한다.

① 고용 및 고용 관계

노동을 통한 사회·조직·노동자의 이익을 위한 고용 제도 및 고용 관계의 구축을 위해서 조직은 고용주 및 종업원 쌍방이 권리를 가지고 의무를 완수할 수 있도록 하여야 한다.

고용주로서 조직은 법으로 규정된 고용관계를 은폐해서는 안 되며, 안정적인 고용의 중요성을 인식, 부정기적, 임시적인 고용의 과도한 사용을 자제하여야 하며, 특히 폐업과 같이 고용에 영향을 미치는 경영상의 변화를 고려할 때는 부작용을 최소화하기 위해 노동자 대표와 협의하고, 자의적이고 차별적인 해고를 하지 말아야 한다. 여성, 청년, 장애인, 이주노동자 등 신분이 취약한 노동자들에게도 동등한 고용기회를 제공해야 한다.

또한 각 조직은 파트너나 공급/하청 관계에 있는 다른 조직의 불공정 또는 노동착취적인 노동관행으로 혜택을 누려서도 안 된다. 자사를 대신하여 임무를 수행하는 조직에 대해서도 가능한 범위 내에서 책임을 져야 하며 관련 노동자의 권리가 존중받지 못할 가능성도 고려하여야 한다.

② 노동 조건 및 사회적 보호

조직은 종업원에게 국제 노동기준과 일치한 노동 조건을 보장하여야 한다. 종업원이 질병·상해, 임신, 노령 등의 원인에 의해 재정 곤란에 빠진 경우는 국가 등 사회로부터 보호를 받을 수 있도록 하여야 한다.

국내입법이 미비한 경우에도 국제노동기준이 정한 최저규정을 적용, 임금, 노동시간, 주휴 및 휴가 등에 있어서 해당 국가나 지역의 경쟁업체 보다 나은 수준의 노동조건을 제공하여야 한다.

③ 사회적 대화

정부, 사용자(조직) 및 노동자의 대표가 사용자와 노동자 각각의 우선 사항·요구조건을 고려한 조직의 방침·해결책을 검토·협의하기 위한 체제가 마련되어야 한다. 노동자 대표에게 권한 있는 의사결정권자에 대한 접근권을 보장하고 조직의 재정이나 활동을 제대로 파악하기 위한 정보와 시설을 제공해야 한다. 결사의 자유에 관한 권리 행사를 제한하기 위하여 인센티브제도를 시행해서는 안 된다.

④ 노동에 있어서의 안전 위생

조직은 노동자에게 육체적·정신적·사회적으로 안전하고 건전한 환경 및 조건을 제공하여야 하고 동시에 노동자의 정당한 이의나 요구가 받아들여지는 시스템을 유지하여야 한다.

조직의 어떠한 운영이나 활동도 그 일을 수행하는 노동자의 안전과 건강보다는 중요하지 않다는 사실을 분명히 명시하는 정책을 가져야 한다. 이와 함께 노동자의 참여를 보장하는 바탕위에서 건강과 안전문제에 대한 완전하고 정확한 정보를 제공받을 권리, 건강과 안전 문제에 대해 자유롭게 자문을 구하거나 관계당국에 고발할 권리, 위험한 작업을 거부할 권리, 건강과 안전 문제의 처리 과정이나 의사결정구조에 참여할 권리 등 노동자의 정당한 권리를 존중하는 산업안전보건시스템을 채택해야 한다.

⑤ 직장에 있어서의 인재육성 및 훈련

조직은 개인이 능력·기술 연마를 통해서 성장하고 각자가 목표로 하는 경제적·사회적·문화적 생활수준을 유지할 수 있는 기회를 제공하여야 한다.

이런 관점에서 각 조직은 고용된 종업원에게 합리적인 노동시간을 보장하여야 하고 보육시설이나 육아 휴가 등을 제공하여 가족부양 의무를 존중함으로써 일과 삶의 적절한 균형을 성취할 수 있도록 해야 한다.

4) 환경

조직의 규모에 관계없이 환경 문제에 대한 대처는 매우 중요하다. 현대 사회는 천연자원의 고갈, 오염, 기후 변화, 생태계의 붕괴 등 다양한 환경 문제에 직면하고 있다. 모든 조직은 규모에 관계없이 환경에 어떠한 영향을 미치고 있다. 그 영향을 제로로

할 수는 없지만, 각각의 조직이 환경 문제에 대처하기 위한 모든
행동을 실시함으로써 영향을 최소한으로 줄여 나가야 한다.

조직이 환경에 대하여 책임을 가지고 예방적 어프로치를 취하
기 위해서는 법률, 규제의 준수뿐 아니라, 조직의 활동으로 인한
환경 부하에 대해서 책임을 져야 한다. 조직의 활동에 의한 환경
부하가 허용 레벨을 넘었을 경우에는 그 코스트를 조직이 부담
한다고 하는 원칙이 적용되어야 한다. 또 '환경과 개발에 관한
리오 선언'(및 그 후의 선언과 합의)에 근거한 예방적 어프로치를
채용, 환경에 대한 영향이 불확실해도 가능한 한 영향을 줄이기
위한 예방 조치를 취해야 한다.

① 오염의 예방

조직은 대기로의 배출, 배수, 폐기물, 유독·유해 화학물질의 배
출 및 그 외의 원인에 의한 오염을 방지하여야 한다.

② 지속가능한 자원의 사용

조직은 전기, 연료, 원료 및 가공재료, 토지 및 물의 사용에 책임을
가지고 지속가능한 자원의 사용을 촉진하여야 한다.

③ 기후 변화 완화 및 적응

조직은 온실가스(GHG : GreenHouse Gas)의 배출 감축을 위한

대책을 실시하고 기후 변화에 관련되는 손실을 방지 또는 최소한으로 억제하기 위한 대책을 강구하여야 한다.

④ 환경보호 및 자연생식지의 회복
조직은 인간의 활동에 의해 변화된 환경을 보호하고 자연 생식지 및 생태계의 회복을 위한 대책을 실시하여야 한다.

5) 공정한 사업운영

공정한 사업운영이란 해당 조직이 다른 조직과의 관계에서 윤리성을 유지하는 것을 말한다. 이러한 관계에는 조직과 정부관련 부문, 파트너, 공급업자, 하청업자, 경쟁사, 그리고 조직이 속해있는 단체 등과의 관계도 포함된다.

사회적 책임 측면에서 공정한 사업운영은 조직이 다른 조직과의 관계를 활용하여 보다 긍정적인 결과를 얻어 내는 것에 초점을 두고 있다. 조직이 영향력을 미치는 범위 전체에 리더십을 발휘하여 보다 폭넓게 사회적인 책임을 적용하기 위함이다.

윤리적 행동은 조직 간의 합리적이고 생산적인 관계를 성립시키고 유지시키는 기본 요소이다. 그래서 윤리적 행동 기준의 준수, 촉진 및 장려 활동은 공정한 사업운영의 기초가 된다. 자사에 소속된 조직이 윤리적으로 활동하도록 노력하는 것은 물론 거래처 등 관계하는 조직에도 윤리적 활동을 실시하도록 하는 것이 요구되고 사회 전체로서의 윤리적 행동의 추진에 노력하는 것이 중요하다.

사회적 책임에 관한 공정한 사업운영 부문에서는 부채방지, 책임 있는 정치 참여, 공정경쟁, 영향력 범위 내에서 사회적 책임의 추진, 재산권 존중 등이 정해져 있다.

조직과 조직의 사이에 합법적이고 생산적인 관계를 구축하여 유지하기 위해서는, 윤리적으로 올바르게 행동하는 것이 반드시 필요하다. 따라서 윤리적인 행동기준의 준수, 촉진 및 추천은 모든 공정한 사업 관행의 기초를 이룬다. 부패방지 및 책임 있는 정치적 관여는 법의 지배의 존중, 윤리적 기준의 준수, 설명책임 및 투명성에 달려 있다. 공정한 경쟁 및 재산권의 존중은 조직이 서로 성실하게, 공평하게, 또 고결성을 가지고 거래를 실시하지 않는 한 불가능하다.

① 부패 방지

뇌물증여나 이해상반, 사기 행위, 자금선정, 부정 상거래 등 자신의 권한을 사용해 사적인 이익을 올리는 행위를 방지하여야 한다.

부패는 위임된 권력을 불법적인 이득을 취하기 위하여 사용할 때 발생한다. 부패는 능동적 혹은 수동적(뇌물의 공여 및 수뢰)형태로 발생된다. 부패의 형태는 매우 다양하며 때로는 성과 연관된 형태로도 발생한다. 예를 들면 국내외 정부관리 대상의 뇌물 공여, 민간 부문의 뇌물, 성 상납, 권력의 부정사용, 사기거래, 자금세탁 및 불공정

거래 압력 등이 있을 수 있다.

부패는 조직의 윤리적 환경을 저해하며 형사 소추 및 민사 소송 그리고 행정 제재를 받을 가능성을 높인다. 또한 부패는 인권유린, 정치체계의 붕괴 및 환경 파괴와 같은 결과를 만들어 내며, 경제적 관점에서 성장과 공정한 부의 분배 및 경쟁 환경에도 부정적인 영향을 미치게 된다.

② 책임 있는 정치참여

조직은 사회전반에 이득이 되는 정치 환경의 구축과 공공정책 개발을 지원하여야 한다. 정치적 환경과 절차를 붕괴 시킬 수 있는 임의적인 조작이나 위협 및 억압 등의 행위를 해서는 안 된다. 조직은 과도한 정치 관여나 부정 조작 및 협박·강제를 피하고 사회 전체의 이익이 되는 공공정책 규정에 방해가 되어서도 안 된다.

③ 공정 경쟁

부당한 가격협정, 담합, 덤핑 등, 조직의 자유로운 경쟁을 방해하는 행위를 해서는 안 된다. 공정한 경쟁은 효율성을 증대시키고 제품 및 서비스가격을 절감하며 혁신을 촉진하고 동등한 기회를 제공하며 새롭고 향상된 제품 개발을 가능하게 한다. 장기적으로는 경제성장과 생활수준을 향상 시킨다.

④ 영향력 범위 내에서 사회적 책임의 추진

자사뿐만 아니라 거래처 등 관계하는 조직에도 사회적 책임을 다하도록 추진한다. 공공조직을 포함한 모든 조직은 구매 및 조달 결정을 통하여 가치사슬내의 다양한 조직에 영향을 미친다. 특히 사회적 책임의 원칙의 실천을 위한 광범위한 리더십은 다른 조직에도 큰 영향을 미쳐 사회적 책임을 준수하는 제품과 서비스의 수요를 창출한다.

⑤ 재산권의 존중

조직은 지적 재산을 포함한 모든 재산권을 존중하고 그 권리를 침해하지 말아야 한다. 재산권에는 원주민 등 특정 집단의 전통적 지식이나 고용인의 지적 재산권 등 법으로 규정하기 어려운 권리도 포함된다. 재산권 존중은 투자를 촉진하며 창조정신을 고양시키고 경제적 및 물리적으로 안전한 환경을 만든다.

6) 소비자 과제

조직은 개인적 목적으로 제품 및 서비스를 구입하는 사람(소비자)에게 애매하거나 부정확한 광고 등으로 소비자를 불리하게 하거나 안전 면에서 결함이 있는 제품을 제공하여 소비자가 위험에 처하지 않도록 해야 한다. 자사에서 제공하는 제품(서비스)에 책임을 지고 그것들이 소비자에게 해를 끼치지 않도록 하는 것이 가장 중요하다. 또 많은 조직이 개인정보의 수집 또는 처리를 하고 있기 때문에 소비자에 대한 정보 및 프라이버시 보호에도 책임을 져야 한다.

또한 조직은 스스로가 제공하는 제품 및 서비스의 사용, 수리 및 폐기 등에 관한 정보를 제공함으로써 지속가능한 소비 및 지속가능한 개발에 공헌할 수 있는 중요한 기회를 보유하고 있다. 소비자가 자사의 제품이나 서비스를 사용함으로써 환경 피해가 발생하거나 사회에 악영향을 주지 않도록 조직과 소비자의 윈-윈 관계를 목표로 하여야 한다.

사회적 책임에 관한 소비자 부문에서의 조직의 과제는 공정한 마케팅 관행, 안전위생의 확보, 지속가능한 소비, 쟁의 해결 및 구제, 데이터 및 프라이버시 보호, 주요 제품 및 서비스에 대한 접근 및 교육 등과 관계된다.

① 공정한 마케팅, 정보 및 계약 관행

조직은 소비자에게 제품(서비스)에 대한 정보를 제공할 때는 충분한 정보를 허위나 은폐 없이 전하여 소비자가 올바른 판단을 할 수 있도록 마케팅 하여야 한다. 소비자는 이러한 구매정보를 통해서 다음 결정을 내리거나 다른 제품(서비스)과 비교를 할 수 있다.

② 소비자의 안전 위생의 보호

조직은 소비자에게 안전한 제품(서비스)을 제공하여야 한다. 조직이 모든 안전상의 리스크를 예측하거나 없애는 것은 불가능하기 때문에, 제품 회수 및 리콜을 위한 체제를 확립하여야 한다. 조직이 제공하는 모든 제품(서비스)은 안전에 관한 법적 요구사항의 여부에 관계없이 안전해야 하며, 잠재적인 위험성을 인식 또는 평가하는 능력이 없는 사회적 약자에 대해서 특별한 주위를 기울여야 한다.

③ 지속가능한 소비

조직은 소비자가 환경이나 사회에 대한 악영향을 억제하고 지속적인 개발이 가능한 속도로 제품 및 자원을 소비하도록 하여야 한다. 이를 위해 조직은 제공하는 제품(서비스) 및 관련 제품(서비스)의 라이프사이클 및 밸류 체인, 소비자에게 제공되는 정보를 통해서 소비자의 라이프스타일 선택이 복지나 환경에 미치는 영향을 알리고 소비자는 구매 의사결정을 통해서 지속가능한 개발을 촉구하는 데 중요한 역할을 완수하도록 교육하여야 한다.

④ 소비자 서비스, 지원 및 분쟁해결

조직은 제품 및 서비스를 판매한 후에, 반품, 수리, 보수나 보증, 사용을 위한 기술적인 지원 등을 통하여 소비자의 요구에 대응해야 한다. 제품(서비스)의 제공자는 보다 높은 품질의 제품(서비스)을 제공함으로써 소비자의 만족감을 높이고 불만을 줄일 수 있다. 적절한 사용방법을 제공하거나 경우에 따라서는 환불 또는 구제 방법에 대한 명확한 조언을 통해서도 소비자에게 신뢰를 줄 수 있다.

⑤ 소비자 데이터 보호 및 프라이버시

조직은 소비자 개인에 관한 데이터에 대해서 취득하는 정보의 종류나 데이터 취득·사용·보호 방법 등을 제한함으로써 소비자의 프라이버시를 지켜야 한다. 대용량 데이터베이스의 확충 및 (금융 거래를 포함한다) 전자 통신 및 유전자 검사의 이용 증가 등으로 어느 정도면 소비자의 프라이버시를 보호할 수 있는가 하는 문제가 발생하고 있다. 조직은 소비자 데이터의 취득, 사용 및 보호를 위한 엄격한 시스템 구축을 통해서 스스로의 신뢰성 및 소비자의 신용을 유지해 나가야 한다.

⑥ 필수 불가결한 서비스에 대한 접근

조직은 생활에 필수적인 사항에 있어서는 가능한 한 요금 체계에 저소득층에 대한 방안을 도입하여 예를 들면 전기, 가스, 수도, 폐수 처리, 배수, 하수, 전화 등의 서비스를 받을 수 있도록 하여야 한다. 생활에 필수적인 것에 대한 권리는 국가가 보장하여야 하지만, 국가에 의해서 권리의 보호가 이루어지지 않는 것이나 상황도 많이 존재한다. 부분적으로 보호되고 있다 하더라도 완전하게 보호되지 않는 경우에 조직은 이러한 권리의 보호에 공헌할 수 있는 것이다.

⑦ 교육 및 의식 향상

조직은 소비자가 보다 나은 판단하에서 제품(서비스)을 구입하고 책임을 지고 소비할 수 있도록 소비자의 교육 및 의식 향상에 노력하여야 한다. 저소득층의 소비자나 읽고 쓰기를 잘 할 수 없거나 전혀 할 수 없는 소비자를 포함, 지방이나 도시지역에서도 불리한 입장에 있는 소비자에 대해서는 특히 교육과 의식 향상을 도모할 필요가 있다. 조직과 소비자 사이에 공식적인 계약이 있는 경우는 소비자가 관련하는 모든 권리 및 의무에 대해 충분히 알고 있는지를 조직은 반드시 확인해야 한다.

소비자 교육의 목적은 지식 전달은 물론 제품(서비스)의 평가 및 비교를 할 수 있는 기능의 개발, 또 소비에 관한 선택이 다른 사람 및 지속가능한 개발에 미치는 영향에 대한 인식을 높이는 것이다.

7) 지역사회 참가 및 개발

'지역사회'란 주거 또는 사회적 권역이 존재하여 조직의 소재지 또는 조직이 영향을 미치는 지역에 물리적으로 근접하는 지역을 가리킨다. 지역사회를 구성하는 지역 및 집단은 상황에 따라, 특히 조직의 영향의 크기 및 영향의 성질에 따라서 다르다.

조직은 지역사회 참가 및 개발에 다음과 같은 특유의 원칙을 고려하여야 한다. ① 조직은 스스로가 지역사회의 일원이며 지역사회와 떼어내진 존재가 아니라고 생각해야 한다. ② 조직은 지역사회의 구성원이 지역사회에 관계하는 결정을 내려, 그들이 선택한 방법으로 자원 및 기회를 최대화하는 길을 추구할 권리를 인정해 그 권리를 존중해야 한다. ③ 조직은 지역사회의 특성 및 역사를 인정해 이것을 존중해야 한다. ④ 조직은 경험, 자원, 활동을 공유하면서 제휴해 활동하는 것의 중요함을 인식해야 한다.

조직은 지역사회 참가 및 개발에 있어 기존의 국제적 합의와 선언을 고려하여야 한다. 코펜하겐 선언은 '빈곤, 실업 및 사회적 소외를 시작으로 하는 심각한 사회 문제에 긴급히 대처하는 필요성'을 지적하고 있다. 코펜하겐 선언 및 행동 계획은 빈곤 박멸, 완전하고 생산적이어서 충분한 보수가 주어져 자유롭게 선택할 수 있는 고용이라고 하는 목표, 및 사회적 통합의 추진을 개발의 최우선 목표로 하는 것을 국제사회에 선언했다.

유엔 밀레니엄 선언은 세계의 주된 개발 과제의 해결에 기여할 수 있는 밀레니엄 개발 목표MDGs를 포함하고 있다.

조직은 공공정책의 지원을 검토해야 한다. 이것은 개발의 우선순위에 대한 공통의 비전 및 공통의 이해 및 파트너십을 통해서 지속가능한 개발이 추진된다고 하는 바람직한 결과를 최대화할 기회이다.

조직은 스스로의 이해를 바탕으로 이익을 추구하는 것을 목적으로 협력 활동에 참가하거나 다른 사람과 관계를 가지거나 하는 것이 많다. 그러나 이러한 활동은 다른 집단 및 개인도 동일한 행동을 취할 권리가 있음을 존중해야 하고, 항상 법의 지배 및 민주주의적 절차를 중시하는 형태로 진행되어야 한다.

지역사회 참가 및 개발의 수법을 결정하기 전에 조직은 지역사회에의 잠재적 영향을 조사한 다음, 마이너스의 영향을 완화하고 플러스의 영향을 최대화하기 위한 방법을 계획해야 한다.

조직은 지역사회 참가 계획 및 지역사회 개발 계획의 입안에 있어 폭넓은 이해관계자와 관련될 수 있는 기회를 반영해야 한다. 게다가 사회적 약자, 사회적으로 남겨진 집단, 피차별 집단, 또는 비주류 집단을 특정하여 의견을 교환하는 것이 중요하다.

① 지역사회 참가

지역사회 참가는 조직이 지역사회에 대해서 솔선하여 실시하는 움직임이다. 지역사회 참가는 문제의 방지 및 해결, 지역의 조직 및 이해관계자와의 협조 관계의 강화, 및 지역사회의 좋은 조직 시민을 목표로 하는 것을 목적으로 하고 있다. 지역사회 참가에 의해서 사회 및 환경에의 영향에 대해서 책임질 필요가 없어지는 것은 아니다. 조직은 시민 단체에의 참가 및 지원, 및 시민사회를 구성하는 단체 및 개인의 네트워크에의 참가를 통해서 각각의 지역사회에 공헌한다.

조직은 지방 자치제 및 주민 단체가 마련한 토론의 장소에의 참가를 통해서도 지역사회에 참가할 수 있다. 전통적인 지역사회, 자치회 또는 인터넷상의 네트워크 안에는 공식적인 「조직」을 구성하지 않은 의견 집단도 있다. 조직은 공식, 비공식을 불문하고 지역사회 개발에 공헌할 수 있는 다양한 종류의 집단이 존재하는 것을 인식해야 한다. 조직은 이러한 집단의 문화적 권리, 사회적 권리 및 정치적 권리를 존중해야 한다.

② 교육 및 문화

교육 및 문화는 사회 발전 및 경제발전의 기초이며 지역사회의 독자성의 일부를 구성한다. 인권 존중을 취지로 하는 문화의 보호 및 진흥, 및 교육의 질을 향상시키고 교육 받을 기회를 펼치는 등의 교육의 보급은 사회적 일체성 및 사회 개발에 긍정적인 영향을 미친다.

③ 고용 창출 및 기능 개발

고용의 창출, 자조직의 활동이 고용에게 주는 영향에 대해 검토 고용을 촉진하기 위해 사람들의 기능 개발에 공헌한다. 고용은 경제 개발 및 사회 개발에 관련된다. 규모의 대소를 불문하고 모든 조직은 고용 창출에 의해서 빈곤의 완화 및 경제 개발, 사회 개발의 추진에 공헌할 수 있다. 고용자는 고용창출에 있어 인권과 노동관행에 나타난 관련 안내를 준수하여야 한다.

기능개발은 고용을 촉진하여 사람들이 적절하고 생산적인 일자리를 확보할 수 있도록 지원하기 위해서 불가결한 요소이며, 또 경제 개발 및 사회개발에도 빠뜨릴 수 없다.

④ 기술개발

지역사회의 발전을 위해서 기술개발에 공헌하고 보다 유효한 인적자원의 이용이나 기술의 보급을 위해서 기술을 도입한다. 경제 개발 및 사회 개발을 추진하기 위해 지역사회는 특히 최신 기술의 안전 이용을 필요로 하고 있다. 조직은 인적자원의 개발 및 기술의 보급을 도모할 수 있는 형태로 전문 지식, 기능 및 기술을 도입하는 것으로써 조직이 활동하는 지역사회의 개발에 공헌할 수 있다.

⑤ 부 및 소득의 창출

생산성의 향상이나 기업 프로그램의 실시 등 폭넓은 대처를 통해서 지역사회에 있어서의 부, 소득의 창출에 공헌한다. 어느 지역사회나 경쟁력이 있는 다양한 기업 및 협동조합이 부의 창출의 중심적 원동력이다. 조직은 기업가 정신을 통해 지역사회에 영속적 이익을 가져오는 환경의 형성에 공헌할 수 있다. 조직은 경제적 복리 및 사회적 복리를 촉진한다. 또는 지역사회의 이익을 형성하는 경제적 자원 및 사회적 관계를 강화하기 위한 폭넓은 대책 뿐만 아니라 기업 프로그램, 현지 공급 업자의 육성, 지역사회 구성원의 채용을 통해서도 부 및 소득의 창출에 적극적으로 공헌할 수 있다.

⑥ 건강

자조직의 활동·서비스를 통해서 주는 건강에 대한 악영향을 최

소한으로 억제하고 그 외 건강한 라이프 스타일의 향상이나 질병의
방지 등을 통해서 지역사회의 건강 위생 수준의 향상에 공헌한다. 조
직은 또 가능한 한 공공 의료 서비스의 이용 개선에도 공헌해야 한
다. 공공 의료 제도의 제공이 국가의 역할인 나라에 있어서도 모든
조직이 지역사회의 건강 위생에의 공헌을 검토할 수 있다. 지역사회
의 건강 위생 수준이 향상되면 공공부문의 부담은 경감되어 모든 조
직에 바람직한 경제적 환경 및 사회적 환경이 초래된다.

ⓐ 사회적 투자

조직이 지역사회의 생활의 사회적 측면을 개선하기 위한 인프라
및 그 외의 프로그램에 조직의 자원을 투자할 때 그것을 사회적 투자
라고 부른다. 사회적 투자에는 교육, 훈련, 문화, 의료, 소득창출, 인
프라 개발, 정보에의 액세스 개선, 또는 경제발전 혹은 사회적 발전
을 재촉할 그 외의 활동에 관계하는 프로젝트 등이 포함된다.

3. 결론

이미 많은 나라들이 관련 법률과 규정을 제정하여 ISO 26000
국제표준의 실효성을 강화하고 있고, 기업 및 조직은 경영의 투
명성에 대한 이해관계자의 요구와 기대수준에 부응해서 시장이

나 사회에서 신뢰를 받기 위해 기업의 사회적 책임의 실행 및 제
3자의 적합성 평가를 받고 있다.

국제표준은 조직이 사회적 책임을 다하기 위한 방향성을 제시
하고 그 기반이 되는 방법으로 이해관계자와의 지속적인 대화를
통해 이해관계자의 이해를 파악하고 배려하여 이해관계자의 참
여를 활성화하도록 하고 있다. 조직과 사회와의 관계, 조직과 이
해관계자의 관계, 이해관계자와 사회의 관계를 고려하고, 조직
의 활동과 이해관계, 이해관계자의 관심과 기대사항, 사회의 핵
심주제 및 이슈에 대한 상호작용을 해야 한다.

조직 활동의 모든 범위에 걸친 활동 목록을 만들어 이해관계
자들을 참여시켜 우선순위를 확인하고 커뮤니케이션을 통해 신
뢰성을 증진하고 검토 개선 및 자발적 이니셔티브를 만들어가야
한다.

가능하다면, 쟁점 풀을 구성할 때 국제표준 요구사항을 적극
검토하여 이해관계자들의 우선순위 결정의 다양성을 확보하고,
지속가능경영에 통합되는 사회적 책임의 원칙, 핵심주제, 쟁점,
요구사항 등을 재정의 하여 조직의 이해를 공유해야 한다. 사회
공헌활동이라기 보다는 체계적인 사회적 책임 활동으로 수행하
기 위해 구성원의 다양한 행동강령(준법행동, 윤리강령, 환경수칙,
안전수칙, 사회적 책임 행동강령 등)은 통합된 규범으로 작성해 사회
적 책임을 지속적으로 수행하고, 관련 외부 전문기관 및 이해관

계자 등과 사회적 책임 활동 및 성과에 대해 지속적으로 의사소통하고 조직전반에의 통합과 역량강화를 위한 정기적인 검토·개선을 해야 한다.

조직의 사회적 책임은 국가의 의무 및 책임에 대한 대신도 아니고 대신할 수도 없다. 조직이 사회적인 책임을 완수하기 위해서는 법규를 준수하는 풍토부터 만들어야 한다. 국제표준 'ISO 26000'에서는 법적 구속력 있는 대상에 대해 언급하지 않는다. 또 정치 제도를 통해서만 해결할 수 있는 문제는 취급하고 있지 않다. 그러나 국가는 여러 가지 의미에서 사회적으로 책임 있는 방법으로 사업을 실시하려는 조직의 노력을 지원할 수 있다. 정부 조직은 다른 모든 조직과 같이 사회적 책임의 여러 측면에 관한 정책 결정 및 행동을 전달하기 위해서 국제표준 'ISO 26000'의 사용을 희망할 수 있다.

국제표준 'ISO 26000'의 사용 목적은 첫째로 사회의 기대에 반하는 행위(법규 위반 등)로 인한 사업 지속 곤란의 리스크 매니지먼트이다. 둘째, 조직의 명성 향상으로 사회의 신뢰를 얻고, 조직의 지명도, 브랜드력의 향상을 기대할 수 있다. 셋째, 노동자의 채용·정착, 사기 향상의 효과가 있다. 넷째, 소비자와의 문제 방지·감소, 그 외 이해관계자와의 관계를 향상시킬 수 있다. 다섯째, 자금 조달의 원활화, 판로 확대, 안정적인 원재료 조달을 기대할 수 있다.

기업 및 조직이 지속가능한 발전과 인류번영을 위한 새로운 패러다임으로서 사회적 책임 활동을 지속하도록 정부는 적극적으로 지원해야 한다.

탈탄소 지속가능한 기후정의의 길

———— 임낙평 ————

1. 시작하며

우리는 어디에 서 있고, 어디로 향해가고 있는가? 지구촌 76억 인류공동체에 던진 질문이다. 과연 지금 우리가 서 있는 이곳이 안전하고 평화를 약속하고 있는가? 우리가 가야 할 미래, 후세대들에게 그것이 보장되어 있는가? 그렇다고 명쾌하게 답할 수 없을 것이다. 한편에서는 이미 시작된 4차 산업혁명 시대의 도래와 함께 정보통신기술ICT을 바탕으로 한 인공지능, 사물인터넷IoT, 로봇공학 등의 기술혁신으로 인류의 편리와 풍요가 보장되는 시대가 올 것이라 말한다. 그러나 우리는 안심하고 숨 쉬고, 물을 마시고 음식을 먹을 수 있는 삶의 기본적인 조건조차 충족하지 못하고 있다. 해가 갈수록 인류의 미래를 명쾌하게 답하는 것이 어려워지고 있다.

2018년 한해도 지구촌은 몸살을 앓았다. 세계도처에서 극심한 폭염Heat Wave과 산불, 가뭄과 홍수와 더욱 강렬한 태풍이 빈발했다. '인간이 만든' 기후변화에 의한 기상이변이 속출했다. 수많은 인명이 죽어가고 있고 천문학적 재산피해가 발생한 것이다. WMO(세계기상기구)에 의하면 인류 역사상 4번째로 가장 무더운 한 해였다. 21세기 접어들어, 해가 더할수록 기후변화의 고통은 더 강해지고 있다. 과학적인 조사연구 결과에 따르면 지구평균기온이 상승하고 있고, 대기 중 이산화탄소의 농도도 410PPM을 육박해 가고 있다.

극지방의 해빙이 더욱 극심해지고, 해수면 상승도 계속되고 있다. 최근 유럽을 비롯한 남미 등 각처의 난민 혹은 이주민 사태도 그 근원을 들여다보면 기후환경위기와 연관성이 있다. 극심한 가뭄으로 인한 물과 식량부족, 삶의 터전의 상실이 그 요인이기 때문이다. 전문가들은 이를 기후난민이라고 부르고 있다. 2018년, 3월 World Bank(세계은행)는 '난민보고서'에서 '현재의 추세가 계속되면 2050년이면 난민이 1억 4천만 명에 이를 것'이라고 경고했다.

한국이라고 예외가 아니다. 언제부터인지 여름철이면 극심한 폭염과 열대야에 홍역을 치러야 하고, 겨울철이면 매일 미세먼지오염 뉴스에 귀를 기울여야 한다. 최근 들어서 정부차원에서 법적으로 '특별대책'을 강구하고, '비상조치'를 취하지만 개선될

기미가 보이지 않는다. 겨울이면 나의 안전과 생명을 담보하기 위해서 외출이나 야외운동도 삼가고, 반드시 마스크를 써야 하고, 여름 또한 그늘 진 곳을 찾고 물을 자주 마셔야 한다. 기후변화에 의한 해수면 상승이나 해수온도 상승, 육상생태계의 변화와 농축산업에 미치는 악영향 등이 서서히 드러나고 있다. 한국도 기후변화의 안전지대가 결코 아니다.

지구의 기후환경을 고려하면 지금 우리가 서 있는 곳은 불안하다. 과학자들이 말했듯이 '현재의 추세가 계속된다면, 변화가 없다면' 미래는 암담하다. 4차 산업혁명으로 경제성장이 이뤄지고 편리와 풍요로운 미래가 보장된다 하더라도, 기후환경위기를 그대로 방치한다면 인류의 안전한 미래는 보장할 수 없다. 기후변화와 연결되어 있는 생물종 다양성 감소, 사막 확대, 극지방 해빙, 해수면 상승과 대양의 산성화 등 지구생태계의 파괴를 그대로 미래로 가져갈 수는 없다. 인류가 가야 할 길은 20세기 환경생태계를 파괴하며 기후변화를 야기했던 그 길이 아니다. 새로운 길을 찾아 가야 한다. 사실, 국제사회와 유엔은 이미 '탈탄소와 기후 환경정의가 구현되는 지속가능발전의 미래', 즉 새로운 길을 갈 것을 약속한 바 있다.

2. 21세기를 열어가는 두 개의 좌표

2015년은 역사적으로 중요한 해로 기억될 것이다. 두 가지 중요한 약속이 세계 모든 국가의 참여하에 채택되었다. 12월 파리에서 개최된 21차 유엔기후변화협약 당사국 총회COP21에서 채택된 '파리협정Paris Agreement'이 그 하나이고, 또 다른 하나는 그 해 9월 유엔총회에서 채택된 '2030 지속가능발전목표SDGs 2030'가 그것이다. 이 둘은 각국의 시민들의 염원과, 200여 개 유엔 가맹국들의 총의가 담겨있다. 또한 둘은 서로 밀접한 상관관계를 가지고 있다.

이 둘은 사실 1992년, 브라질 리우에서 개최되었던 유엔환경개발회의UNCED, 이른바 리우회의에 뿌리를 두고 있다. 당시 이 회의에서 '환경과 개발에 관한 리우선언'이 채택된 바 있고 또한 유엔기후변화협약과 함께 생물종 다양성협약, 사막화방지협약도 채택되었다. 리우선언은 세계 모든 국가가 '지속가능발전 Sustainable Development'을 새로운 경제사회 발전의 패러다임으로 가져갈 것을 약속한 선언이고, 기후변화협약은 화석에너지 남용과 무분별한 자원의 낭비를 극복하기 위한 온실가스 감축으로 지구온난화를 극복하자는 결의가 담겨 있었다.

최초의 선언과 협약 채택으로부터 무려 23년 만에 구체적인 이행을 담은 문서들이 채택한 것이다. 지난 20년이 넘는 기간 동안 수없이 많은 토론과 연구가 있었고, 또한 국가 간에는 밀고 당기는 협상이 있었다. 그런 지난한 과정을 거쳐 합의하고 채택했기 때문에 파리협정과 2030 지속가능발전목표, 이 두 개의 문서는 인류의 역사적 성과이자, 21세기 인류 미래를 이끌어 가는 쌍두마차라고 할 수 있다.

3. 지속가능발전을 구현하기 위해서

리우회의 이후 지속가능발전, 혹은 지속가능성이란 말이 널리 사용되기 시작했다. 인류사회와 모든 국가가 지향해야 할 방향이기 때문이다. 리우회의 이후 유엔은 지속가능발전의 이행과 성과를 내기 위해서 2002년 '리우+10회의', 또한 2012년에는 '리우+20회의'를 개최했다. 회의의 이름도 2002년은 '세계지속가능발전정상회의WSSD'라 했고, 2012년은 '유엔지속가능발전회의UNCSD'라 했다. 그 만큼 이 용어가 21세기 인류사회의 기본 지침이 된 것이다.

지속가능한 발전이란 '미래 세대들이 그들의 욕구를 충족시킬 능력을 저해하지 않으면서 현세대의 욕구를 충족하는 발전'으로 정의한다. 지속가능발전은 환경생태계 보전Ecology, 경제발전 Economy, 사회발전Equity을 동시에 추구하는 것을 의미한다. 환경생태계와 사회형평에 대한 고려 없이 성장과 개발로 가서는 안 된다는 것을 뜻한다. 3E가 적절히 조화와 균형을 이루어 가는 것이 무엇보다 중요하고, 그렇게 조화와 균형을 이뤄가는 미래가 우리가 추구하는 '지속가능한 미래'이다.

2015년, 유엔은 '2030 지속가능발전 목표'를 채택해 발표했다. 유엔은 지난 밀레니엄이 되면서 채택되었던 '2000 밀레니엄 발전목표2000 MDGs'에서 목표연도였던 2015년이 되어 이를 대체함과 함께 미래의 지속가능발전의 중요성을 담았다. 2030 SDGs는 2030년까지 달성해야 될 인류가 지향해야 하는 17개 주요목표와 169개의 세부 실행목표가 담겨 있다.

17개의 주요목표에는 모든 국가에서 모든 형태의 빈곤 종식(목표 1)과 기아의 종식, 식량안보 확보, 영양상태 개선 및 지속가능농업 증진(목표 2), 그리고 모든 사람의 건강한 삶을 보장하고 웰빙을 증진(목표 3) 그리고 성평등 달성 및 여성·여아의 역량 강화(목표 5), 모두를 위한 식수와 위생시설 접근성 확립(목표 6), 모두에게 지속가능한 에너지 보장(목표 7), 지속적·포괄적·지속가능한 경제성장 및 생산적 완전고용과 양질의 일자리 증진(목표 8), 국내·국가 간 불평등 완화(목표 10), 포용적인·안전한·회복력 있는 지속가능한 도시와 거주지 조성(목표 11), 지속가능한 소비 및 생산 패턴 확립(목표 12), 기후변화와 그 영향을 대처하는 긴급조치 시행(목표 13), 지속가능발전을 위한 해양·

바다·해양자원 보존과 지속가능한 사용(목표 14), 육지생태계 보호와 복구 및 지속가능한 수준에서의 사용 증진 및 산림의 지속가능한 관리, 사막화 대처, 토지 황폐화 중단 및 회복 및 생물다양성 손실 중단(목표 15), 평화, 정의 그리고 강한 제도 구축 이행수단 강화 및 지속가능발전을 위한 글로벌 파트너십 재활성화(목표 17) 등을 담고 있다. 각각의 목표마다 10개 남짓으로 전체 169개의 세부 목표가 함께 규정되어 있다.

2030지속가능발전 목표의 채택 이후, 각국은 자국의 현실에 부합하는 국가 SDGs 2030을 수립, 이행해야 하고, 유엔에 이를 보고해야 하며 이행 점검을 해야 한다. 또한 유엔은 SDGs 2030의 이행이 효과적으로 이행하도록, 매년 이행 점검을 위한 크고 작은 회의를 진행해 가고 있다. 국내적으로 혹은 국제적으로 '지속가능한 미래'를 두고 다양한 연구와 토론이 활성화 될 수밖에 없다.

리우회의로부터 그리고 '2030 지속가능발전'이 채택된 이후, 지속가능한 미래를 위해서 국내외적으로 지속가능한 미래를 위한 다양한 활동이 진행 중이다. 예를 들면, 지속가능한 국토, 지속가능한 도시, 지속가능한 도시계획, 지속가능한 농업, 지속가능한 수자원, 지속가능한 건축, 지속가능한 에너지, 지속가능한 생산소비, 지속가능한 무역 등 다양한 영역에서 20세기형 무분별한 성장이나 발전을 극복하기 위한 노력이 진행되고 있다.

4. 인류사의 전환점Turning Point, 파리협정

2015년 12월 12일, COP21(21차 유엔기후변화협약 당사국 총회) 파리회의 마지막 날, 지루한 협상 끝에 '파리협정'이 체결되었다. 기후위기 극복을 기대하며 협정체결을 기대했던 각국의 지도자들과 세계 각국의 시민사회도 환호하며 이를 반겼다. 다음날 세계 각국의 언론은 협정체결 소식을 대서특필했다. 당시 오바마 미국 대통령은 이 협정을 "인류역사에 새로운 전환점Turning Point"이라 했고, 개최국의 프랑스의 올랜드 대통령은 "지구의 미래를 위한 의무를 다했다"라고 했고, 반기문 유엔 사무총장은 "인류와 지구를 위한 기념비적 승리"라고 했고, 각국 지도급 인사들, 저명한 학자들도 찬사를 쏟아냈다. 언론에서도 이 협정을 "21세기 가장 위대한 외교적 성공"(가디언)이라고 했고, "화석에너지 종말을 예고"(CNN)했다고 논평했다.

파리협정에 이렇듯 찬사와 환호를 표한 것은 협정이 그만큼 시대의 전환을 담고 있기 때문이다. 일부국가나 전문가들 사이에서는 이행수단이나 방법, 재원조달 등의 내용을 두고 이견이 있었다. 그러나 이 협정이 지향하는 바는 분명하다. 18세기 산업혁명 이후 현재까지 인류의 주력 에너지인 화석 에너지를 미래로 가져갈 수 없음을 분명히 했다. 그만큼 화석에너지 남용으로 인한 온실가스를 심각한 기후환경위기의 주범으로 인식한 것이다.

파리협정의 핵심은 '산업화 이전과 비교 금세기 말까지 지구평균온도를 섭씨 2℃보다 훨씬 낮게Well Below, 그리고 가능하면 1.5℃ 유지하도록 노력'한다는 내용이다. 당초 초안에는 "섭씨 2℃보다 훨씬 낮게"가 들어있었다. 세계의 섬나라들과 개도국들이 '1.5℃ 낮게'를 주장하면서 한 때 협상이 교착상태에 빠지기도 했다. 결국 COP21은 절묘하게 '섭씨 2℃~1.5℃'를 수용한 것이다. 불과 섭씨 0.5℃의 차이지만 온실가스 감축과 연계하면 큰 차이가 있기 때문에 이를 두고 치열한 협상이 진행되었다. 또한 COP21은 '섭씨 1.5℃ 아래도 상승억제에 따른 기후변화 영향과 온실가스 배출경로'에 대한 연구를 IPCC에 의뢰하여, 2018년 COP회의 이전까지 수행해 줄 것을 요청했다.

파리협정, 그리고 성취해야 할 지구평균온도의 목표 등은 철저히 기후과학을 수용한 것이다. 2014년 발표된, 유엔 산하 IPCC(기후변화범정부협의체)의 '5차 기후변화 평가보고서AR5'의 내용을 기초로 했다. IPCC의 AR5는 130개국 2,500명의 과학자들이 5~6년 동안 연구한 성과이고, 연구 성과를 IPCC에 가입한 195개 회원국이 총회를 통해서 채택하고 발표되었다.

이 보고서에 의하면 지난 130년 동안 지구평균온도가 섭씨 0.85℃ 상승했고, 해수면이 19cm 상승했다. 또한 기후변화는 인간이 만들었음Man-Made을 분명히 하면서, 기후변화로 인해 극심한 가뭄과 폭염, 홍수 등과 같은 기상이변이 속출하고 지구

환경생태계의 파괴가 심각하며, '지구 상 안전한 곳은 없다'고 했다. 보고서는 현재의 추세가 그대로 지속될 경우, 세기말 지구 평균온도가 최고 섭씨 4.8℃ 치솟고, 해수면도 최고 82cm로 상승할 것이라고 예측했다. 극심한 기후변화에 따른 기상이변으로 생명과 재산의 피해가 속출하고, 사회기반시설과 공공서비스 시설이 파괴 훼손되고, 만성적인 물과 식량부족을 초래할 것이고, 생물종다양성의 감소와 지구생태계의 파괴 훼손이 심각할 것이라고 예측했다. 또한 적극적인 대책이 없다면, 그것은 인류가 '한 번도 경험하지 못한 예기치 않는 대재앙'이다. 최근 우리가 경험하고 있는 기후변화의 영향에 비하면 그것은 상상을 초월하는 재앙이다. 보고서는 인류에 대한 준엄한 경고였다.

보고서는 금세기 말, 지구평균온도의 상승을 섭씨 2℃ 아래로 유지할 것을 권고했다. 2℃를 유지할 수 있도록 대폭적인 온실가스 감축이 필요함도 역설했다. 평균 2℃의 목표를 설정하더라도 불가피하게 기후변화의 영향이 심각하게 나타날 것이며, 그 피해는 수세기 동안 갈 것이고 주장했다. 세기말까지 1.5℃를 넘지 않도록 하자는 주장도 있었으나, 더 과감한 온실가스 배출 감축을 단행해야 하기 때문에 이에 따른 부담이 커서 세부적 연구는 진행시켜가지 못했다.

보고서는 인류사회에 큰 충격이었고, 큰 파장을 불러일으켰다. 보고서 발표 이후 파리협정이 체결될 때까지 각국 정부와 국제기구, 그리고 각국의 지방정부나 과학계, 시민사회, 종교계, 산업계 등에서 기후위기 대응에 대한 토론과 주장이 넘쳤다. 특히, 각국 지도자들, 온실가스 과다배출국들이자 강대국의 지도자들의 정책적 결단을 촉구하는 목소리가 컸다. 기후변화에 취약한 지역이나 섬나라들이 집단적으로 지구평균기온을 섭씨 1.5℃ 아래로 가야 한다고 주장하기 시작했다. 2℃로 설정할 경우, 그들의 국가가 해수면 아래로 침수될 수밖에 없기 때문이었다. 지구촌의 이목이 파리 COP21(21차 기후변화당사국총회)에 집중될 수밖에 없었다.

파리협정에는 지구촌의 거의 모든 국가 197개국이 참여했다(2016년, 트럼프 대통령 당선 이후 미국이 탈퇴를 발표했으나 협정의 규정에 의거 최종적 탈퇴 여부는 2020년 말에 결정된다). 1992년, '리우환경회의'에서 기후변화에 대처하자는 총론적 입장인 '유엔기후변화협약UNFCCC'이 체결된 이후, 무려 23년 만에 구체적 이행내용을 합의한 것이다. 물론, 1997년 COP3에서 '교토의정서'를 채택한 바 있으나, 교토의정서는 당시 선진국 38개국만의 의무 감축을 규정하고 있고, 미국 중국 등이 참여하지 않고, 감축시기를 2012년까지 규정하고 있어서 실효성이 없이 끝난 셈이다. 그러나 교토의정서 체제는 2020년까지 유지하도록 규정하고 있어서 파리협정은 2020년 말 발효하도록 규정하고 있다. 파리협정 체결 이후 이른바 '신기후 체제'가 그때 공식 출범한다.

파리협정에서 규정한 '2℃~1.5℃ 온난화'는 불가피하지만 실로 야심찬 내용이다. 현재를 기준으로 할 경우 산업화 이전 대비 현재까지 약 섭씨 1℃ 상승했기 때문에, 향후 세기말까지 평균 온도 상승 폭은 1℃~0.5℃의 여유밖에 없다. 과학자들에 의하면, 2℃ 온난화 목표를 위해서는 2030년 30~40% 온실가스 감축, 2050년까지 약 80% 온실가스 감축이 필요하고 2070년이면 배출제로로 가야 한다. 1.5℃ 온난화로 가기 위해서는 2030년 50% 내외의 감축, 2050년 배출제로를 달성해야 한다. 그래서 파리협정이 '화석에너지 종말', '지구역사의 새로운 전환점'이라 했던 것이다.

5. 우리는 제대로 가고 있는가? – 두 개의 보고서

파리협정으로부터 3년이 지난, 2018년 COP24(24차 유엔기후변화당사국 총회)를 앞두고 유엔의 소중한 과학적 보고서가 발표되었다. 하나는 작년 10월 초, 인천에서 발표된 유엔 IPCC(기후변화범정부협의체)의 '1.5℃ 지구온난화 특별보고서'이고, 다른 하나는 작년 11월 말 발표된 UNEP(유엔환경계획)의 '2018 온실가스 배출량 간극Emissions Gap보고서'이다. 두 보고서는 모든 국가가 파리협정을 어떻게 이행해 나아가야 할 것인지를 예시해

주고 있다. 두 보고서는 12월 개최된 COP24에서 파리협정의 구체적 이행을 담은 규정을 결정하고자 할 때 참고 자료로 삼아야 된다는 메시지도 담고 있다.

인천에서 개최된 제48차 IPCC 총회에서 가맹국의 만장일치로 채택된 '지구온난화 1.5℃ 보고서'의 정식명칭은 '기후변화위협, 지속가능발전과 빈곤추방을 위한 노력의 지구적 대응을 강화하는 맥락에서 산업화 이전 대비 섭씨 1.5℃ 지구온난화의 영향과 지구 온실가스 배출 경로와 연관된 IPCC 특별보고서'로 길다. 파리 COP21에서 보고서의 작성과 제출을 특별히 요청한 바 있다.

'섭씨 1.5℃ 온난화 특별보고서'는 섭씨 2℃와 섭씨 1.5℃ 온난화를 다양한 과학적 시나리오를 통해 비교했다. 즉 파리협정에서 규정한 '세기말까지 산업혁명 이전 대비 2℃~1.5℃ 이하로 상승을 억제하자'는 내용을 2℃와 1.5℃를 구분해서 비교 연구한 것이다. 2℃ 온난화를 목표로 할 경우, 폭염, 산불, 폭우, 태풍 등의 기상이변이 더욱 자주 강력하게 발생할 것으로 예측했다. 더불어 극지방 빙하가 더욱 녹아내리고 되고, 해수면 상승으로 인해 인류의 고통은 더 극심해지며, 사막이 확대되고, 대양의 산성화와 산호초가 거의 멸종될 우려가 있으며, 지구 생물종의 다양성 파괴도 심각할 것으로 내다봤다. 상대적으로 1.5℃ 온난화는 안전하다고 하였다.

보고서는 '2℃와 그 이상은 위험하다'고 하였는데, 지구평균 기온의 상승을 1.5℃ 아래로 유지하려면 2030년까지 2010년 기준 세계의 온실가스 배출을 45% 감축하고, 2050년에는 순 제로배출로 가야 한다고 말하고 있다. 보고서에 의하면 현재와 같은 수준의 온실가스 배출이 유지될 경우, 2030년이면 지구 평균 기온 상승이 1.5℃를 넘어설 것이라고 밝히고 있다. 보고서는 치명적 기후재난을 피하기 위해서 결국 파리협정에서 언급한 '세기말 사업화 이전 대비 지구평균온도의 상승을 1.5℃ 아래로 억제할 것을 제안한 것이다.

1.5℃ 온난화의 목표를 성취하기 위해서는 상대적으로 대폭적 온실가스 감축이 필수이고, 비용 측면에서도 3~4배의 노력이 요구된다. 온난화를 저감할 수 있는 비용, 에너지전환이나 탈탄소 교통수송의 혁신, 탈탄소 도시 건축이나 인프라 구축 등에 상당한 비용과 노력이 필수라고 한 것이다. 2℃ 온난화에서도 기존의 비용, 기후변화영향, 환경생태계 파괴, 인명과 재산의 피해, 적응 등의 비용을 감안하면 계산할 수 없는 비용이 발생할 것으로 예측했다. 따라서 과학자들은 1.5℃ 길이 가야 할 길이라고 한 것이다.

1.5℃ 보고서는 화석에너지에서 재생에너지와 에너지효율성으로의 에너지 전환의 속도를 주문하고 있다. '탄소 폭탄'으로 상징되는 석탄발전과 내연기관 자동차의 퇴출도 서두를 것을 말

하고 있다. 사실 산업혁명 이후 현재까지 1℃가 상승했기 때문에 지금부터 즉각적인 행동이 필요하다고 주장했다.

작년 11월 간행된 유엔환경계획UNEP의 '2018 온실가스배출 간극보고서The Emissions Gap Report 2018'는 최근과 미래의 배출 경향을 과학적으로 평가하여, 국제적인 약속인 파리협정의 목표를 성취될 수 있는지를 따져보기 위한 과학적 보고서이다. 보고서에 따르면, 현재 각국의 온실가스 감축목표NDCs가 이행된다고 하더라도 파리협정이 목표로 하는 세기말까지 지구평균 온도 2℃~1.5℃를 유지하는 것이 불가능하다. 그만큼 간극Gap이 크다는 것이다. 지난 2015년 COP21을 앞두고 유엔기후협약 가맹국들은 규정에 따라 자국의 온실가스 감축과 행동계획을 담은 보고서, 즉 NDCs를 유엔에 제출한 바 있다. 각국의 NDCs는 대부분 2030년을 목표연도로 하는 온실가스 감축목표와 세부행동계획이 담겨있다. 유엔 과학자들이 이를 체계적으로 분석한 것이다. 보고서는 2030년 1.5℃를 초과하고, 그런 추세가 계속될 경우 세기말이면 3.2℃을 넘어설 것을 예측하고 있다.

보고서에 의하면 파리협정이 체결되었지만 2017년 세계 온실가스 배출은 전년도에 비해 소폭이지만 1.1% 증가했다. 이전 3년 동안은 증가하지 않았었다. 그래서 한 때 온실가스 배출이 정점Peak에 오지 않았나 하는 기대를 갖게 했다. 다시 증가 추세로 돌아섰다는 것은 그 만큼 세계 경제성장이 계속되고, 화석에너지의 사용이 증가했다는 것을 말해준다. 또한 각국의 기후 완화 Mitigation정책이 불충분하다는 것을 의미한다.

보고서는 세계온실가스 배출에 정점이 보이지 않는다고 했다. 독일의 포스담 기후영향연구소PIK도 2020년 전후, 세계 온실가스 배출이 정점peak을 찍고 급속히 하강 곡선을 그려야만 2030년 파리협정의 목표를 성취할 수 있을 것이라고 주장한 바 있다. UNEP 보고서는 이미 정점에 도달했거나 조만간 도달할 가능성이 있는 국가가 47개국이고 전체 배출의 36%를 차지하고 있다고 했다. 그러나 G20에 속한 잘사는 국가, 미국, 캐나다, 호주, EU28, 한국 등이 소극적이고 불충분하다고 지적하고 있다.

파리협정의 2030년 목표에 이르기 위해서는 모든 국가, 특히 온실가스 과다 배출국의 간극을 매우기 위한 총체적인 비상한 행동이 필요함을 역설하고 있다. 2030년까지 현재의 노력에 비해 2도 온난화 목표를 위해서 3배, 1.5℃ 온난화를 위해서는 5배의 노력이 필요하다고 했다. 또한 세계 각국의 도시와 지방정부, 기업, 시민사회, 대학 등 비정부기구의 역할의 중요성도 강조하고 있다.

유엔의 두 보고서, 즉 '1.5℃ 온난화보고서'가 화재의 경고음이라면, '배출간극보고서'는 발화점을 찾아 원인과 대책을 제시하는 내용이라 할 수 있다. 인류가 기후위기를 어떻게 극복해 나갈 것이지, 이미 약속한 파리협정이 지향하는 목표를 어떻게 성취할 수 있을 지를 보여주고 있다. 여기에는 수십 개 국가, 수백 명 혹은 수천 명의 과학자들이 공동으로 참여했고, 오직 과학적 사실에 바탕을 두고 오직 지구 기후환경 위기를 이겨내야 된다는 공동선의 차원에서 만들어졌다.

6. 탈탄소 100% 재생에너지 미래 – 가능한 일인가?

파리협정은 금세기 중엽 이후 2070년까지 온실가스 배출제로를 지향한다. IPCC '1.5℃ 온난화 보고서'를 수용한다면 2030년 세계 온실가스의 반을 줄여야 하고, 2050년 순 제로배출을 달성해야 한다. 이는 18세기 산업혁명 이후 현재까지 인류의 주력에너지로 자리하고 있던 석탄, 석유, 가스 등 화석에너지가 역사의 뒤안길로 사라진다는 의미이다. 기후환경위기라는 인류사회의 안전과 평화를 위협하는 주범이라는 판결을 받았기 때문이다. 원자력에너지도 다소 이견은 있을 수 있으나 그렇게 퇴출되는 추세로 이해해도 된다.

그래서 파리협정을 반겼던 지도자들이나 전문가들, 언론은 이를 '화석에너지의 종말'을 고하는 일이라 했고, '역사적인 전환점'이라고 했다. 산업혁명 이후 현재까지 화석에너지는 인류의 경제사회의 발전, 나아가 오늘과 같은 인류사회의 풍요와 편리를 뒷받침해왔다. 지난 20세기 문명을 화석에너지가 뒷받침해 온 것이다. 따라서 파리협정은 화석에너지를 대체하는 에너지를 기반으로 한 21세기 새로운 문명을 의미한다. 지속가능한 발전을 추동하는 탈탄소, 탈핵의 에너지 전환의 시대가 도래했음을 뜻한다.

그것이 가능한 일일까. 과연 화석에너지와 원자력에너지의 의존 없이 인류의 에너지 생활이나 경제사회활동이 가능한가. 향후 10년 후 약 50% 탄소감축과 30년 후 2050년 순 제로배출이 가능할 것인가? 태양 바람 지열 해양 바이오 그리고 연료전기 등 신재생에너지로 충분히 에너지 전환을 할 수 있을까. 의문이 제기될 것이다. 특히, 화석에너지와 핵에너지 의존도가 높은 한국 사회와 같은 곳에서는 강한 의문이 제기될 수 있다.

현재 거의 모든 문명화된 나라와 지역에서 화석에너지는 전기에너지 생산, 교통과 수송, 건축물의 냉난방, 가정의 취사, 산업 시설의 운영, 농축수산업 등의 과정에서 이용되고 있다. 주로 석탄은 전체 전기에너지 생산에 60~70% 이상, 그리고 석유는 교통 수송의 대부분을, 가스는 냉난방이나 취사 등에 주로 이용되고 있다. 크고 작은 도시와 산업단지 등이 화석에너지 때문에 기능이 살아 움직이고 있다. 파리협정이 이행되고 '1.5℃ 온난화' 정책이 수용된다면 화석에너지의 역할은 끝이다. 결국 신재생에너지로 대체되어야 한다. 즉, 지금부터 한 세대 후, 석탄전력은 사라져야 하고 내연기관에서 석유를 연소시켜 거기서 얻는 에너지로 운행하는 자동차도 없어져야 한다.

따라서 실현가능성에 현실적 의문이 제기될 수 있다. 그러나 IPCC의 과학자들을 비롯해 세계 유수의 대학 전문가들, 기후위기를 극복하고자 노력하는 정책입안자들 '충분히 가능하다'고 말하고 있다. 금세기 중엽이면 가능하고, 100% 재생에너지 미래가 도래할 것이라고 한다. 현재 보유하고 있는 과학과 기술능력 그리고 과학과 기술의 혁신추세를 감안하면 걱정할 일이 아니라고 한다. 다만 정책결정자들, 각국 정부 지도자들의 정책적 의지가 가장 중요하다고 강조하고 있다. IPCC 과학자들, 즉 지구촌 과학계도 '기후변화평가보고서'나 '1.5℃ 온난화 보고서 SPECIAL REPORT, Global Warming of 1.5℃'에서 문제제기와 함께 대안의 실현가능성을 말하고 있는 것이다.

그것이 가능하다는 두 개의 보고서가 2017년 발표된 바 있다. 2017년 말, 핀란드의 Lappeenranta 공과대학과 독일의 민간연구기관인 '에너지감시단체Energy Watch Group'의 '지구에너지해법'이라는 보고서이다. 화석에너지 의존에서 완전히 탈피하고 파리협정 이행도 충분히 가능하다는 취지의 보고서이다. 보고서에 의하면 현재의 재생에너지 공급과 잠재력 그리고 에너지저장과 짝을 이룬 기술만으로도 2050년이면 세계 100% 재생에너지 공급이 충분하고 완전한 탈핵과 탈탄소가 가능하다. 2050년 경,

전 세계 전력구성은 태양에너지(69%)와 풍력(18%)을 중심으로 기타 수력이나 지열 등 재생에너지로 이뤄진다. 이 같은 에너지 전환은 석탄이나 핵에너지에 대한 투자보다 훨씬 경제적이며, 신규 일자리도 현재의 1,000만 개에서 3,400만 개로 늘게 된다. 일자리 문제와 기후환경위기 그리고 경제발전도 가능하다는 것이다. 물론 2050년이면 현재의 74억 명 인구가 97억 명으로 증가하고, 에너지수요 또한 그 만큼 증가하는 것도 감안했다. 그해 6월, 미국 스탠퍼드 대학 마크 제이콥슨Mark Jacobson 교수팀도 유사한 연구결과, '100% 재생에너지 이정표'를 발표했다. 그들은 2050년경, 미국이 50개 주와 세계 온실가스의 99%를 배출하는 139개국의 자료를 바탕으로 연구한 결과, 화석에너지와 핵에너지 의존 없이 100% 재생에너지만으로 에너지 공급이 가능하다면서 그 로드맵을 제시했다. 연구자들은 무엇보다 정책결정자들의 확고한 정책적 의지를 강조했다.

21세기 들어와 재생에너지 도입이 폭발적이다. 재생에너지야말로 온실가스 감축의 직접적이고 가장 확실한 수단이다. 재생에너지가 석탄이나 원자력의 변방에 존재하는 것이 아니고 당당하게 주력에너지로 자리하기 시작했다. 프랑스 파리에 본부를 두고 있는 REN21(21세기 재생에너지정책네트워크)이란 민간연구기관이 2018년, 6월 발표한 '2018년 세계재생에너지현황보고서Renewables 2018 Global Status Report'에 의하면 2017년 한

해, 신규 세계 발전용량의 70%가 재생에너지였다. 재생에너지 설비용량이 역대 최고로 성장했다.

태양광만 하더라도 작년 한 해 98Gw(1Gw=1,000Mw=100만 Kw · 영광한빛 원전1기)의 용량이 설치되었다. 신규 건설된 석탄 가스 원자력을 합산한 용량보다 훨씬 많았다. 풍력도 52GW가 완공되어 전력을 생산하기 시작했다. 정부의 보조금을 받는 화석연료나 원자력 보다 2배 이상 투자가 이뤄졌다. 지난 10년 동안, 태양광 풍력 분야는 각각 30배 이상, 7배 이상 신장해왔다. 가히 폭발적인 성장을 거듭해왔다. 비록 재생에너지 투자나 시설이 중국, 인도, 미국, 유럽연합EU으로 편중되는 등의 문제는 없지 않지만, 재생에너지가 석탄, 원자력을 이겨가고 있다는 확실한 증거이다. 재생에너지가 세계 전력부문에서는 확실히 꾸준한 성장을 거듭하고 있지만, 건축물의 냉난방과 교통수송부문에서의 변화는 더디게 진행되고 있다.

재생에너지가 경제성장과 일자리 창출에도 크게 기여하고 있다. 아랍에미레이트연합UAE의 아부다비에 있는 국제재생에너지기구IRENA가 2018년 6월 발표한 '2018 재생에너지와 일자리 Renewable Energy and Jobs 2018'자료가 그것을 보여주고 있다. 이 자료에 의하면 2017년 기준, 전 세계에 재생에너지, 즉 태양광 풍력 수력 바이오 해양에너지 등의 분야에서 종사하는 사람들이 1,030만 명인 것으로 나타났다. 최초로 일자리 1,000만 개를 돌파했다. 전년도에 비해 5.3%, 50만 개가 늘었다. 전체 일자리 가운데 중국이 43%를 차지하고 있다. 중국이 풍력 태양광 등 재생에너지 강국이고 또한 세계 재생에너지 시장을 압도하고 있다는 것을 뜻한다. 중국에 이어서 브라질, 미국, 인도, 독일, 일본 순으로 이들 6개국이 70%를 차지하고 있다. 또한 전체 일자리의 60%가 아시아에 있다. 2012년 최초로 통계를 발표할 때 710만 개였던 일자리가 5년 만에 340만 개 증가했다.

IRENA의 아드난 아민Adnan Z. Amin 사무총장은 '재생에너지가 세계의 저탄소 경제성장의 기둥역할을 하고 있다'며 '근본적으로 지구 에너지체계의 탈탄소화가 지구촌 경제성장을 가능하게 할 것이다'고 했다. IRENA에 의하면, 현재와 같은 추세가 반영되고, 파리기후협정이 그대로 이행된다면 이 분야 일자리는 2030년 2,400만 개, 2050년이면 2,800만 개 이상으로 확대될 것으로 전망하고 있다. 물론 석탄 등 화석에너지와 핵에너지 분야에서 700만 개가 사라지지만, 상쇄하고도 남을 훨씬 더 많은 일자리가 생겨날 것으로 보고 있다.

세계가 탈석탄을 향해가고 있다. 2017년 독일 Bonn COP23에서 EU 국가들의 주도로 영국 프랑스 캐나다 뉴질랜드 코스타리카 등 25개 국가가 '탈석탄 동맹'을 선언했다. 온실가스 배출에 크게 기여하는 석탄발전을 더 이상 늘리지 않고, 2030년까지 석탄발전을 퇴출할 것을 선언한 것이다. COP23 직후 세계은행은

2019년 이후 신규 화석에너지 개발에 더 이상 돈을 투자하는 일은 없을 것이라고 선언했다. 세계 최대의 석탄소비국인 중국, 독일 등도 자국의 정책을 통해서 석탄을 퇴출시키고 있다. 미국의 경우 트럼프 대통령이 '청정석탄'을 말하고 있으나, 실질적으로 석탄발전이 줄어들고 있다. 탈석탄 운동Beyond Coal Campaign을 주도하고 있는 민간단체 시에라 클럽Sierra Club에 의하면 2010년부터 현재까지 281개의 석탄발전이 퇴출되거나 퇴출을 예고하고 있고, 현재 249개가 가동 중에 있다.

7. 탈탄소 100% 재생에너지 미래의 사례

파리협정 이후 국제사회에 '100% 재생에너지 미래'가 강한 화두로 등장했다. 유엔에 제출된 각국 정부의 2030년~2050년까지의 온실가스 감축목표, 이른바 NDCs에 의하면 100% 재생에너지를 발견하기 어렵다. 다만 유럽연합의 NDCs는 1990년 수준에서 2030년 40%, 2050년 80% 감축으로 목표가 야심차다. 2016년 12월, COP22 마라케시회의에서 48개국은 100% 재생에너지 목표 달성을 선언했다. 덴마크, 스웨덴, 아이슬란드, 코스타리카 등의 국가 등이 선언에 참여했다.

중남미에 위치한 인구 500만의 코스타리카는 '친환경정책'으로 매우 잘 알려진 국가다. 전력의 거의 99%가 수력과 지열 풍력 등 재생에너지로 가동되고 있으며, 2021년까지 교통수송 분야에서 화석연료 의존율을 0%로 줄여, 실질적으로 '탄소제로를 달성한다'는 실로 야심찬 목표를 갖고 있다. 2018년, 5월 취임한 38세의 카르노스 알바라도Carlos Alvarado 대통령은 취임사에서 세계 최초의 탈탄소 국가로 갈 것을 선언했다. 알바라도 대통령은 '코스타리카 독립 200주년이 되는 2021년까지 교통수송 분야에서 화석에너지 사용을 끝낼 것'이라고 했다.

세계 각국의 도시를 포함한 지방정부들의 재생에너지 100%를 위한 행동이 야심차고 구체적이다. 사실 중앙정부(연방정부)의 정책이 성공하기 위해서는 지방정부의 뒷받침이 필수적이다. 가장 앞선 기후정책을 가지고 있는 EU의 지방정부들은 EU와 중앙정부들보다 더 야심찬 온실가스감축 목표를 가지고 있다. 대부분의 EU 내 도시와 지방정부들은 2050년 80~100% 온실가스 감축 목표를 설정하고 있다. '100% 재생에너지 도시와 지역'이 자연스럽다.

2013년 샌프란시스코에서 생겨난 '글로벌 100% 재생에너지 Global 100% Renewable' 캠페인이 전개되고 있다. 지역공동체나 도시, 지역, 국가가 화석에너지, 핵에너지에 의존 없이 100% 재생에너지로 가자는 자발적인 Network 운동이다. 지방정부가 전기에너지, 건축물의 냉난방, 교통수단을 100% 재생에너지로 간다는 내용이다. 이들 도시들은 이를 구현하기 위해서 기후행동계획, 에너지정책, 도시계획과 토지이용계획, 도시 건축과 주택정책, 교통수송 및 도로정책, 주민시민 참여 등 다양한 제도와 정책을 가지고 있다. 이 캠페인에 등록되어 있는 도시, 지방정부가 현재 세계 각국에 200여 개 된다. 지방정부의 국제 Network 기구인 '지속가능성을 위한ー세계환경지자체협의회ICLEI'도 적극 참여하고 있다.

'Go 100% 재생에너지'캠페인도 있다. 지방정부뿐만 아니라 지역공동체, 국가나 도시지역, 기업이나 대학도 100%운동에 참여하자는 내용이다. 이 캠페인에 의해 세계 각국에서 170여 개의 100% 프로젝트가 진행되고 있다. 미국의 최대 환경단체인 시에라 클럽도 도시와 지방정부가 '2035년까지 100% 재생에너지'로 가자는 '모두를 위한 100% 청정에너지100% Clean Energy For All' 캠페인의 일환으로 '100% 청정에너지 시장들Mayors For 100% Clean Energy'이란 서명운동을 전개하고 있는데 190여 개 도시의 시장들이 여기에 참여하고 있다.

한국의 제주도와 캐나다의 벤쿠버Vancouver가 좋은 사례이다. 63만 명 인구의 관광 도시 제주도는 2015년 '2030 탄소 없는 섬Carbon Free Island'계획을 내외에 발표한 바 있다. 2030년까지 제주도의 모든 에너지를 100% 재생에너지로 간다고 선언한 것이다. 60만 인구를 지닌 벤쿠버도 2015년 COP21 회의를 앞두고 '2020년까지 세계 1위의 녹색도시를 지향하며', '2050년까지 100% 재생에너지 도시'로 갈 것을 만장일치 의회의 동의를 받아 내외에 천명했다.

'100% 재생에너지 도시'는 전력이나, 각종 건축물의 냉난방, 교통수송 등 모든 분야에서 화석이나 핵에너지를 배제하고 재생에너지원에서 필요한 에너지를 얻어 쓰겠다는 도시이다. 제주도는 현재 약 38만 대의 자동차를 2030년까지 100% 전기차로 전환해 나갈 계획이다. 우선 2020년까지 공공분야 버스, 렌터카 등을 전기차로, 2030년 일반 상용차까지 이를 확대할 계획이다. 이를 위해서 수 만개의 전기충전소 등 전기차 인프라를 확보할 구상도 있다. 전력이나 냉난방 분야의 재생에너지 도입을 위한 구체적 계획도 있다. 벤쿠버 또한 전력에너지 분야는 2030년까지 재생에너지로, 냉난방 분야는 2035년까지, 그리고 교통수송 분야는 2050년까지 전기차 등 친환경차로 전환할 구상이다. 두 도시 뿐만 아니라 샌프란시스코 코펜하겐 스톡홀름 시드니 뮌헨 등 우리가 이름만 들어도 알만한 도시들을 포함한 많은 도시들이 이 대열에 합류해 달려가고 있다.

최근 캘리포니아의 사례가 기후행동을 나선 이들에게 박수갈채를 받고 있다. 캘리포니아 주의 인구는 약 4,000만 명, 면적은 한반도 남북한의 2배 정도이고, 경제 규모는 국가순위로 따진다면 세계에서 5번째로, 영국이나 프랑스보다 더 크다. 이렇게 막강한 경제 규모를 지닌 캘리포니아가 큰일을 냈다. 2018년 9월, 기후변화에 강력히 대처하고자 하는 캘리포니아 주민들과 세계적인 여망을 받들어 '2045년까지 100% 재생에너지' 도입을 결정하는 주의 법을 제정한 것이다.

'SB^{Senate Bill}100'이란 이름의 주 법안이 44대 32로 의회를 통과했고, 제리 브라운^{Jerry Brown} 주지사(2019년 1월 초 퇴임)가 사인하면서 이 법은 공포되고 발효하기 시작했다. 1년 이상의 치열한 논의와 토론이 있었다. 표결을 앞두고 영화배우이자 공화당 출신 전 캘리포니아 주지사 아놀드 슈왈제네거, 노벨평화상 수상자이자 전 부통령 엘 고어, 기후 환경보호의 전도사 역할을 하고 있는 영화배우 레오나르도 디카프리오 등이 각각 의원들에게 서신을 보내는 등 법안의 통과를 지원했다.

'SB100'에 의하면 향후 캘리포니아 주는 '2026년까지 50%, 2030년까지 60%, 2045년까지 100% 재생에너지'를 도입해야 한다. 특히 전력분야에서 석탄이나 가스의 이용과 특히 가스발전이 단계적으로 축소될 것이다. 원자력도 퇴출해 나갈 것이다. 제리 브라운 주지사는 법안을 서명하면서 트럼프 행정부의 '기후변화에 총체적 무지^{Gross Ignorance}'를 비난하면서 '캘리포니아가 지구가 직면한 기후위기 과제에 대응하는 데 지구적으로 주도적 역할을 해 나갈 것'이라고 언급했다. 또한 '2045년 100% 재생에너지 성취와 더불어 그때까지 교통이나 농업을 포함 캘리포니아의 모든 경제영역에서 온실가스를 없애나갈 것'을 다짐하는 행정명령에도 서명했다. 2050년경, 캘리포니아의 온실가스 감축 목표는 거의 90%이다. 캘리포니아가 세계 5위의 화석에너지의존 경제 구조를 탈탄소 청정 재생에너지 경제 구조로 전환할 것을 선언한 셈이다.

캘리포니아의 '100% 재생에너지 미래'는 역사적 사건이다. 연방정부 트럼프 대통령은 파리협정 탈퇴를 선언하고 석탄을 옹호하며 기후변화 이슈를 무시해 왔기 때문이다. 특히 세계 5위의 경제 규모를 지닌 지역이 탈탄소 청정에너지 경제 구조로의 전환을 추구한다는 의미에서 파급효과가 크다. 미국에서 가장 오래된 환경단체 시에라 클럽의 마이클 브르니 사무총장은 "SB100은 캘리포니아와 미국을 위해서, 세계를 위해서 중요한 순간이다"며 반겼다. 현재 캘리포니아에 재생에너지 일자리가 50만 개인데, 이 법이 시행되면 재생에너지 분야에 수천 개의 일자리가 계속 증가할 것이며, 지역사회에 수십억 불의 수익이 창출될 것이라고 예측했다. 캘리포니아 주에 앞서 태평양의 하와이 주가 '100% 재생에너지 법'을 제정한 바 있다. 캘리포니아 이후 현재 메사추세츠와 뉴저지, 뉴욕, 워싱턴 D. C. 등에서도 유사한 법안의 제정이 추진되고 있다.

거대기업, 다국적 기업들 또한 '탈탄소, 100% 재생에너지'에 기반해서 기업을 경영할 것을 약속하고 있다. 2018년 6월, 세계적

인 기업 삼성전자는 향후 삼성전자의 전 세계 사업장에서 100%
재생에너지로 에너지를 충당할 것을 발표했다. 삼성의 100% 재
생에너지 도입 로드맵은 2020년까지이다. 국내 기업으로서는 최
초이다. 그러나 전 세계 유수한 기업들이 이미 '탈탄소, 100% 재
생에너지' 경영을 선언하고 이행 중에 있다. 구글, 애플, 마이크로
소프트, 코카콜라, BMW, 이케아, 필립스, 월마트 등 우리가 이름
만 들어도 익숙한 세계 굴지의 다국적 기업 등 130여 개의 대기업
이 이 대열에 합류했다. 이들 기업들은 화석에너지 의존을 탈피하
기 위해 대폭적 투자를 약속하고, 이들 일부 기업들은 재생에너지
나 미래형 전기자동차 분야로 사업 영역을 확산해가고 있다.

　교통 및 수송 분야에서도 큰 변화가 진행 중이다. 현재 이 영역
에서 25% 내외의 온실가스가 배출되고 있어서 교통 및 수송 분
야에서의 탈탄소도 해결해야 할 중요한 과제이다. 2017년 7월,
프랑스 정부는 오는 2040년 가솔린, 디젤 자동차의 판매를 금지
한다고 발표했다. 프랑스 니콜라스 휴로트Nicolas Hulot 환경장관
은 파리협정의 목표에 다가가고자 하는 야심찬 계획의 일환이라
면서 '실제적인 혁명'이라고 했다. 도시의 대기오염을 막아내고
국민보건을 향상시키고 또한 기후행동의 리더로서 역할을 다하
기 위한 조치라고 했다. 그 때쯤이면 자동차 회사들은 더 이상 내
연기관 자동차를 제조·판매할 수도 없다. 정부의 발표를 전후해
서 파리시는 2030년까지 시 차원에서 내연기관 차량을 운행할

수 없다는 방침을 발표했다. 파리시는 2025년 디젤 차량, 2030년 가솔린 차량의 운행을 단계적으로 금지할 방침이다.

프랑스의 발표가 있기 직전, 스웨덴의 세계적 자동차 회사 볼보Volvo는 2019년부터 자사 생산의 모든 자동차를 전기차와 하이브리드차만을 생산할 것이라고 했다. 프랑스뿐만 아니라 다른 나라들도 유사한 목표를 수립하고 있다. 세계에서 전기차의 보급률이 가장 높은 노르웨이는 2025년부터 오직 전기차, 하이브리드차만의 판매를 허용할 방침이다. 네덜란드 또한 2025년까지 내연기관 차량의 판매 금지 여부를 논의하고 있고, 독일의 여러 주정부에서는 2030년까지 그런 차량의 퇴출여부를 고심 중에 있다. 전기차 분야의 선두 국가는 중국이다. 중국 또한 2030년까지 시내버스와 같은 공공차량의 100%를 전기차로 공급할 방침이다. 전문연구기관인 '블룸버그 신에너지 파이낸스Bloomberg New Energy Finance, BNEF'의 2018년 발표 자료에 의하면 현재의 기술 발전의 추세를 감안해 오는 2030년 무렵 세계 자동차 시장에서 경량자동차의 28%가 전기차가 될 것이며, 2040년이면 55%가 전기차가 점유할 것이라고 예측하였다.

8. 한국적 현실 – 기후위기 대응

지구촌 기후위기 대응에 예외 국가는 없다. 국제사회의 일원으로 기후변화협약의 당사국이자 파리협정에 참여하는 나라로서 당연한 책무이다. 그동안 정부는 기후변화 대응을 위한 다각적인 정책을 수행해 왔다. 그럼에도 불구하고 우리나라의 온실가스 배출 총량은 약 7억 톤(2016)으로 세계 7위를 기록하고 있다. 1인당 온실가스 배출량 또한 14톤으로 일본 독일보다 높다. 그만큼 산업화 도시화와 경제성장이 비약적으로 전개되어 왔고 화석에너지를 과소비할 수밖에 없는 경제사회구조를 가지고 있다는 것을 말한다. 파리협정과 지속가능발전의 시대에 이런 과소비 구조를 가져갈 수 없다. 국제사회가 그렇듯 적극적인 기후행동이 있어야 한다.

지난 2015년 유엔에 제출된 바 있는 한국의 온실가스 감축목표, 이른바 국가 NDCs는 목표연도인 2030년에 배출전망치BAU 대비 37%이다. 2030년 예상 배출량 8억 5,000만 톤을 5억 3,600만 톤으로 줄인다는 것이다. 선진국들의 기준연도 방식으로 환산하면 2005년 기준으로 5.6% 감축이다. 2018년 7월 문재인 정부는 감축목표를 구체화한 로드맵을 확정했다. 에너지 전환, 산업, 건축, 교통수송, 폐기물 등 각 부문의 감축목표와 정책 로드맵을 정했다. 예를 들면 수송 부문에서 2030년 전기차,

친환경경차 300만 대를 도입한다는 것이다.

에너지 전환 부문과 연관되어 있는 신재생에너지 도입목표도 2030년 20%로 확대했다. 2017년 12월, 정부는 '재생에너지 3020 이행계획'을 발표하면서 현재의 7% 수준에서 재생에너지 비중을 20%로 확대한다는 내용을 담았다. 이전 정부의 11% 도입목표를 수정했다. 이 계획이 실행되면 2030년, 신재생에너지 설비용량은 64Gw(1Gw=100만Kw・영광원전 1기 용량), 신규 태양광과 풍력 등을 거의 49Gw 확충해야 한다. 핵과 석탄발전은 신규 건설이 없다. 정부는 이 계획이 실행되려면 100조 원 이상의 예산이 소요되고, 이 분야 신규 일자리도 5만개 이상 창출될 것으로 보고 있다.

문재인 정부 등장 이후 이전 정부와 다른 다양한 변화가 시작되었다. 장기적 측면에서 탈핵 탈석탄이 결정되고 재생에너지 정책도 새롭게 제시되었다. 정부는 법적 수명을 다한 원전을 폐쇄하고 신규원전의 건설을 중단할 것을 선언했고, 노후 석탄발전도 퇴출시키고 신규 석탄화력의 건설도 중단한다고 했다. 특히 '침묵의 살인자' 미세먼지 대응의 일환으로 가동 중인 석탄화력의 경우도, 미세먼지 발생 추이를 감안하여 탄력적으로 운영할 방침이다. 이전 정부와는 차별적인 기후 환경 에너지 정책이 수립 시행되기 시작한 것이다. 정부의 정책으로 인해 '탈핵, 탈석탄'이란 말을 누구나 하는 시대가 되었다.

정부의 2030 온실가스 로드맵이나 20% 신재생에너지 도입, 그리고 탈핵이나 탈석탄에 대해서 NGO와 시민사회와 지역민들은 반기는 분위기이다. 그러나 그들은 파리협정이 지향하는 감축, 국제사회 흐름을 감안하면 대단히 미흡하다고 주장한다. 온실가스 감축에 직접적으로 투자를 해야 하는 기업입장에서는 현재도 버겁다고 말한다. 탈핵과 관련해서는 일부정치권과 핵사업계 일각에서는 여전히 불만을 표하고 있다.

정부의 기후정책이 파리협정이 지향하는 목표와 과연 부합하는가? 국제적인 흐름과 시각에서 합당한 것인가? 2018년 11월, 발표된 UNEP의 '2018 온실가스 배출 간극 보고서'에 의하면 파리협정의 목표에 한 참 미치지 못한다. 그만큼 간극이 크다는 것이다. 한국뿐만 아니라 G20에 속한 미국과 호주, 캐나다, 터키도 간극이 크다. 보고서는 파리협정이 목표한 '2℃~1.5℃의 온난화를 유지'하려면 3~5배의 노력이 있어야 한다고 강조했다. 2018년, 여름 국제 연구기관인 '기후행동추적Climate Action Tracker'의 분석에 의하면 한국의 온실가스 감축목표는 파리협정의 목표달성에 턱없이 부족하다. 문재인 정부의 기후변화 대응과 에너지전환 의지를 높이 평가하면서도 한국의 기후변화 대응을 '매우 불충분'하다고 평가하고 있다. 그들은 한국이 파리협정 1.5℃ 목표를 달성하기 위해서는 2030년까지 온실가스 배출량을 정부가 약속한 배출량보다 3억 톤 이상 낮은 2억 4000만

톤 이하로 배출해야 된다고 주장한다.

작년 12월, 독일의 민간 연구기관 저먼 위치German Watch가 국제기후행동네트워크CAN, 신기후연구소 등과 연구한 '2018 기후변화수행지수Climate Change Performance Index, CCPI' 보고서를 발표했다. 이 자료는 전 세계 온실가스 배출량의 약 90%를 차지하는 56개국과 유럽연합의 기후 관련 성적을 지표로 나타내고 있다. 한마디로 '기후변화 대응 성적표'다. 한국은 전체 60위 중 57위라는 초라한 성적표를 받았다(1~3위는 없음). 이웃 나라 중국(33위), 일본(49위)보다 낮은 순위다. 온실가스 배출 부문과 에너지 활용 부문에서 저조한 점수를 받은 것으로 나타났다. 최하 등급에 속하는 국가에 G20 회원국이 절반으로 터키(50위), 러시아(52위), 캐나다(54위), 호주(55위), 한국(57위) 등이 그들이다. 최악의 국가는 미국(59위)과 사우디아라비아(60위)였다. 이 보고서의 평가 범주는 온실가스 배출(40%), 재생에너지(20%), 에너지 활용현황(20%), 기후 정책(20%) 등 4가지로 이뤄져 있다.

국제적 시각으로 보면 한국의 기후변화 대응은 꼴찌 수준이다. 온실가스 감축목표와 로드맵을 완성하고, 재생에너지 3020 이행 계획을 수립 시행하고 있지만 아직 미진하다. 최근 들어와 신재생에너지가 각광을 받으면서 도입되고 있으나, 그 정도로는 턱 없이 부족하다. 객관적 시각에서 보면 한국이 세계 10위권의 경제대국이자 G20국가지만, 기후환경 측면에서는 아직도 후진국이다. 국가 온실가스 감축목표도 재생에너지 도입목표도 상향되어야 하고, 기후와 에너지 정책에 획기적 변화가 추가되어야한다. 정부의 기후환경정책과 파리협정의 간극을 메우기 위한적극적인 노력이 있어야 한다. 한국의 경우, 파리협정에 다가서기 위해서 '할 일은 많고, 갈 길도 멀다'.

9. 기후정의 – 생명과 평화의 길

파리협정은 SDGs 2030과 함께 인류사회의 거대한 약속이다. 이미 약속한 만큼 제대로 이행되어야 한다. 이행되지 않는다면, 단지 과거 합의했던 문서에 불과하다면, 지구촌 과학자들이 주장한 바와 같이 인류의 미래는 암담하다. 오늘 우리가 경험하고 있는 기후환경재난이 증폭될 수밖에 없고, 인간을 포함한 자연 생태계와 뭇 생명의 안전을 보장할 수 없다. 파리협정 전후, 현재까지 과학자, 선각자들은 '우리에게 시간이 없다'며 '당장 행동해야 한다'며 기후행동의 화급함을 말하고 있다.

그러나 협정이행의 길은 순탄하지 않다. 2017년 미국의 트럼프Trump 대통령은 '미국의 파리협정 탈퇴'을 선언했다. 그는 대표적인 기후변화과학 부인논자로 '기후변화는 사기다'고 말해온 정치인이다. 세계 2위의 온실가스 배출국이자, 막강한 강대국인 미국의 탈퇴는 파리협정의 미래를 어둡게 하고 있다. 탈퇴의 최종적인 결정은 2020년 하반기 결정될 예정이지만, 트럼프의 미국은 지금까지도 기후과학을 철저히 무시하고 있다. 2019년 1월, 취임한 브라질 보우소나루Jair Bolsonaro 대통령 또한 파리협정의 이행을 거부하며 아마존 열대우림의 개발을 예고하고 있다. 트럼프의 미국을 제외하고, G20에 소속한 세계 경제대국들 중 한국을 포함한 과반수 국가가 파리협정에 절대적 지지를 말하고 있지만, 파리협정이 지향하는 온실가스 감축목표에 미치지 못하고 있다. 2018년 10월, 유엔 산하 IPCC(기후변화범정부간협의체)가 만장일치로 채택한 '1.5℃ 지구온난화 보고서'가 12월의 카토비체 COP24(유엔기후변화당사국 총회)에서 미국 러시아 사우디아라비아 등의 적극적 반대로 채택이 무산되었다. 온실가스배출 감축목표를 강화해야 한다는 주장을 거부한 것이다.

파리협정 이행의 길은 결코 만만한 길이 아니다. 그러나 난관을 이겨내고 가야 한다. 유럽연합은 파리협정의 든든한 버팀목으로 '1.5℃ 온난화'도 수용할 것임을 말하고 있다. 영국, 프랑스 등은 2030년까지 탈석탄을 선언한 바 있고 그들이 이끌고 있는 '탈석탄동맹'이 점점 확산되고 있다. 트럼프의 미국은 기후과학을 부인하며 석탄을 옹호하고 파리협정 탈퇴를 말하고 있지만, 캘리포니아 주는 하와이 주와 함께 파리협정의 준수와 '100% 재생에너지 미래'를 주법으로 확정했다. 또한 2017년, 12월 15개 주와 수백 개의 도시와 지역, 천개가 넘는 기업 등은 '우리는 아직 파리협정에 남아있다We Are Still In'란 캠페인에 동참하고, 트럼프의 탈퇴에 반대하고 파리협정을 지지하는 결의를 담은 '미국의 다짐America Pledge'을 내외에 발표한 바 있다. 또한 중남미의 코스타리카는 세계 최초로 2021년, 독립 200주년에 '100% 탄소제로 국가'로 거듭날 것임을 내외에 선포했었다.

2015년 6월, 세계 가톨릭교회 수장인 프란치스코 교황은 '찬미 받으소서Laudato Si' 이름의 회칙Encyclical을 발표한바 있다. '우리 공동의 집의 돌봄'이란 부제의 회칙에서 교황은 '지금 어머니 지구가 절규하고 있다'며 '우리 인류의 자연생태계에 대한 무책임한 이용과 착취'가 그 이유라며 인류의 각성을 촉구했다. 교황은 '결코 기후환경위기를 미래세대에서 넘겨서는 안 된다'며 '기후행동이 도덕적 책무Moral Imperative'라고 강조한 바 있다. 교황의 주장은 지속가능발전과 기후행동, 빈곤의 추방과 경제정의, 인권보장 수호자로서 세계인들에게 영감을 주고 있다.

기후변화가 먼 나라 이야기가 아니다. 한국의 현실이다. 미세먼지나 폭염이슈를 재난으로 인식하여 대응책을 강구하듯이, 근본적인 요인을 제공하는 기후변화문제를 폭 넓게 정책의 우선순위로 설정해 대응해야 한다. 즉, 온실가스 배출감축 목표를 상향하고, 이를 위해 신재생에너지 확대와 기후친화적인 교통수송, 도시, 산업정책을 가져나아가야 한다. 10위권 경제대국, G20으로서 국제사회에서 파리협정을 모범적으로 이행하는 국가로 평가받아야 한다.

파리협정은 법적으로 2020년 말, 발효될 예정이다. 2018년, 12월 폴란드, 카토비체 COP24(유엔기후협약총회)에서 파리협정의 구체적인 세부 이행계획을 담은 '규정집Rule Book'이 지난한 협상 끝에 채택되었다. 2019년 9월에는 유엔본부에서 각국의 수반들이 참여하는 '유엔기후행동정상회의UN Climate Action Summit'가 예정되어 있다. 파리협정의 이행과정에서 논란이 되는 사항들을 타결하기 위해서이다. 세계 과학자들이 주장했듯이 한국을 비롯해 많은 나라들이 2020년 전후 온실가스 배출의 정점Peak을 찍고, 하강곡선으로 선회해야 한다. '1.5℃ 온난화'도 수용되어야 한다. 파리협정이 제대로 이행되기 위해서 모든 국가, 특히 G20 국가 등 잘 사는 나라들이 추가적인 감축을 약속해야 한다. 파리협정의 이행과 1.5℃ 온난화의 길은 모든 인류가 이미 약속한, 반드시 가야 할 길이다. 그 길이야 말로 이 시대 기후정의의 길이요, 생명과 평화의 길이다.

환경보전을 위한 지역의 참여

지역 환경교육 거점인 환경교육센터의 변화 사례

정수정

1. 시작하며

1970년대 초 우리나라에서 환경문제가 국가적, 사회적 문제로 인식되기 시작하면서, 환경문제 해결을 위한 다양한 노력 중 국민의 인식을 높임으로써 해결하고자 하는 교육적 관심 또한 높아지기 시작했다. 환경교육을 통한 환경문제의 해결, 환경보전은 이 시기를 시작으로 지속적으로 시대와 상황에 맞는 관심과 방식으로 변화하고 발전해 왔다.

1970년대 초부터 1980년대 중반까지의 환경교육은 혹자는 이른 바, 계몽의 시대라고 부르는 시기로 공장의 매연과 오폐수로 인한 하천의 오염, 쓰레기 문제 등 당시 사람들이 무관심했던 환경문제의 심각성을 각종 대중매체를 중심으로 보여주면서, 관심과 주목을 이끌어내기 위해 노력했던 시대였다. 보다 효과적으로 시민들의 관심과 인식을 높이기 위해 때로는 환경문제의 결과로 나타나는 충격적인 결과를 적나라하게 드러냄으로써 각성과 변화를 이끌어내려 노력했던 시기이기도 하다(이재영, 2013).

각성에 대한 충격이 강하면 강해질수록 무디어지는 감각과 무관심에 대한 부정적 영향을 반성하면서, 환경문제와 그 해결에 대한 합리적이고 체계적인 학습과 교육을 강조하는 노력들이 80년대 중반 이후 강조되기 시작했다. 이 시기에 UNESCO와 UNEP을 중심으로 하는 세계 환경교육 이론과 지침들이 국내에 처음 소개되기 시작하면서, 한국환경교육학회가 1989년 창립되고, 학교환경교육을 중심으로 환경, 환경문제에 대한 지식을 강조하는 경향이 두드러지게 나타났다. 환경 · 환경문제에 대해 알게 되면, 이에 대한 태도가 변하고, 사람들의 이러한 태도는 행동의 변화로 이어질 것이라는 '환경교육 행동모델'에 기반한 이 접근은 사람들이 행동 변화를 실제화하기에 보다 더 복잡한 과정과 내면의 변화를 거쳐 기대하는 행동변화를 이끌어내기 어렵다는 것을 인식하면서, 다른 해결책에 관심을 갖기 시작했다.

바로 1990년대 중반 이후 지금까지 중요하게 여겨지고 있는 '체험의 중요성'이다. 자연 그대로의 아름다움과 이에 대한 감수성, 우리가 노력하면 환경문제를 해결할 수 있다는 긍정적인 감성과 상상력을 부각하여 변화를 이끌어내고자 하였다. 체험환경교육에서 중요한 것은 현장체험, 자연체험에서 얻은 관심과 감성, 공유를 일상적인 삶과 연계하는 것이라 할 수 있다. 단순한 개인적 경험에 그치지 않고, 일상적 삶과 연결되고 환경문제를 적극적으로 해결하는, 행동하는 시민으로의 변화가 체험환경교육에서 놓치지 말아야 할 부분이라 할 수 있겠다.

따라서 2000년 이후, 이러한 측면에서 '참여'에 대한 관심과 중요성을 강조하는 사회적 분위기가 조성되고 있다. 시민들의 가치관과 삶의 방식 변화, 환경문제 해결에 대한 적극적인 참여를 이끌어내어야 하고, 이 과정들이 지속가능한 사회를 만들어가는 밑거름이 될 수 있다는 것이다.

우리가 직면하고 있는 심각한 환경문제, 더 나아가 지속가능성의 문제는 매우 복잡하고 다양한 이견이 존재한다. 이 때문에 원인과 해결책을 정의하는 일 조차 어려워지고 있어, 하나의 정책이나 해결방법으로 풀기 어렵고 정부나 어느 한 주체의 책임을 넘어서기 또한 어렵기 때문에 개인과 집단, 기관, 정부, 국가 사이의 상호작용과 협력이 그 어느 때보다 필요한 시기이기도 하다.(Stern&Hellquist, 2017) 이러한 환경 협력체계의 구심점이 되고 있는 주체 또는 거점이 지역의 환경교육센터라 할 수 있겠다. 환경교육센터는 환경교육과 관련한 다양한 활동이 일어날 수 있도록 인력, 자원, 프로그램 등을 마련, 운영, 관리, 지원하는 교육시설(이재영, 2003)로서 중요한 환경교육 제공자이며 주체이다. 따라서 이 글에서는 환경보전을 위한 지역 참여의 거점이 되는 환경교육센터의 변화를 통해 지속가능한 사회를 위한 지역의 참여와 관심 또한 어떻게 변화하고 있는지를 살펴보고자 한다.

환경교육센터는 지역이나 다양한 환경적인 장소에 기반을 두고 지역에서 환경교육을 수행하고 있는 대표적인 환경교육 장場이다.

2000년 이후 국내에는 기후변화교육센터, 에너지교육센터, 산림교육센터, 에코센터, 자원순환교육센터(업사이클센터), 환경센터 등 다양한 이름과 형태로 환경교육센터가 만들어지고 운영되고 있다.

이들 환경교육센터들을 살펴보면, 기존의 전통적인 환경교육인 대기, 물, 생태, 에너지, 쓰레기 등 주제중심의 관심에서 장소를 기반으로 한 환경교육의 범주로의 관심이 확산되고 변화하고 있음을 볼 수 있다. 전국의 모든 환경교육센터가 모두 그러한 것은 아니지만 몇몇 사례에서 나타나는 이러한 변화는 지역을 중심으로 하는 환경교육이 다양해지고, 시대가 요구하는 환경교육의 역할 변화가 존재한다는 의미라고도 할 수 있겠다.

따라서 이 글에서는 다양한 환경교육센터들의 사례를 통해 지역과 장소를 기반으로 하는 환경보전을 위한 지역 참여의 변화와 확산 추이를 살펴보고자 한다.[1]

2. 환경과 관련한 주제 중심에서
지속가능한 삶, 관계에 대한 관심으로

 기존의 환경교육이 생태, 생물다양성, 숲, 하천, 갯벌, 기후변화 및 에너지, 물, 대기, 폐기물 등 자연생태와 생활환경 문제 등에 관한 주제를 중심으로 환경교육 프로그램을 기획하고 운영하였다면 최근의 환경교육센터들은 같은 주제를 다룸에 있어서 각 주제의 지식 내용적 맥락, 체험 중심의 접근과 더불어 이러한 주제들이 우리의 지속가능한 삶과 어떻게 연계되어 있는지에 대한 관점에서 다루고자 노력하는 점들이 두드러지게 나타나고 있다.

 자연환경 속에서 느끼고, 체험하고, 그 경험을 나누기, 기후변화와 에너지 문제 등 전 지구적 문제와 생활 환경문제에 대한 심각성을 인식하고 지속가능한 실천방안을 모색하는 것에 그치지 않고, 이러한 주제와 내용들이 우리가 살아가는 지속가능한 사회와 지속가능한 삶을 어떻게 연계할 것인지에 대한 고민들이 환경교육 프로그램을 통해 녹여지고, 참여하는 시민들과 함께하기 위해 노력하고 있다.

 전통적인 폐기물 관련 교육을 자원순환과 업사이클 등을 통한 문화와 예술 프로그램으로 확장하여 폐기물이라는 부정적인 시선을 긍정의 시선으로 돌리고, 실생활에서의 지속가능한 순환구조를 만들기 위해 노력하는 센터들이 대표적이라고도 할 수 있는데, 2012년 경기도 화성시에서 설립하고 지역 민간단체에서 위탁 운영을 하고 있는 화성 에코센터, 2016년 서울시에서 설립하고 서울디자인 재단에서 운영을 하고 있는 서울새활용플라자 등이 있다.

기후변화와 에너지 분야에서는 에너지 관련 환경문제 해결에 기반해 지속가능한 삶과 공동체를 실천하고자 하는 적극적인 노력을 펼친 사례도 나타나고 있는데, 2017년 입주를 시작해 문을 연 노원 에너지제로 주택단지가 있다. 제로에너지 기술을 기반으로 단일 건물이 아닌 공동주택단지 최초로 에너지자립 주택을 지향하는 실증단지로 기술적인 측면에 머무르지 않고 단지 내 협동조합 커뮤니티를 구성해 환경적으로 지속가능한 공동체의 삶을 추구하는 것을 목표로 하고 있다. 아직은 초기 단계라 협동

〈그림 1〉 노원 에너지제로 공동주택 (출처 : 노원에코센터 사무국)

〈그림 2〉 노원 지구의 길에서

조합 구성을 통해 주거환경의 실질적 문제 해결에 관심이 집중되고 있지만, 거주 공동체가 함께 지속가능한 커뮤니티 조성과 발전을 위해 공동의 가치를 실현하는 모범적인 사례로 발전하기를 기대한다.

　지속가능한 삶, 관계에 대한 관심은 통상적으로 과학교육의 영역으로 인식되어 온 지구사, 우주와 관련한 주제를 인간과 인간 생활, 생명의 근원과 소중함, 공생, 상호관계, 우주 안에서 인간 등 관계를 중심으로 재조명하고 풀어나가고자 노력하기도 한다. 바로 노원 지구의 길, 노원 우주학교가 그 사례인데, 이들 환경교육센터들은 과학관, 천문관, 과학교육에서 다루어왔던 지구과학적 사실에 입각한 요소들을 인간과 환경의 관점에서 그 근원을 되짚어보고 현재 삶을 이야기하는 보다 가치중심적 교육 프로그램을 통해 지역 참여의 다양성을 확장하고 있다.

환경 관련 주제와 지속가능한 삶에 대한 연계 추구	(1)

- 자연환경 속에서의 체험, 경험을 나누고 지구·생활 환경문제에 대한 인식과 실천방안 모색에 그치지 않고, 이러한 주제와 내용들이 우리의 지속가능한 삶과 어떻게 연계되게 할 것인지에 대한 고민을 프로그램에 녹여내고 있음

(2)	환경문제 해결에 기반한 지속가능한 삶과 공동체 추구

- 에너지 등의 환경문제 해결에 기반한 지속가능한 삶과 공동체를 교육 프로그램을 넘어서 실제화

인간과 환경과의 관계에 대한 재조명	(3)

- 과학교육 영역으로 인식되었던 지구사, 우주 관련 주제를 인간과 환경의 관점에서 그 근원을 되짚어보고 현재의 삶을 이야기하는 프로그램으로 재구성 운영

〈그림 3〉 지속가능한 삶, 환경과의 관계에 대한 관심으로의 확산

〈표 1〉 지속가능한 삶, 환경과의 관계에 대한 관심으로 확산하는 사례[2]

구분	환경교육센터 사례	운영 내용
환경 관련 주제와 지속가능한 삶에 대한 연계 추구	화성시 에코센터 http://www.hs-ecocenter.or.kr	· 지역주민의 자발적인 제안을 통해 행정과의 파트너십으로 만든 환경교육센터 · 자원순환을 주제로 하는 지역센터의 역할을 수행하기 위해 자원순환 교육 프로그램뿐만 아니라 마을연대 프로그램을 개발하고 진행하고 있음
	서울새활용플라자 http://seoulup.or.kr	· 업사이클링을 주제로 자원에 대한 새로운 가치를 만들어내는 자원순환 정착을 위한 전시와 교육 프로그램을 진행함 · 건강한 순환을 위한 새활용 체험교육, 균형있는 생산과 참여하는 유통 및 지혜로운 소비, 새활용 실천 시민운동을 목표로 운영하고 있음
	에버랜드 식물사랑단 http://www.everland.com	· 테마파크로서의 에버랜드가 아닌 식물원으로서의 정체성을 기초로 한 어린이들을 위한 정원 교육 프로그램으로 생활 속 정원과 정원 내 자연요소들과의 만남을 주제로 프로그램을 운영 · 12달의 정원과 식물을 주제로 유아, 초등 저학년 및 중학년을 대상으로 환경교육 프로그램을 진행함

구분	환경교육센터 사례	운영 내용
환경문제 해결에 기반한 지속가능한 삶과 공동체 추구	노원 에너지제로주택 http://www.nowon.kr	· 제로 에너지 기술을 기반으로 120여 세대의 실제 거주자들이 입주해 생활하면서 에너지자립을 실천하고 지역에 확산하는 것을 목표로 세워진 공동주택단지 · 실증단지의 목표를 달성할 수 있도록 일반 세대와 이들의 조력자이자 활동 촉매자 역할을 할 수 있는 공동체 및 환경교육 관련 전문가를 위한 세대가 함께 참여하고 있음
인간과 환경과의 관계에 대한 재조명	노원 지구의 길 http://ecocenter.nowon.kr	· 지구 46억년 역사를 노원 에코센터 주변 460m 길에 실외전시물로 구현해 놓음 · 46억년 지구사 중 환경과 생명의 관계, 공생, 상호작용 측면에서 중요한 사건으로 볼 수 있는 약 27개의 사건을 일반인들이 쉽게 접근할 수 있도록 전시·휴게·놀이가 가능한 형태의 조형물로 배치함 · 전문 해설사들이 인간과 환경과의 관점에서 교육 프로그램을 예약제로 진행하고 있음
인간과 환경의 관계에 대한 재조명	노원 우주학교 https://www.nowoncosmos.or.kr	· 2009년 서울영어과학교육센터로 시작해 2016년 리뉴얼을 거쳐 2017년 노원 우주학교로 개관한 센터임 · 과학의 관점에서 보는 우주를 기반으로 우주 진화사라는 맥락 안에서 우주가 나를 있게 한 역사이고 나의 이야기임을 중심으로 교육 프로그램 및 전시해설 프로그램 운영 · 우주(지구) 속에서 나의 자리와 어떻게 살아갈 것인지에 대한 의미를 찾아보는 것을 핵심 메시지로 전달하고자 함

3. 개인의 문제에서 우리의 문제, 지역의 문제로

지역 환경교육센터와 이를 통한 지역의 참여 변화에서 또 하나 주목할 만한 점은, 환경교육을 통해 개인의 인식과 변화, 참여를 중요시했던 과거에 비해 환경문제를 우리의 문제, 지역사회의 문제로 인식하고, 공동의 참여와 협력을 통해 해결해나가고자 하는 노력이 나타나고 있다는 점이다.

환경문제의 해결에 국한하지 않고, 환경교육이라는 범주를 각종 지역사회 네트워크를 통해 공동체를 공고하게 하고, 지역사회 회복탄력성을 강화하며 지역에서의 삶의 질을 높이는 데까지 확산하고 있다.

2016년 성남시에서 수립한 '성남시 환경교육계획'에서는 마을 중심의 가능성을 바탕으로 "환경교육으로 만드는 생명공동체"를 비전으로 삼은 바 있을 정도로 이제 환경교육은 전통적으로 다루어왔던 환경문제를 넘어서 지역사회 문제와 마을 공동체의 문제를 해결하고자 노력하고 있다.

이미 잘 알려져 있는 성미산 마을의 다양한 네트워크를 통한 마을 공동체 활동 사례에서도, 시흥 에코센터의 우리 지역 이해하기 프로그램인 '그 프로젝트' 사례에서도, 9개 지방자치단체를 통과하는 중랑천의 하천 생태계 복원의 구심점 역할을 위해 만들어진 중랑천 환경센터 사례에서도 지역사회 문제 해결을 위한 노력을 찾아볼 수 있다.

또한 유네스코에서 지정하는 생물권보전지역의 지속가능발전교육 사례들 또한 지역의 생물다양성을 기반으로 지역사회 회복탄력성 강화와 생태적으로 건강한 지속가능한 발전을 추구하는 환경교육으로 의미 있는 시사점을 주고 있으며, 이 모든 사례들이 환경보전과 지속가능한 지역을 위한 시민들의 참여를 통해 공고해지고 발전해 나가고 있다.

〈표 2〉 개인의 문제에서 지역사회로의 협력과 공동체를 강화하고자 하는 사례[3]

구분	환경교육센터 사례	운영 내용
지역사회 협력과 공동체 강화 추구	성미산 마을 네트워크 http://cafe.daum.net /sungmisanpeople	· 성미산 마을숲 지키기 활동 시작 · 마을 교육·경제·복지·주거 네트워크 등의 다양한 네트워크 운영 · 의료·문화·생활 협동조합 운영
	시흥 에코센터 http://www.sh-ecocenter.or.kr	· 관내 초등 6학년 대상 11차시 프로그램 '그 프로젝트' 운영 · 시흥지역의 곳곳을 알고, 시흥의 사람들을 만나고, 시흥의 소리와 풍경을 담아 아카이브를 만들면서 지역사회와 만나고 소통하는 프로그램 · 문화예술 분야 협력 프로그램
	중랑천 환경센터 http://jr1000ecocenter.nowon.kr	· 9개 지방자치단체를 통과하는 하천의 특성상 네트워크와 연대를 통한 하천 생태계 복원이 해결방안임을 인식하고, 하천 환경교육의 거점을 위해 설립한 물환경교육센터
지역 생물다양성을 기반으로 한 지역의 지속가능발전 추구	생물권보전지역 지속가능발전교육	· 생물권보전지역의 의미에 맞는 지역에서의 삶을 지속하고 실천하기 위한 다양한 지역주민과 방문객들을 위한 지속가능발전교육 프로그램 기획 및 운영

- 환경문제의 해결 분만 아니라 환경교육 범주를 각종 네트워크를 통해 지역사회 공동체를 공고히 하고, 지역사회의 회복탄력성을 강화하여 지역에서의 삶의 질을 높이는 것으로 확산

(2) 지역 생물다양성을 기반으로 한 지역의 지속가능발전 추구

- 지역의 생물다양성을 기반으로 생태적으로 건강한 지속가능한 지역발전을 추구하는 환경교육

〈그림 4〉 개인의 문제에서 우리의 문제, 지역의 문제로, 지역사회 네트워크 강화

내창극장 '푸른하례☆은하수' … 3회째 이어져
영상 · 토크쇼 · 주민무대 · 밴드공연 어우러진 저녁 행사

🕐 19:00 ~ 20:00
📍 물고랑소 내창 극장

2015년 첫 내창극장 현장. 하례리 댁물에 모인 주민들과 관광객들이 흥겹게 공연을 관람하고 있다. [사진=꿈꾸는고물상]

축제 첫 해부터 전통적으로 진행되어왔던 내창극장 '푸른하례☆은하수'가 이번 축제에도 역시 저녁 프로그램으로 준비되었다.
별 총총한 하늘을 배경으로 물고랑소에 스크린이 걸리고, 효돈천의 아름다움을 함께 공감할 수 있는 영상이 상영된다. 이후 생태관광과 내창축제를 위해 애쓰고 있는 마을 분들을 초청하여 이야기를 들어보는 토크 콘서트, 마을 주민들의 연주와 시낭송, 작년 내창극장의 분위기를 한층 달아오르게 했던 시니어칠십리 밴드의 무대가 이어진다.
매년 내창극장을 주관하여 진행해 온 하례예술놀이터 '꿈꾸는 고물상'은 "회를 거듭할수록 주민 참여 무대의 비중이 높아지고 있다"면서 "가을 밤 내창에서의 야외공연과 영상제가 우리 마을 축제만의 전통으로 잘 이어져가길 기대한다"고 밝혔다.
내창극장 '푸른하례☆은하수'는 저녁 7시부터 약 한 시간 동안 진행된다. 가을 저녁 날씨가 서늘할 수 있으니 따뜻한 옷차림이 필요할 것으로 보인다.

〈그림 5〉 제주도 생물권보전지역 지역맞춤형 지속가능발전교육 사례
(출처 : 제주도 생물권보전지역 하례리 홍보자료)

〈그림 6〉 시흥에코센터 지역사회 알기 프로그램 '그 프로젝트'(출처 : 시흥에코센터 사무국)

4. 환경교육 서비스를 제공받는 것에서
양방향 의사소통으로

환경교육센터와 지역의 참여에 있어서 지속가능한 삶의 문제와 지역사회 문제를 해결하고, 공동체를 회복하는 역할을 수행하고 지역사회센터로 그 범주를 확장하면서 특징적으로 나타나는 모습 중 하나는 환경교육 서비스를 제공받는 참여자의 입장에서 서비스를 제공하는 주체가 되기도 하고, 받기도 하는 양방향 의사소통이 일어난다는 점이다.

환경보전활동, 환경교육 프로그램들이 환경교육센터나 전문가들에 의해 기획 및 개발되어 제공되었던 초기 단계에서 벗어나 환경교육 프로그램의 기획단계의 기본 틀을 갖춘 상태에서 지역 주민과 참여자들이 스스로 발전시키고, 만들어 나가면서 개발과 참여의 주체가 되어 나머지를 완성해가는 양방향의 참여로 진화하고 있다.

대표적인 사례인 노원에코센터는 프로그램이 없을 때에도 지역주민 누구나 에코센터 공간을 자유롭게 활용할 수 있도록 1층 열린공간, 작은 도서관과 유아들을 위한 마룻바닥 놀이공간을 마련하여 지역 커뮤니티 공간으로의 개방성을 갖추고 있다.

앞마당인 '모두를 위한 정원'은 도시 농업을 주제로 다양한 관내 주체들이 그룹으로 모여 공간을 스스로 기획, 조정하고, 나누어 그룹별 주제에 맞춘 정원을 만들어 전체를 구성한 정원이다. 교육 프로그램의 상당 부분을 에코센터 환경교육자가 아닌 지역

노원에코센터의 주민들이 만들어가는 공간(출처 : 노원에코센터 사무국)

주민 전문가가 구성하고 센터의 교육공간에서 자발적으로 프로그램을 진행하는 등 지역의 환경교육센터를 공유와 확산의 공간으로 활용하고 있다.

　이러한 과정을 통해 환경교육센터와 참여하는 주민들은 환경교육센터를 환경교육을 받으러 가는 수동적인 서비스를 제공받는 센터가 아닌 누구나 나의공간으로 인식하고, 참여하고, 주인이 되는 센터로 인식하고, 일상적인 삶의 공간으로 자리 잡게 된다. 결국 이는 지속가능한 지역발전과 지역문제 해결에 앞장서는 능동적이고 주체적인 시민으로 성장할 수 있는 계기를 만들어 준다.

5. 정리하며

환경보전을 위한 지역의 참여는 앞선 글에서 살펴본 환경교육센터를 통해서뿐만 아니라, 우리 사회의 다양한 곳에서 각기 다른 방식으로도 진행되고 발전해왔다. 다만, 이 글에서 환경교육센터의 변화를 중심으로 지역 참여의 변화를 살펴보고자 한 것은 환경교육센터는 그 위치한 곳이 숲, 하천, 공원, 바다 등의 자연환경이 되었건 도심이나 지역의 어느 장소가 되었건 위치한 장소와 지역에 기반한 환경교육을 수행하는 역할과 책임을 부여받고, 이를 중심으로 참여하는 적극적인 시민들이 다수 존재하기 때문이다.

환경보전과 이를 위해 행동하는 적극적이고, 환경적 가치를 공유하는 시민을 이끌어내는 환경교육을 수행하는 기관인 환경

〈표 3〉 환경교육 서비스를 제공하는 것에서 양방향 의사소통으로[4]

환경교육센터 사례	운영 내용
노원 에코센터 http://ecocenter.nowon.kr	• 에코 디자인 프로그램인 '센터에서 만나는 친환경 생활의 달인', 지역 전문가와 함께하는 목공예 프로그램인 '순환과 창조 공방' 등의 지역주민 교사 프로그램 기획 및 운영 • 지역사회에서 요구되는 주민참여 사업과 소모임방 개설과 운영을 통해 에코센터를 커뮤니티 장으로 활용
모두의 정원	• 지역주민이 함께 만드는 모두의 정원 공간 마련 • 그룹별, 모임별, 세대별 다양한 구성원들의 정원 만들기 사업과 함께 정원과 주변에서 자라는 다양한 풀을 이용한 풀草요리 기획강좌 운영

교육센터는 2000년대 이후 지금까지, 그리고 그 이후로도 지속적으로 만들어지고 운영될 것으로 기대하는 바이다. 새롭게 만들어지는 환경교육센터들이 갖는 친환경적 지향성과 환경교육을 통한 시민의 변화가 지속가능한 발전을 추구하는 현대 사회의 지향성과 맥락을 함께하게 된다면 매우 긍정적이고 고무되는 일이라 할 수 있겠다.

전국의 모든 환경교육센터와 이에 참여하는 지역이 지속가능한 지역사회센터가 되어야만 한다라기보다는, 환경교육의 주제와 방향이 점차 다양화되고 그 범주가 확산되면서 지속가능발전의 복잡성과 다양성을 담을 수 있는 기회와 노력들이 많아지고 있다는 점에 주목해야 할 것이다. 이는 우리가 함께 연구하고, 준비하며, 참여할 기회가 보다 다양해지고, 건강한 미래 목표를 위한 공동의 협력이 필요하다는 의미일 것이다.

녹색생활과 통계정보

허순영

1. 산업화의 두 얼굴

고고학자들은 지구의 나이를 약 45억 년 정도로 추정한다. 그리고 지구에 최초로 인류의 조상이라 할 수 있는 인간과 닮은 동물이 나타난 시기는 지금으로부터 약 300만~500만 년 전으로 추정하며, 오늘날과 같은 인간의 모습으로 현대 인류의 직접적인 조상이라고 할 수 있는 사람들이 살았던 시기는 약 4만~5만 년 전으로 추정한다. 이들은 직립보행을 하고 수렵채취를 하였고 불을 사용했으며 돌로 도구를 만들어 사용하였다. 미국 출신의 인류학자인 엘리자베스 미셜 토머스는 그녀의 소설『세상의 모든 딸들*Reindeer Moon*』에서 약 2만 년 전 시베리아 남부지방에 살았던 중기구석기인들이 순록이나 곰, 맘모스 등의 사냥감을 찾아 동물들의 이동경로를 따라 춥고 황량한 시베리아 벌판을 여행하며 자연에 순응하며 살아가는 모습을 생생하게 그리고 있다.

자연에 순응하며 살던 인간들은 약 1만 년 전 신석기시대부터 농사를 짓고 가축을 키우기 시작하면서 자연을 개발하고 지배하는 삶을 살기 시작한다. 농사를 짓게 되자 농업을 통해 발생한 잉여생산물을 처리하기 위한 상업이 발달하였고 상업지역을 중심으로 도시화가 진행되었다. 이처럼 농업의 시작은 인류에게 있어서 문명 발달의 출발점이 되었다. 그러나 농사를 짓기 위해서는 개간된 토지가 필요하고, 토지를 개간하기 위해서는 풀을 베거나 나무를 벌목하고 돌을 고르는 등의 과정들이 수반된다. 또 상업이 발달되면서 교통이 편리한 곳에 모여 만들어진 상업지역을 중심으로 도시가 형성되면서 도로가 건설되고 건축물들이 밀집되는 과정에서 자연의 훼손이 수반되었다. 즉 자연의 입장에서 보면 인간에 의한 농사의 시작은 자연훼손의 출발점이라고 할 수 있다.

'문명화文明化'의 사전적 정의는 '사회의 물질적, 기술적, 사회조직적 발전상태가 높은 수준이 됨'이다.[1] 최근 우리는 제4차 산업혁명시대를 살고 있다.

제1차 산업혁명은 증기기관의 발명에서 출발한다. 기존의 사람 손에 의지하던 농사나 가내수공업의 산업형태에서 벗어나 증기의 힘을 이용하는 증기기관을 사용하게 되었고 제품의 대량생산과 대량수송이 가능해졌다. 제1차 산업혁명의 중요한 요소는 증기기관을 제작하고 가동시킬 석탄과 철의 공급이다. 제1차 산업혁명의 출발지인 영국을 중심으로 서양의 여러 국가들은 석탄과 철의 원활한 공급을 위해 많은 탄광과 광산들을 개발하였다. 제2차 산업혁명 시대는 전기의 발명으로부터 출발한다. 전기의 발명은 산업과 가정 및 개인의 삶 전반에 영향을 미치기 시작했다. 전기를 이용한 근대식 대량생산이 가능해졌고, 전기를 이용하는 전차가 등장했으며, 가정에서는 전기냉장고와 전화를 사용하게 되었다. 이 시기의 전기는 주로 수력발전과 화력발전을 통해 생산되었는데, 화력발전소를 가동하기 위해서는 많은 양의 석탄과 석유와 같은 에너지원을 필요로 하였다. 석유에 대한 수요증가는 원유를 가공하는 석유화학공업의 발전을 가져왔다. 그러나 제1차 산업혁명과 제2차 산업혁명을 거치면서 급격히 증가한 화석연료의 사용은 환경오염과 지구온난화라는 심각한 부작용을 수반하였다.

오늘날은 늘어난 전력수요를 감당하기 위해서 수력발전소나 화력발전소뿐만 아니라 원자력발전소, 태양광발전소, 풍력발전소, 조력발전소 등을 통해 전력을 생산하고 있다. 그 중 최근 전 세계 전력공급양의 약 15%를 차지하는 원자력발전소는 화력발전과 같은 탄소가스배출에 의한 환경오염문제는 없지만, 사고발생 시 방사선누출에 따른 심각한 환경오염을 초래할 수 있고 핵폐기물 처리라는 문제점을 지니고 있다. 우리는 1986년 우크라

이나(구소련)에서 발생한 체르노빌 원자력 발전소 사고나 2011
년 일본 도호쿠東北 지방의 태평양 연안에 있는 산리쿠三陸 지역
해안에서 발생한 지진의 영향으로 초래된 일본 후쿠시마 제1원
자력 발전소 사고를 통해 원자력발전소의 방사선누출이 인간과
자연에게 얼마나 큰 재앙을 가져오는 지를 목도한 바 있다.

제3차 산업혁명 시대는 개인용 컴퓨터와 인터넷을 기반으로
하는 정보통신기술을 통한 생산성 혁신과 사무자동화의 시기로,
기존의 아날로그 환경의 산업이 디지털 환경의 산업으로 전환되
는 시기이다. 개인용 컴퓨터에 대한 수요 증가, 이동전화와 같은
모바일 기기의 대중화, 인터넷 사용량의 증가 등은 그와 같은 첨
단기기에 사용되는 막대한 양의 첨단소재들에 대한 공급을 요구
하였고, 원활한 무선인터넷 환경을 위해 선진국들은 경쟁적으로
인공위성을 띄우고 있다. 미국의 경우, 최근부터 2024년까지
12,000대의 인공위성을 추가로 띄워 1Gbps^{2}급 초고속 인터넷
망을 구축한다는 계획을 세우고 있다.(황승환, 2018) 이러한 무분
별한 인공위성의 발사는 수명이 다했지만 수거되지 않고 지구주
위를 돌고 있는 인공위성들로 인한 심각한 우주쓰레기 문제를
야기하고 있다.

현재 우리가 직면하고 있는 제4차 산업혁명 시대는 인공지능,
사물인터넷, 클라우드 컴퓨팅, 빅데이터 등 첨단 정보통신기술
이 주도하는 시기이다. 컴퓨터 기술의 발전과 저렴해진 컴퓨터

가격은 클라우드 컴퓨팅이라는 기술을 통해 비교적 저렴한 가격에 엄청난 양의 데이터를 축척 및 분석하는 것을 가능케 했고 컴퓨터에게 많은 양의 자료를 학습시켜 서비스를 제공하는 인공지능로봇을 가능케 했다. 또 인터넷으로 연결된 기기들 간에 정보를 주고받으면서 새로운 형태의 서비스를 제공하는 사물인터넷도 가능케 되었다. 이 모든 변화를 우리는 문명화라고 한다. 그러나 이러한 변화는 필연적으로 크고 작은 여러 형태의 자연훼손을 수반한다. 최근 지구는 지구온난화에 따른 기후변화와 해수온도의 상승, 도처에서 발생하는 강한 지진 및 해일 등 훼손된 자연으로 인한 공격을 온 몸으로 겪고 있다.

우리나라의 환경재단과 일본의 환경 단체인 아사히 그리스 재단은 1992년부터 매년 세계 90여 개국의 정부, 지방단체, 기업, NGO, 학계 등의 환경전문가를 대상으로 설문조사를 실시하고 조사된 결과를 사용하여 지구환경의 위기정도를 시각으로 나타내는 세계환경위기시계의 시각을 발표하고 있다.(EBS 어린이 지식e) 세계환경위기시계의 12시는 인류생존이 불가능한 시각을 의미하고, 9시에서 12시 사이는 매우 불안함을 의미한다. 세계환경위기시계에 따르면 2018년 전세계의 환경위기시각은 9시47분이고 우리나라의 환경위기시각은 9시35분이다(윤지로, 2018). 즉 환경전문가들은 최근 지구의 환경문제를 매우 심각하고 불안한 상태라고 판단한다는 것이다.

2. 국제기후보호협약

지구환경 문제에 대한 범세계적 위기감은 1992년 6월 브라질 리우데자네이루에서 세계 각국 정부대표들과 민간단체가 모여 공동으로 참여하는 국제회의를 개최하도록 하기에 이르렀다. 이 회의에서 국제기후변화협약United Nations Framework Convention on Climate Change, UNFCCC[3]이 채택되었고 참가국들은 지구환경보호를 위해 범세계적인 노력을 기울일 것에 합의했다. 이 협약은 1994년 3월 21일 자로 공식 발효되었고, 우리나라는 1993년 12월에 이 협약에 가입했다. 그러나 이 협약은 각국이 지구환경보호를 위해 노력하겠다는 선언에 불과한 것으로 강제성은 띠지 못했다.[4]

국제기후변화협약에 의해 1995년 이후 매년 당사국총회COP, Conference of Parties가 개최된다. 2018년 당사국총회는 폴란드 카토비체에서 개최되었다. 당사국총회는 국제기후변화협약의 최고 의사결정기구로 이 협약의 소속 국가들이 모여서 지구환경에 대한 학술적 연구결과를 나누고 각국의 환경정책이나 협약사항 이행방법 등 주요 사안들을 점검하고 논의하는 공식총회이다.

1997년 일본 교토에서 열린 제3차 당사국총회COP3에서는 미국 등 선진 38개국의 온실가스 감축 목표치를 규정하고, 이를 이행하지 않는 국가에 대해서는 규제하는 등 구체적인 이행방안에 대한 협약이 채택되었는데 이를 교토의정서[5]라고 한다. 이 협약은 2005년 2월 16일 공식 발효되었다. 국제기후변화협약이 선언적인 약속이었다면 교토의정서는 국제기후변화협약에 대한 구체적인 이행방안을 규정한 국제규약이다. 이 교토의정서는 2020년까지 적용된다. 그러나 2001년 3월 미국은 자국의 산업보호를 이유로 이 협약을 탈퇴하였고 이후 일본, 캐나다, 러시아 등도 탈퇴하였다.

교토의정서는 미국 등 여러 나라가 탈퇴하였을 뿐만 아니라 세계 최대 온실가스 배출국인 중국 등이 온실가스 감축의무 대상국에서 배제되었기 때문에 실효성이 없다는 주장이 제기되어 왔다. 따라서 지구환경보호를 위한 실효성 있는 새로운 국제협약을 필요로 하였다. 이에 2015년 12월 12일 프랑스 파리에서 개최된 제21차 당사국총회COP21에서는 총회에 참석한 195개 당사국 모두 온실가스 배출량의 감축목표를 자발적으로 설정하고 제출한 후 단계적으로 감축한다는 협정이 채택되었고 만장일치로 통과되었다. 이 협정을 '파리기후변화협정Paris Climate Change Accord' 또는 '파리협정Paris Agreement'이라고 부른다. 이 협정은 교토의정서가 만료된 이후인 2021년 1월 발효된다.

우리나라는 파리총회를 앞둔 2015년 6월, 2030년의 목표연도 배출전망치 대비 37%의 온실가스를 감축한다는 목표를 유엔에 제출하였다. 미국은 오바마 전 대통령의 강력한 지지하에

2024년까지 2005년 배출량 대비 26~28% 감축을 약속하였으나 트럼프 대통령이 재임 중인 2017년 8월 파리협정을 탈퇴하였다.[6]

가장 최근에 열린 당사국총회는 제24차 총회COP24로 2018년 12월 17일 폴란드 카토비체에서 열렸다. 이 총회에서는 파리협정을 이행하는 데 필요한 세부 이행지침rulebook이 마련되었다. 그러나 미국이 이미 파리협정을 탈퇴하였고 자국의 이익을 위한 다른 나라들의 추가 탈퇴가 우려되는 상황이라 파리협정의 실효성에 대한 우려의 목소리도 높다. 그럼에도 불구하고 환경문제를 연구하는 학자들은 지구가 온실가스 감축 등 지구환경보호를 위해 지금보다 더욱 적극적인 노력이 없다면 지구생존이 불가능함을 지속적으로 경고하고 있다.

3. 우리나라 환경통계

우리나라가 2005년 6월에 유엔에 제출한 온실가스 감축목표에 의하면, 온실가스 감축을 위해 아무런 노력을 기울이지 않았을 때 예상되는 2030년 온실가스량 대비 최소 37%를 2030년까지 감축해야 한다. 2020년 효력이 끝나는 교토의정서에서 우리나라는 감축의무 대상국에 포함되지 않았으나 우리나라 정부는 이미

2008년 8월 15일 '제63주년 광복절 (및 대한민국 건국 60주년) 대통령 경축사'를 통해 '저탄소 녹색성장Low Carbon, Green Growth'을 국가비전으로 제시한 바 있다.[7] 녹색성장이란 '에너지와 자원을 절약하고 효율적으로 사용하여 기후변화와 환경훼손을 줄이고 청정에너지와 녹색기술의 연구개발을 통하여 새로운 성장동력을 확보하며 새로운 일자리를 창출해 나가는 등 경제와 환경이 조화를 이루는 성장'[8]을 말한다. 이후 2009년 1월에는 녹색성장위원회가 대통령 직속기구로 설치되었다가 현재는 국무총리 소속으로 되어 있고, 2010년 4월 14일부터는 '저탄소 녹색성장 기본법'이 제정되어 시행되고 있다.

우리나라 통계청 국가통계포털Korean Statistical Information Service, KOSIS과 환경부 환경통계포털 사이트에서는 우리나라에서 생산되는 각종 환경관련통계를 제공하고 있고, 이런 통계자료를 통해 누구나 쉽게 우리나라 환경상태의 현주소를 파악할 수 있다.

1) 통계청 국가통계포털의 환경통계

통계청 국가통계포털에는 총 34종의 환경관련통계가 제공되고 있다. 〈표 1〉에는 통계청 국가통계포털에서 제공하는 환경관련통계 목록이 제시되어 있다. 〈표 1〉의 수록기간은 2019년 2월 현재 각 통계의 통계수치가 제공되는 기간이다. 통계청 국가통계포털 사이트에서 국내통계 → 주제별통계 → 과학·환경 → 환경을 통해 이 통계들에 대한 자세한 설명과 통계수치들을 확인할 수 있다. 국가통계포털에는 〈표 1〉의 각 통계에 대한 세부 통계항목들이 주어지는데, 각 세부항목의 통계수치는 수록기간과 수록주기가 다를 수 있다. 예를 들어, 번호 3의 '기후변화감시통계'에는 안면도 대기복사, 안면도 반응가스, 안면도 총대기침적, 오존전량, 안면도 에어로졸, 안면도 온실가스, 안면도 자외선 총 8개의 세부 통계항목들이 있고, 각 세부 항목별 통계수치가 주어진다. 이때 안면도 대기복사의 통계 수록기간은 1999년 1월부터 2017년 12월까지이고, 오존전량의 통계 수록기간은 1994년 1월부터 2017년 12월까지이다. 즉 1999년 1월부터 2017년 12월까지 월별 안면도 대기복사에 대한 통계수치와 1994년 1월부터 2017년 12월까지 월별 오존전량에 대한 통계수치가 수록되어 있다.

〈표 1〉 통계청 국가통계포털에서 제공되는 환경관련통계 목록

번호	이름	수록기간	수록주기
1	국가온실가스통계	1990~2016	년
2	국민환경보건기초조사		
	국민환경보건기초조사	2012~	3년
	국민생태시료 중 유해물질 실태조사	2005~2008	3년
3	기후변화감시통계	1999.1~2017.12	월, 년
4	대기오염도현황	2010.1~2018.9	월
5	대기오염물질 배출시설 및 굴뚝TMS 부착사업장 배출량 현황	2015~2017	년

번호	이름	수록기간	수록주기
6	배출시설단속조치현황	1996~2017	월, 년
7	비점오염원의화학물질배출량조사	2002~2014	년
8	산업폐수발생및처리현황	1996~2016	년
9	상수도통계	1974~2016	년
10	수생태계건강성조사	2016~2017	년
11	수질오염실태보고	1989.1~2018.9	월
12	쓰레기종량제현황	2002~2017	년
13	연안습지면적현황	1987~2013	5년
14	영농폐기물조사	2004~2017	년
15	재활용가능자원가격조사		
	−경제지표	2002.11~2018.12	월
	−원자재 수입동향	2003.1~2018.12	월
	−재활용 품목별 가격동향	2003.1~2019.1	월
16	재활용지정사업자재활용실적	1998~2017	년
17	전국폐기물발생및처리현황	1996~2016	년
18	전국폐기물통계조사	2006~2016	5년
19	주요도시환경소음도현황	2006 1/4~2018 1/2	분기, 반기
20	지하수수질현황	2016	년
21	기상관측통계	2000.1~2017.12	월, 년, 10년
22	지정폐기물발생및처리현황	1999~2016	년
23	지진및지진해일발생통계	1978~2017	년
24	토양오염도현황	1997~2016	년
25	폐기물 재활용실적및 업체현황	2000~2017	년
26	폐기물다량발생사업장 폐기물감량현황	2000~2017	년
27	하수도통계	1980~2016	년
28	해수수질실태보고	1995~2017	년
29	화학물질배출량조사	1999~2016	년
30	화학물질통계조사	1998~2014	2년
31	환경기술실태조사	2014~2016	년

번호	이름	수록기간	수록주기
32	환경보호지출계정	2004~2015	년
33	환경산업통계조사	2004~2016	년
34	환경오염방지투자현황	1984~2016	년

2) 통계청 사회조사의 환경부문

〈표 1〉의 통계들 이외에도 통계청에서는 사회조사The Social Survey에서 일반국민들의 환경에 대한 의식을 조사·발표하고 있다. 사회조사는 1977년 처음 실시되었는데 '한국의 사회지표' 체계구성을 위한 기초자료 수집을 위해 총 6개 부문(소득과 소비, 교육, 보건, 주택, 환경, 사회)으로 구성되어 일반국민들의 주관적 의식을 조사하였다. 이후 2012년까지 총 4차에 걸친 개편과정을 거쳤고, 2008년부터는 총 10개 부문(가족, 소득과 소비, 노동, 교육, 보건, 환경, 복지, 문화와 여가, 안전, 사회참여)을 매년 5개 부문씩 교대로 조사·발표해오고 있다. 짝수 해에는 보건, 교육, 안전, 가족, 환경 부문을 조사하고, 홀수 해에는 복지, 사회참여, 문화와 여가, 소득과 소비, 노동 부문을 조사한다. 현재 통계청 국가통계포털에는 1997년 조사결과부터 수록되어 제공하고 있다. 그 이전의 조사결과는 2018년 사회조사보고서의 '한국의 사회지표'에 부분적으로 수록되어 있다.

〈표 2〉는 통계청 사회조사에서 조사한 환경부문의 조사내용을 연도별로 정리한 표이다. 연도별로 조사항목 명칭이 동일하

<표 2> 사회조사 환경부문의 연도별 조사항목 (1997~2018년)

번호	항 목	1997	2001	2005	2008	2010	2012	2014	2016	2018
1	현재 체감 환경					○	○	○	○	○[9]
2	체감환경변화	○	○	○	○	○	○	○		
3	환경 상황 변화				○	○	○	○	○	○
4	환경보호 비용 부담		○	○	○	○	○	○	○	○
5	환경 문제(에 대한 인식)				○	○	○	○	○	○
6	농약 오염(불안)	○	○	○	○	○	○			
7	우리나라 및 외국농산물의 농약오염에 대한 불안	○	○							
8	환경오염 방지 노력	○	○	○	○	○	○	○	○	○
9	요일제 참여 현황								○	○
10	자동차 운전 여부								○	○
11	친환경 운전 습관								○	○
12	대기오염의 주된 원인			○	○					
13	환경문제 해결을 위한 과제	○	○	○	○					
14	쓰레기 종량제 참여 시 불편한 점	○	○	○						
15	음식물쓰레기 처리방법		○	○						
16	쓰레기봉투사용	○								
17	쓰레기 배출규모(1주간)	○								
18	음식물쓰레기 처리방법	○								
19	먹는물(종류)	○								
20	먹는물 처리방법	○								
21	대기오염방지책	○								
22	수질오염방지책	○								
	항목 수	13	8	8	8	7	7	6	8	8

더라도 그 항목의 세부 질문내용이 바뀌기도 하였고, 조사항목 명칭이 바뀌어 달라졌더라도 세부 질문내용은 크게 바뀌지 않은 경우도 있다. 구체적인 질문표현은 통계청 국가통계포털에 게시된 조사표를 통해 확인할 수 있다.

통계청 사회조사의 조사대상은 전국에서 표본으로 추출된 일반가구 내의 만 13세 이상 또는 만 15세 이상인 가구원이다. 2010년 이전 조사의 조사대상은 만 15세 이상 가구원이었고, 2011년 이후 조사의 조사대상은 만 13세 이상 가구원이다. 한편, 조사항목에 따라서 조사대상의 연령이 다르기도 하다. 예를 들어, 2018년 사회조사에서 자동차운전여부나 친환경운전습관 등의 조사대상은 만 19세 이상 가구원이었다.

저탄소 녹색성장 기본법 제2조 6항은 녹색생활을 '기후변화의 심각성을 인식하고 일상생활에서 에너지를 절약하여 온실가스와 오염물질의 발생을 최소화하는 생활'이라고 정의하고 있다. 2030년까지 최소 37% 이상 온실가스 감축이라는 과제를 앞에 둔 시점에서, 〈표 2〉의 항목들에 대한 연도별 추이를 통해 국민들의 환경보호에 대한 인식의 수준과 변화를 살펴보는 것은 상당한 의미가 있을 것이다.

〈표 2〉의 조사항목들 중 4번의 '환경보호 비용 부담' 항목은 2001년부터 꾸준히 조사되고 있고, 8번의 '환경오염 방지 노력'은 연도별로 하위 항목이 일부 바뀌기는 하였지만 1997년 이후

꾸준히 조사되어 오고 있다. 지면관계상 여기에서는 이 두 항목
만 살펴보기로 하자.

(1) 환경보호 비용 부담에 대한 연도별 추이

〈표 3〉 환경보호 비용 부담에 대한 응답 구성비율의 연도별 추이

(단위 : %)

연도	질문 : 귀하는 환경보호를 위하여 부담금을 내는 것에 어떻게 생각하십니까?					
	매우 찬성	약간 찬성	보통이다	별로 찬성하지 않음	전혀 찬성하지 않음	합계
2001	7.4	19.9	33.3	27.8	11.6	100.0
2005	6.4	18.5	37.8	27.5	9.8	100.0
2008	7.9	25.6	36.4	22.5	7.6	100.0
2010	6.1	24.3	38.9	22.5	8.2	100.0
2012	7.6	27.3	39.2	19.8	6.1	100.0
2014	8.1	28.7	39.9	17.9	5.5	100.0
2016	8.1	28.1	40.1	18.0	5.8	100.0
2018	14.4	35.6	33.8	12.5	3.7	100.0

〈표 3〉은 '환경보호를 위한 부담금을 내는 것'에 대한 찬성 또
는 반대 의견의 구성비율을 연도별로 나타낸 표이다. 〈그림 1〉은
〈표 3〉에서 '매우 찬성'과 '약간 찬성'의 구성비율만을 연도별 도
표로 나타낸 것이다. 〈표 3〉과 〈그림 1〉을 통해 찬성 비율이 증
가추세인 것을 확인할 수 있으며, 특별히 다른 연도들에 비해
2018년의 찬성 비율이 상대적으로 크게 증가한 것을 알 수 있다.
〈표 4〉는 '환경보호를 위한 부담금을 내는 것'에 대한 찬성 또
는 반대의 구성비율을 성별·연도별로 나타낸 표이다. 모든 연

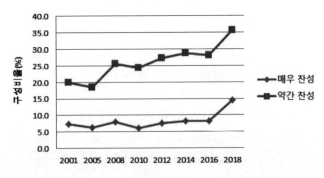

환경보호 비용 부담에 대한 연도별 추이

〈그림 1〉 환경보호 비용 부담에 대한 찬성 비율의 연도별 추이

〈표 4〉 환경보호 비용 부담에 대한 성별 응답 구성비율의 연도별 추이

(단위 : %)

연도	성별	매우 찬성	약간 찬성	보통이다	별로 찬성하지 않음	전혀 찬성하지 않음	합계
2001	남자	8.2	20.9	32.7	26.9	11.3	100.0
	여자	6.6	19.0	33.9	28.6	11.8	100.0
2005	남자	6.9	18.5	37.3	27.1	10.1	100.0
	여자	5.9	18.5	38.2	27.8	9.5	100.0
2008	남자	8.8	25.7	34.8	22.5	8.2	100.0
	여자	7.1	25.4	37.8	22.6	7.1	100.0
2010	남자	7.0	25.4	37.3	21.6	8.8	100.0
	여자	5.3	23.3	40.4	23.3	7.6	100.0
2012	남자	8.3	28.6	37.1	19.1	6.8	100.0
	여자	6.8	26.1	41.2	20.4	5.5	100.0
2014	남자	8.8	29.2	38.7	17.4	5.9	100.0
	여자	7.3	28.2	41.0	18.3	5.2	100.0
2016	남자	8.6	28.4	38.7	17.6	6.7	100.0
	여자	7.6	27.7	41.4	18.4	4.8	100.0
2018	남자	14.6	36.3	32.6	12.4	4.0	100.0
	여자	14.3	34.9	34.8	12.6	3.3	100.0

도에서 '매우 찬성'과 '약간 찬성'이라는 의견의 구성비율이 여성보다 남성이 더 높다는 것을 확인할 수 있다.

(2) 환경오염 방지 노력에 대한 연도별 추이

〈표 5〉는 〈표 2〉의 '환경오염 방지 노력' 항목에서 조사된 하위 조사항목들을 연도별로 정리한 표이다. '환경오염 방지 노력 항목'은 1997년 이후 꾸준히 조사항목에 포함되었으나 조사연도에 따라 조사표에 사용된 하위 조사항목의 항목수나 질문표현에 약간의 변화가 있었다.

예를 들어 〈표 5〉에서 번호 6의 '친환경 제품 구입·사용하기' 항목의 경우 2018년에는 '친환경 제품'으로 표현되었으나 2014년과 2012년에는 '녹색제품'으로, 2010년에는 '에너지 절약'으로 표현되어 조사되었다. 또, 선택항목에도 변화가 있었다. 2008년 이전 조사는 '보통'을 포함하여 5점 척도로 조사되었고, 2010년 이후 조사에서는 '보통'을 배제한 4점 척도로 조사되었다.

이 절에서는 온실가스 감축과 관련이 큰 '일회용품 사용하지 않기', '친환경 제품 구입·사용하기', '대중교통 이용하기'를 좀 더 자세히 살펴보자. 다른 항목들도 온실가스 배출에 직·간접적으로 영향을 끼치는 것들이지만 지면관계상 이 세 가지를 중심으로 살펴본다.

〈표 6〉은 〈표 5〉에서 '일회용품 사용하지 않기' 항목에 대한

번호	하위 조사항목	1997	2001	2005	2008	2010	2012	2014	2016	2018
1	대중교통 이용하기					○	○	○	○	○
2	재활용품 분리하여 배출하기	○	○	○	○	○	○	○	○	○
3	음식물 쓰레기 줄이기			○	○	○	○	○	○	○
4	합성 세제 사용 줄이기 (샴푸, 주방 세제, 세탁 세제 등)	○	○	○	○	○	○	○	○	○
5	일회용품 사용하지 않기 (장바구니 사용, 개인 컵 사용 등)	○	○	○	○	○	○	○	○	○
6	친환경 제품 구입·사용하기 (에너지 절약형 제품, 저탄소 제품, 환경마크 인증 제품 등)	○	○	○	○	○	○	○	○	○
7	자연 보호 및 환경 보전 활동 참여하기 (나무심기, 쓰레기 줍기 등의 활동에 적극적으로 참여한 경우만 해당됨)	○	○	○	○	○	○	○	○	○
8	물 절약하기 (양치컵 사용, 샤워 짧게 하기 등)	○	○						○	○
9	가정 내 대기 전력 줄이기 (전원 플러그 분리, 차단형 멀티탭 사용 등)								○	○
	항목 수	6	6	6	6	7	7	7	9	9

응답 구성비율을 연도별로 정리한 표이다. 이 항목의 질문표현은 연도별로 비교적 큰 변화가 있었다. 1997년, 2001년, 2005년 조사표에서는 '일회용품 사용자제'라는 표현을 사용했고,

〈표 6〉일회용품 사용하지 않기 위해 노력하는 정도에 대한 응답 구성비율의 연도별 추이

(단위 : %)

| 연도 | 질문 : 귀하는 환경오염 방지를 위해 얼마나 노력하고 계십니까?
(일회용품 사용하지 않기) | | | | | |
	매우 노력함	약간 노력함	보통	별로 노력하지 않음	전혀 노력하지 않음	합계
1997[10]	24.1	42.2	24.0	8.1	1.6	100.0
2001	27.9	35.5	28.2	7.4	0.9	100.0
2005	25.2	34.6	31.5	7.9	0.8	100.0
2008	22.1	35.1	32.2	9.8	0.8	100.0
2010	22.6	47.5		27.6	2.4	100.0
2012	20.9	49.3		27.1	2.8	100.0
2014	20.3	49.5		27.5	2.7	100.0
2016	22.8	48.7		25.7	2.9	100.0
2018	18.8	46.9		30.6	3.7	100.0

2008년에서는 '일회용품 사용을 줄인다'를, 2010년 이후에는 '일회용품 사용하지 않기'를 사용했다. 또 2010년도 조사부터는 선택항목에 '보통'이 배제되었다. 이러한 질문과 선택항목의 표현차이가 응답자들의 응답결과에 영향을 끼친 것으로 보인다. 〈그림 2〉는 '일회용품 사용하지 않기'라는 질문으로 조사된 2010~2018년 조사에서 '매우 노력'과 '약간 노력'에 응답한 응답 구성비율만 도표로 나타낸 것이다. 〈그림 2〉에서 2018년도에 '매우 노력'과 '약간 노력'의 응답구성비율이 다른 해와 비교할 때 모두 최저임에 주목할 필요가 있다. 그 결과, 〈표 6〉에서 확인할 수 있는 바와 같이 2018년 '별로 노력하지 않음'과 '전혀 노력하지 않음'의 구성비율이 다른 연도에 비해 높다. 이러한 변

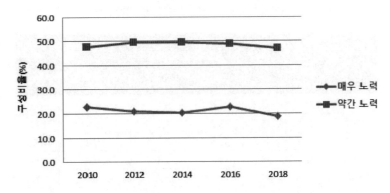

〈그림 2〉 일회용품 사용하지 않기 위해 노력하는 정도에 대한 연도별 추이

〈표 7〉 친환경 제품 구입·사용하기 위해 노력하는 정도에 대한 응답 구성비율의 연도별 추이

(단위 : %)

연도	질문 : 귀하는 환경오염 방지를 위해 얼마나 노력하고 계십니까? (친환경 제품 구입·사용하기)					
	매우 노력함	약간 노력함	보통	별로 노력하지 않음	전혀 노력하지 않음	합계
1997[11]	14.9	38.3	32.2	12.3	2.3	100.0
2001	11.6	28.0	41.3	16.1	3.0	100.0
2005	10.0	22.1	42.2	20.7	5.0	100.0
2008	10.0	21.5	37.6	25.0	5.8	100.0
2010	25.8	44.1		25.8	4.3	100.0
2012	11.8	39.1		39.9	9.2	100.0
2014	11.0	36.6		41.4	11.0	100.0
2016	12.0	38.5		39.3	10.2	100.0
2018	11.0	36.4		41.1	11.5	100.0

화의 원인을 파악해 대처할 필요가 있다.

〈표 7〉은 〈표 5〉의 '친환경 제품 구입·사용하기' 항목에 대한 응답 구성비율을 연도별로 정리한 표이다. 이 항목의 질문 표현도 연도별로 조금씩 다르다. 그러나 앞의 '일회용품 사용하지 않기'와 비교하면 그 차이는 크지 않다. 1997년, 2001년 조사에서는 '환경친화상품을 구입'이라는 표현을 사용하여 질문했고, 2005년, 2008년은 '조금 비싸더라도 환경친화상품을 구입'으로, 2010년 이후는 '친환경 제품 구입·사용하기'로 표현하여 질문했다. '환경친화상품을 구입', '조금 비싸더라도 환경친화상품을 구입', '친환경 제품 구입·사용하기' 간에는 큰 차이가 없지만, 응답항목에 '보통'의 포함여부는 이 경우에도 응답분포에 큰 영향을 끼친 것으로 보인다. 〈그림 3〉은 '친환경 제품 구입·사용하기'라는 질문으로 조사된 2010~2018년의 '매우 노력'과

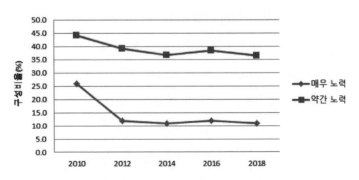

〈그림 3〉 친환경 제품 구입·사용하기 위한 노력하는 정도에 대한 연도별 추이

〈표 8〉 대중교통 이용하기 위해 노력하는 정도에 대한 응답 구성비율의 연도별 추이

(단위 : %)

| 연도 | 질문 : 귀하는 환경오염 방지를 위해 얼마나 노력하고 계십니까? (대중교통 이용하기) | | | | |
	매우 노력함	약간 노력함	별로 노력하지 않음	전혀 노력하지 않음	합계
2010	33.2	40.0	21.6	5.2	100.0
2012	35.3	38.8	20.7	5.3	100.0
2014	33.6	38.9	21.4	6.1	100.0
2016	33.6	38.2	21.7	6.4	100.0
2018	32.5	36.8	23.0	7.6	100.0

'약간 노력'의 응답 구성비율을 도표로 나타낸 것이다. 2010년 조사 이후, 2018년도에서 '매우 노력'과 '약간 노력'이 이전 연도들의 조사에 비해 최저이다. 마찬가지로 〈표 7〉에서 2018년 '별로 노력하지 않음'과 '전혀 노력하지 않음'의 구성비율이 다른 연도에 비해 가장 높다는 것을 확인할 수 있다.[12]

〈표 8〉은 〈표 5〉의 '대중교통 이용하기' 항목에 대한 응답 구성비율을 연도별로 정리한 표이다. 이 항목은 2010년부터 조사에 포함되었다. 이 항목의 질문 표현도 연도별로 조금씩 다른데, 2010년, 2012년, 2014년에는 '가급적 대중교통의 이용한다'로, 2016년, 2018년에는 '대중교통 이용하기'라는 표현으로 조사되었다. 이 항목의 경우도 앞의 두 항목들과 마찬가지로 2018년도에 '매우 노력함'과 '약간 노력함'의 응답 구성비율이 다른 년도에 비해 낮다. '매우 노력함'의 응답 구성비율은 2012년도 조사

〈표 9〉 대중교통 이용하기 위해 노력하는 정도에 대한 성별 응답 구성비율의 연도별 추이

(단위 : %)

연도	성별	매우 노력함	약간 노력함	별로 노력하지 않음	전혀 노력하지 않음	합계
2010	남자	25.9	38.2	28.6	7.3	100.0
	여자	40.2	41.8	14.9	3.1	100.0
2012	남자	28.2	38.1	26.6	7.1	100.0
	여자	42.2	39.4	14.9	3.5	100.0
2014	남자	26.8	37.7	27.1	8.4	100.0
	여자	40.1	40.0	16.0	3.8	100.0
2016	남자	27.0	36.8	27.6	8.7	100.0
	여자	40.1	39.7	16.1	4.1	100.0
2018	남자	26.3	35.1	28.4	10.2	100.0
	여자	38.7	38.6	17.7	5.1	100.0

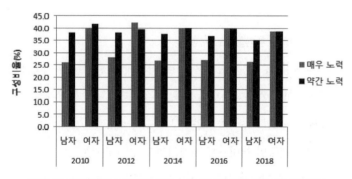

〈그림 4〉 대중교통을 이용하기 위한 노력 정도에 대한 성별·연도별 추이

에서, '약간 노력함'은 2010년도 조사에서 가장 높다.

〈표 9〉는 '대중교통 이용하기' 항목에 대한 성별 응답 구성비율을 연도별로 정리한 표이다. 모든 연도에서 '매우 노력함'과 '약간 노력함'에 대한 응답 구성비율이 남성보다 여성이 더 높은 것을 확인할 수 있다. 남·여 모두 '매우 노력함'과 '약간 노력함'의 응답 구성비율은 대체로 2018년 조사결과에서 가장 낮다.

〈그림 4〉는 〈표 9〉에서 '매우 노력함'과 '약간 노력함'에 대한 응답 구성비율만 발췌하여 도표로 나타낸 것이다. 여성이 남성보다 대중교통을 더 많이 이용하는 것을 알 수 있다. 이러한 추세에 대한 보다 더 세밀한 분석을 통해 대중교통이용 인구를 늘릴 방안을 도출할 필요가 있다.

3) 환경부 환경통계포털

통계청 국가통계포털 사이트 이외에도 환경부 환경통계포털 사이트의 환경통계정보시스템을 통해 국내·외 환경관련 다양한 통계를 조회할 수 있다. 환경부 환경통계포털은 2009년 처음 오픈되어 대국민 서비스를 시작하였고, 2014년부터는 모바일 웹서비스도 제공하고 있다. 〈그림 5〉는 환경부 환경통계포털 사이트 첫 화면이다. 화면 상단에 있는 탭을 클릭하거나 우측상단의 전체메뉴를 클릭하면 환경통계포털에서 제공하는 서비스를 한눈에 볼 수 있다.(〈그림 6〉) 상단 좌측의 두 번째에 있는 '통계조회' 탭

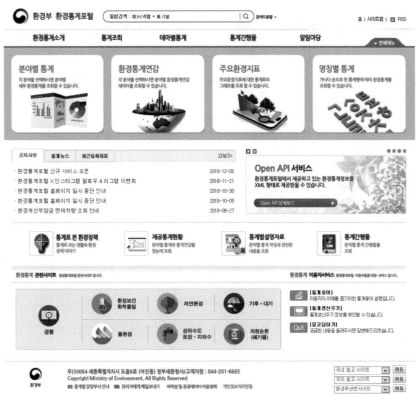

〈그림 5〉 환경부 환경통계포털(http://stat.me.go.kr/nesis/index.jsp)

〈그림 6〉 환경부 환경통계포털 사이트에서 제공하는 서비스 전체메뉴

에서 '분야별통계'를 클릭하면 환경관련 7개 분야(환경관리일반, 자연환경, 대기환경, 물환경, 상하수도 토양·지하수, 자연순환)별 세부 환경통계를 조회할 수 있고, 필요한 경우 엑셀파일로 다운로드를 받을 수도 있다.

여기에서 제공하는 환경통계는 통계청 국가통계포털에 수록된 통계들과 중복되는 것들도 있지만 이곳에서만 제공되는 통계들도 있다. 예를 들어, '환경관리일반' 분야에서 제공되는 통계들 중 '환경산업통계조사'나 '환경오염방지시설투자현황' 등은 통계청 국가통계포털에서도 제공되나 '환경오염분쟁조정현황'은 통계청 국가통계포털에서는 제공되지 않는 통계이다. 반면에 통계청 국가통계포털에서만 제공되는 통계도 있고, 두 사이트에서 모두 제공되는 통계라고 하더라도 통계청 국가통계포털에서만 제공되는 부가 서비스도 있다. 따라서 통계청 국가통계포털과 환경부 통계정보시스템을 상호보완적으로 이용하게 된다면 환경에 대한 많은 정보를 세밀하게 탐색할 수 있을 것이다.

4. 환경보호를 위한 우리의 선택

지구라는 별이 우주계에 생성된 것은 약 45억 년 전이고, 인류가 이 땅에 생존하게 된 것은 약 4만~5만 년 전이다. 그러나

18세기 중반에 일어난 제1차 산업혁명 이후 불과 300년도 안되는 짧은 기간 동안 지구는 빠른 속도로 훼손되었고 훼손의 속도는 점점 더 빨라지고 있다. 당면한 환경문제를 해결하기 위해 전세계 국가들이 모여 국제기후변화협약을 체결하고 교토의정서, 파리협약 등을 체결하면서 지구라는 공동의 자산을 지키고자 노력하고 있지만 각국의 이런저런 정치·경제적 이해관계들로 인해 그 협약의 실효성에 대해 의심하는 사람들이 많은 것이 현실이다. 그러나 수십억 년 동안 침묵하며 인간의 필요를 채워주던 자연이라는 인류의 어머니는 그 훼손에 대한 진실한 대가(代價)를 인류에게 가감 없이 되돌려 주고 있다. 최근 지구상에는 지금까지 유래가 없던 폭설, 폭우, 지진, 해일 등을 겪으면서 그 일을 겪은 당사자들은 넋을 잃고 자연의 준엄함에 치를 떨고 있지만 앞의 통계청 사회조사 결과에서 확인할 수 있듯이 대부분의 사람들에게는 여전히 '내일이 아닌 다른 사람의 일'인 것이다.

우리나라는 지난 2015년 유엔에 2030년까지 온실가스를 최소 37% 감축하겠다고 약속한 상태이다. 그러나 2018년 통계청의 사회조사 결과는 우리사회가 환경위기에 대해 과거보다 더 둔감해졌거나 과거와 비슷한 수준임을 보여준다. 인류의 후손들이 지구라는 별에서 더 오랫동안 삶을 누리게 하기 위해서는 더 늦기 전에 지금 이 시대를 살고 있는 우리가 적극적으로 무언가를 해야 할 시점이다.

제3부
자연과학

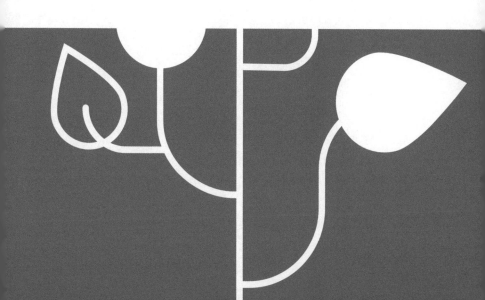

원예와 힐링

박신애

세계보건기구World Health Organization, WHO는 건강을 "질병이 없거나 허약하지 않을 뿐만 아니라 육체적 · 정신적 · 사회적으로 완전한 상태"로 정의하고 있다(WHO, 1948). 현대의학의 발달로 많은 질병을 치료할 수 있게 되었고, 20세기에 비해 21세기 평균수명이 두 배나 증가되었다. 그러나 현대사회에 고혈압, 당뇨, 정신질환 등과 같은 만성질환과 비염, 아토피, 천식 등과 같은 환경성 질환 등의 문제로 80% 이상의 의료비를 만성질환을 치료하는 데 사용하고 있지만, 그 원인과 치료법에 대한 명확한 해답은 없는 실정이다. 이에 따라 질병의 치료뿐만 아니라 예방과 관리에 대한 관심과 중요성이 증가되었고, 보완대체의학과 같은 현대의학을 보완하는 치료법들이 소개되어 질병의 예방과 치료 및 관리를 위해 이용되기 시작하였다.

보완대체의학Complementary and Alternative Medicine은 현대

의학의 문제점에 대한 대안으로 제시된 자연치료적인 의학을 총칭한다.(Herman et al, 2005) 서양의학과 자연치료의 장점을 취한다는 의미로 통합의학이라고 부르기도 한다. 보완대체의학은 1980년대까지는 증명되지 않은 의학 또는 의심스러운 요법으로 취급되었으나, 1990년 초부터 비주류의학으로 정의되며, 정통의학에서 제외한 나머지 부분의 의료행위로 인정하면서 자리 잡기 시작하였다.

한편 원예는 인류의 역사와 함께 있어 왔는데, 원예 'Horti-culture'는 '둘러싸인 곳에서 땅을 경작한다'는 의미이다(Son et al, 2016). 전통적인 원예학 분야에서는 인간의 식용, 약용, 또는 미적 만족을 위해 채소, 과수, 화훼작물을 집약적으로 재배하고, 경제성 추구를 위해 다수확, 고품질, 저비용에 초점을 두었다. 그러나 20세기 말 원예학 분야에서 새롭게 소개된 '사회원예학 Sociohorticulture'분야는 생산 위주의 전통적인 원예와는 달리 소비자 중심의 원예로서, 원예활동 및 식물을 활용하여 인간의 건강과 삶의 질 향상을 목적으로 한다. 사회원예학 분야에는 원예치료, 원예복지, 소비자원예, 취미원예, 생활원예 등이 포함된다.

이 중 원예치료는 보완대체의학의 한 종류인데, 식물을 대상으로 하는 인간의 다양한 원예활동을 통하여 사회적, 교육적, 심리적 혹은 신체적 적응력을 기르고 이로 말미암아 육체적 재활과 정신적 회복을 추구하는 전반적 활동이라고 할 수 있다. 원예치료가 가지는 가장 중요한 의미 중의 하나는 생명 중심적 세계관에 바탕을 두고 있다는 점이다. 원예치료의 도구인 식물은 살아있는 생명체로서 자신의 생명을 유지하기 위하여 여러 가지 대사물질이나 에너지를 발생하는데 이것은 인간에게 좋은 영향을 미치게 된다. 또한 식물은 시각적인 아름다움뿐만 아니라 향기를 맡을 수 있고, 촉감을 느낄 수 있으며, 소리를 듣고, 맛을 볼 수도 있으므로 자연스럽게 인간의 오감을 자극할 수 있다. 씨를 뿌리고 물을 주고 가꾸는 활동을 통하여 몸을 움직이게 되는데 이는 운동 효과를 기대할 수 있고 잘 자라는 식물을 보면서 정서적인 안정과 성취감을 맛보게 된다. 따라서 원예치료는 전인적 치유를 행하고 있으며 정신적 치유와 신체적 치유가 동시에 가능한 치료방법이다. 선행연구들을 분석해 보면, 원예치료는 신체적, 심리·정서적, 사회적, 인지적, 행동수정, 교육적 측면의 총 6가지 영역에 효과적인 것으로 나타났다.(Park et al, 2016)

원예활동은 에너지를 소비하는 유산소 운동이면서, 전신의 근육을 사용하는 근력운동이 될 수 있다. 또한 원예활동의 수행을 위해 행해지는 동작들은 일상생활을 위한 기본 동작(예 : 팔 뻗기, 물체 잡기, 허리 구부리기, 한발 내딛기 등)들과 유사하여 일상생활수행 능력이나 신체 기능 증진 및 회복에 긍정적 영향을 주게 된다. 신체활동은 에너지 소모를 유발하는 모든 신체의 움직임을 말하는데, 이러한 신체활동의 운동 강도는 당대사량metabolic equivalents,

METs의 단위로 표현할 수 있다. 1MET 이하는 저강도의 신체활동, 3~6METs는 중간강도, 6METs 이상은 고강도의 신체활동을 나타내는데, 예를 들어, 조용히 앉아 있는 것은 1.3METs로 저강도의 활동이며, 걷기는 3.5METs인 중간강도, 뛰기는 7METs로 고강도의 신체활동임을 나타낸다. 다양한 원예활동도 METs의 단위로 나타낼 수 있다. 아동, 성인, 노인을 대상으로 다양한 원예활동 수행 시 활동의 운동 강도는 저~고강도 1.7~4.5METs의 신체활동인 것으로 나타났다.(Park et al, 2014; Park et al, 2015; Park et al, 2012) 65세 이상 노인의 경우에는 상체와 하체를 동시에 사용하는 동작들, 예를 들어, 땅파기, 땅고르기, 잡초 뽑기와 같은 활동은 중간강도의 신체활동으로 나타났으며, 주로 하체는 서있거나, 앉아있거나, 쪼그려 있는 상태에서 상체만 움직이는 활동들인 흙 섞기, 모종심기, 물주기 등은 저강도의 신체활동인 것으로 나타났다. 다양한 원예활동 중 땅파기 활동이 가장 운동 강도가 높은 활동으로 측정되었다. 이러한 원예활동의 운동 강도 데이터는 대상자의 신체적 상태에 맞게 과학적이고 효과적인 원예치료 프로그램을 설계 시 유용하게 활용 될 수 있다.

체중부하운동은 근력 향상, 골밀도 증가, 신체기능향상 등의 효과를 이끈다. 근전도electromyography는 근육의 움직이는 정도를 측정하는 기술인데, 이를 이용하여 다양한 종류의 원예활동 시 상체와 하체의 근육활성도를 측정한 결과, 원예활동은 상·하체의 근육을 사용하는 운동이 되는 것으로 나타났다(Park et al, 2013). 15가지 실내 원예활동 시 상체의 6가지 근육과 손의 2가지 근육의 활성도를 측정하였다. 그 결과 상체의 승모근과 손의 새끼두덩근과 엄지두덩근을 주로 사용하는 것으로 나타났고, 원예활동 종류에 따라 근육의 활성 정도가 다른 것으로 나타났다. 또한 땅파기, 땅고르기, 호미질하기, 모종삽질하기, 잡초 뽑기와 같은 활동 시 하체 근육은 지지해 주는 역할을 하면서, 상체의 전방삼각근bilateral anterior deltoid, 이두상완신근biceps brachialis, 위팔노근brachioradialis, 척측수근굴근flexor carpi ulnaris과 같은 네 종류의 근육활성도가 높은 것으로 나타났다.

국내 70세 이상의 여성 노인들을 대상으로 신체활동으로서 총 15회기의 원예치료 프로그램을 개발하여 적용한 결과, 원예치료 프로그램에 참여한 노인의 근육량, 심폐지구력, 손 기민성이 향상되었고, 허리둘레가 감소하는 효과를 얻을 수 있었다(Park et al, 2017). 또한 원예치료 프로그램에 참여한 노인들의 HDL콜레스테롤 수치가 증가하였고, 암 유발 원인인 산화 스트레스 및 염증 인자가 감소하면서 면역력 증진의 효과를 얻었다.

원예치료를 통해 우울과 스트레스 및 분노 감소, 정서안정, 자아존중감, 자기효능감, 회복탄력성, 정서지능 향상 등과 같은 심리·정서적 측면에 긍정적인 효과를 얻을 수 있다. 인간은 자연과 녹색 환경에 대한 본연의 그리움을 가지고 있다고 하고, 자연

환경에 대한 노출은 스트레스 감소, 통증완화, 자율신경계 안정 등에 효과가 있는 것으로 밝혀졌다. 실내 환경에서 녹색식물을 보는 것은 자율신경계 및 부교감신경활동의 안정에 긍정적 영향을 미치는 것으로 보고되었다. 남성 대학생을 대상으로 관엽식물이 심긴 화분과 심기지 않은 화분을 바라볼 때 오른쪽 전전두엽의 산화헤모글로빈 농도가 감소하면서 정신·생리적 안정효과를 이끄는 것으로 보고하였다. 원예치료 프로그램은 식물을 매개로 하며, 실내외 정원 등과 같은 자연환경에 노출되는 상태에서 진행된다. 살아있는 식물을 이용하는 원예치료 프로그램은 대상자의 정신·생리적 안정과 감정상태에 긍정적 영향을 미치게 된다. 조현병 환자를 대상으로 한 원예치료 프로그램은 조현병 환자들의 환각행동과 같은 양성증상을 감소시키고, 감정적 위축, 사회적 위축과 같은 음성증상을 감소시켜 정신병리학적 증상을 완화시키는 데 효과가 있는 것으로 밝혀졌다.(Oh et al, 2018)

청소년의 경우에는 주로 원예과 진로 탐색 및 직업체험의 기회로서 원예치료를 적용함으로써 진로정체감, 진로성숙도와 같은 진로발달에 효과를 가진다. 또한 발달장애인의 직업교육훈련으로서 원예치료 프로그램은 장애학생의 직업적응력을 향상시키고, 직업재활치료로서의 가능성이 있는 것으로 나타났다(Joo et al, 2012). 이처럼 원예치료는 연령대별, 건강상태별로 다양한 목적을 가지고 대상자에게 적용할 수 있다.

원예치료에 대한 관심과 수요는 지속적으로 증가할 것으로 예상한다. 또한 장애인의 재활과 치료는 물론 일반인의 여가선용과 삶의 질 향상을 위한 원예치료의 역할도 크게 증대될 것이라 판단된다.

도시숲 시민참여와 지속가능한 도시

———————— 이수현 ————————

1. 기후변화와 도시 지속가능성의 위기

2019년 현재 우리나라의 도시화율은 90%를 넘어 섰다. 전체 인구 5천 2백만 명 중 4천 7백만 명 이상이 도시에서 생활하고 있는 것이다. 그러므로 도시의 지속가능성 확보, 쾌적한 도시 환경의 유지는 우리 사회의 지속성 유지를 위해 매우 중요한 과제이다.

그러나 우리의 도시 환경은 건강한 삶을 유지하기에는 여러 가지 면에서 불충분하다. 무분별한 개발, 높은 인구 밀도, 빠름과 편리함만을 추구하는 자동차 중심의 교통체계 등으로 인해 우리의 도시는 삶의 공간으로서의 정체성을 서서히 잃어가고 있다.

여기에 더해 기후변화와 지구온난화로 인한 자연재해는 도시에서의 삶을 더욱 위태롭게 하고 있다.

2018년 서울시의 폭염으로 인한 온열질환 환자 신고건수는 234건으로서 2015년의 79건, 2016년의 83건, 2017년 56건 등의 예년 수치와 비교할 때 3배 이상 급증한 역대 최고 수치를 기록하였다. 이상 폭염으로 인해 여름철 에너지 사용량은 매년 최고치를 경신하고 있음에도 불구하고 온열질환 환자 수는 기록적으로 증가하고 있는 것이다. 냉방기기의 사용이 원활하지 않은 에너지 빈곤층에서 환자수가 증가하고 있는 것으로 추정할 수 있지만 한여름철의 서울시가 건강한 삶을 유지하기에 어려운 환경의 도시인 것은 분명한 사실이다.

겨울과 봄에는 미세먼지로 인한 공포가 매년 도시민들을 위협하고 있다. 우리나라의 지리적 조건으로 인해 중국 등 외부로부터 유입되는 미세먼지의 양도 많지만, 석탄화력발전, 차량 이용, 난방 등 국내의 요인도 절반 가까이에 이르므로 외국의 탓만 할 수도 없다.

기후변화로 인한 국지성 호우 피해도 무시할 수 없다. 빗물이 자연스럽게 스며들 수 있는 자연토양 보다는 불투수성 인공 포장이 절대적으로 많은 면적을 차지하고 있는 우리 도시의 여건은 순식간에 집중적으로 퍼붓는 강우의 피해를 피해가기 어려운 상황이다.

심각성 정도의 차이는 있겠지만 위의 문제들은 우리나라 대다수의 도시들이 공통적으로 겪고 있는 문제라 할 수 있다.

2. 도시환경 문제 개선을 위한 노력과 도시숲

이렇듯 열악한 도시환경 문제 개선을 위해 중앙정부와 지자체에서는 다양한 정책들을 수립하여 실행하고 있으며, 시민들의 동참을 호소하고 있다.

지구온난화의 주범이라 할 수 있는 온실가스 배출을 저감시키기 위해 공공기관, 산업체와 가정에서의 에너지 소비를 줄일 수 있는 정책을 실행하고 있다. 자동차 이용으로 인한 에너지 소비와 대기 오염을 줄이기 위해 대중교통 이용 활성화 정책을 강화하고 있으며, 환경오염이 적은 친환경차량의 보급을 위해 애쓰고 있다. 그리고 화석연료와 원자력 중심의 에너지 공급체계를 태양광 등의 신재생에너지 중심으로 전환시키려는 노력을 하고 있다. 또한 미세먼지 배출 저감을 위해 친환경보일러로의 교체를 지원하는 등 도시의 환경 개선을 위해 다방면의 노력을 하고 있다.

이러한 노력의 일환으로 산림청에서는 도시숲을 확대하고 도시숲의 기능을 향상시키는 정책을 실행하고 있다.

도시숲은 쾌적한 도시 환경을 유지시켜주는 핵심 인프라로서 생태계 보전, 도시환경 보전 등의 환경보전 기능, 경관구성 기능, 재난방제 기능, 보건휴양 기능, 역사·문화 기능 등 다양한 기능과 가치를 가지고 있다.[1]

❶ 기후완화
여름 한낮 평균 기온 3~7℃ 완화, 습도 9~23% 상승

❷ 소음감소
도로에 침엽수 조성시 자동차 소음 75%, 트럭 소음 80% 감소

❸ 대기정화
나무 1그루 = 연간 이산화탄소 2.5톤 흡수,
산소 1.8톤 방출, 미세먼지 흡수량 35.7g/년

❹ 휴식·정서 함양
휴식공간 제공 및 심리적인 안정 효과

〈그림 1〉 도시숲의 효과[2]

〈표 1〉 도시숲의 기능과 가치[3]

대분류	중분류		소분류
환경보전	생태계 보전	지하수 보전	지하수 함양 등
		하천생태계 보전	하천 수질 보전, 수변생물 서식처 제공 등
		토양환경 보전	토양침식 방지, 토양생물 서식처 제공 등
		야생동물 서식처	야생동물 서식처 제공
	도시환경 보전	미기후 조절	온습도 조절, 방풍 및 통풍, 찬바람 생성 등
		환경오염 저감	대기정화, 소음완화, 먼지흡착 등
경관구성	심미적 기능		계절 변화 인식, 자연 감상, 생명성 인식, 조망감 부여, 상징성(랜드마크 등) 부여
	도시계획적 기능		도시연담화 방지, 도시개발제한, 도시개발촉진, 도시개발형태 조정 등

대분류	중분류	소분류
재난방제	재해 방지	홍수 조절, 산사태 방지, 도시화재 방지 등
	재해 대피	이재민 수용, 재난 대피장소 제공, 대피 유도로 기능 등
보건휴양	동적 레크레이션	체육 공간, 놀이시설, 공연 등
	정적 레크레이션	산책, 명상 등
	보건기능	산림욕, 숲치유 등
	교육기능	숲 유치원, 자연학습 등
역사·문화	역사·문화 기능	문화재, 종교적 장소, 역사적 상징 등

〈표 1〉에서 보듯 도시숲은 대기정화, 온습도 조절 등 도시의 환경 문제를 저감할 수 있는 다양한 기능을 수행할 수 있으며, 시민들의 정신적, 육체적 건강성 회복에도 기여할 수 있다.

1) 미세먼지 저감을 위한 도시숲의 역할

특히, 최근 우리나라 시민들의 건강을 심각하게 위협하고 있는 미세먼지를 저감하는 데 있어서도 도시숲은 중요한 기능을 수행할 수 있다.

도시숲은 잎의 기공을 통해 나무와 식물의 내부로 미세먼지를 흡수하며(흡수기능), 잎, 줄기, 가지 등의 미세한 구조에 의해 미세먼지를 부착한다(흡착기능). 또한 숲의 수관층에 미세먼지가 다다르면 이동면적 감소와 속도가 줄어들게 되어 차단할 수 있으며(차단기능), 숲의 수관층과 줄기, 가지에 내려앉거나 이동하던 미세먼지가 숲 내부의 미기상 조건에 의하여 지표면으로 수

〈그림 2〉 도시숲의 미세먼지 저감효과[5]

직 하강함(침강기능)을 통해 미세먼지를 저감시킬 수 있다.[4]

2018년도에 서울연구원에서는 동일한 날짜의 서울숲과 양재 시민의숲의 공원 내부와 인근 도로변의 미세먼지 농도를 측정한 결과 도로변의 미세먼지가 서울숲의 경우 PM10은 45%, PM2.5 는 32% 높게 측정되었으며, 양재시민의 숲의 경우 PM10은 29%, PM2.5는 42% 높게 측정되었다고 발표했다.[6]

이렇듯 도시숲은 도시민들의 건강을 심각하게 위협하는 미세 먼지의 피해를 저감시켜 쾌적한 도시 환경을 가능케 하는 핵심 인프라의 역할을 수행할 수 있다.

2) 폭염 피해 저감을 위한 도시숲의 역할

여름철 온열질환 환자 급증의 원인이 되고 있는 폭염 피해를 줄이는 데에도 도시숲은 중요한 역할을 수행할 수 있다.

도시숲은 온도, 습도, 바람 등 도시의 미기후에 영향을 미친다. 수목의 기화열에 의한 냉각효과, 수목의 차양기능으로 인한 열 차단 효과를 통해서 도시열섬 내에서 상대적으로 시원하고 습한 냉섬으로서의 역할을 수행할 수 있다.[7]

2016년 박종화 등은 일산신도시를 대상으로 실시한 연구에서 0.6ha 미만 크기의 공원에서는 의미 있는 온도저감 효과를 기대하기 어려운 것으로 나타나지만, 0.6~10ha 공원에서는 약 2℃, 10ha 이상의 공원에서는 약 3℃의 표면온도 저감 효과가 있었다고 발표하였다.[8]

<표 2> 수목에 의한 기온감소 효과[9]

미기후 요소	영향
온도	수목의 기화열에 의한 냉각효과 수목의 차양기능으로 인한 열 차단 도시 내 항온상태를 유지 도시열섬 내에서 상대적으로 시원하고 습한 냉기호(cold air lake)를 형성
습도	증발산 작용을 통해 낮은 상대습도를 완화 대기위생과 바이오기후를 개선 수목피도의 증가에 따라 상대습도도 증가
바람	신선한 공기를 공급하는 핵에서부터 도심지까지 유익한 바람의 흐름 보전 밀식된 관목이나 수목군 등은 공기의 흐름을 방해하거나 소멸시킴 강풍이나 돌풍 등이 생겨 열악한 보행환경이 예상되는 곳에 방풍림 작용 오염물질이 발생되는 장소일 경우 식재를 통하여 주거지역으로의 흐름을 차단

이렇듯 제대로 갖추어진 도시숲은 미세먼지, 폭염 등 도시민들을 위협하는 환경적 재난으로부터 도시민들의 쾌적한 삶을 지켜주는 핵심적인 그린인프라로서 기능할 수 있다.

3. 열악한 우리나라 도시숲 현황과 개선을 위한 노력

그러나 우리나라의 도시숲은 그린인프라로서의 제기능을 수행하기에는 아직 부족하다.

2015년 현재 우리나라의 도시숲 면적은 1,254천ha로서 전체 도시면적의 49%를 차지하고 있다.[10] 그러나 대부분의 도시숲이 서울의 북한산국립공원과 같이 도시 외곽에 위치하고 있어 도시민들이 실질적으로 생활하고 있는 공간에 미치는 직접적인 영향이 적은 상황이다. 시민들의 삶에 직접적인 영향을 미치는 생활권 도시숲 면적은 4,600ha로서 도시 면적의 1.8%, 국토 면적의 0.5%에 불과하며, 전체 도시숲 면적의 3.7%에 불과하다.[11] 도시민 1인당 생활권 도시숲 면적은 2015년 기준 9.91㎡로서 세계보건기구에서 권고하는 최소 면적인 9㎡는 상회하고 있지만 주요 선진도시들인 런던의 27㎡, 뉴욕의 23㎡, 상해의 18㎡, 파리의 13㎡에 비하면 아직 많이 부족하다.[12] 그 마저도 지역별 편차가 심해 다수의 시민들이 집중되어 있는 서울시(5.35㎡)와

인천시($7.56m^2$) 등은 세계보건기구의 최소 권고 기준에도 미치지 못하고 있다.[13]

이에 따라 산림청과 지자체에서는 도심 생활권의 도시숲을 늘리고 건강하게 관리하기 위해 많은 노력을 하고 있지만, 예산 및 인력의 한계로 인해 필요한 만큼의 성과를 얻는 데 어려움이 있다.

최근 산림청은 제2차 도시림기본계획을 통해 2027년까지 2조 2,529억 원을 투입하여 우리나라의 1인당 생활권 도시숲 면적을 $15m^2$까지 늘리겠다고 발표했다. 이를 1년 예산으로 단순 환산하면 연 2,250억 원 수준으로 2019년 우리나라 국가 총예산액인 470조 원의 0.05% 정도에 불과하다.

도시숲을 직접적으로 조성하고 관리하는 지방자치단체의 사정도 다르지 않다. 서울시의 푸른도시국 2019년 예산액은 1조 2,869억 원으로 서울시 전체 예산인 36조 원의 3.6%에 불과하다. 이마저도 도시공원에서 해제되어 개발될 위기에 처해 있는 장기미집행 도시공원 토지보상비로 책정되어 있는 예산이 9,681억 원으로 실제 도시숲 조성 및 관리에 소요될 예산은 3,188억 원에 불과하다.

4. 도시숲과 시민참여

이러한 행정기관 차원의 노력의 한계를 극복하기 위해 다양한 기업, 시민들의 자발적 기부와 자원 활동 참여, 창의적인 정책 제안 등을 통해 보다 높은 질의 도시숲 서비스를 만들 필요가 있다.[14]

영국, 미국, 일본 등 선진국들에서는 1980년대부터 도시숲에서의 시민참여의 중요성이 부각되었으며, 다양한 민관파트너십 유형의 도시공원 운영 관리가 실행되고 있다.[15]

활발한 시민참여는 도시숲의 서비스 기능을 향상시키는 데 있어 중요한 의미가 있다.

첫째, 다양한 기부 및 자원봉사 활동 등의 시민참여 활동은 부족한 예산과 행정인력을 보완함으로써 보다 많은 도시숲을 적은 행정비용으로 조성하고 관리할 수 있으며, 도시숲 이용 프로그램의 질적 향상에도 기여할 수 있다.

둘째, 도시숲의 주이용자인 시민들이 도시숲 조성 및 관리 과정에 직접 참여함으로써, 이용자들의 수요에 부합하는 도시숲 관리 정책을 수립하고 실행할 수 있다.

셋째, 시민들이 도시숲 조성 및 관리 과정에 참여하게 함으로써 주인의식이 높은 도시숲 지지자층을 형성할 수 있으며, 이들의 적극적인 관심과 자원활동을 통해 도시숲의 유지와 질적 개선을 도모할 수 있다. 또한 도시숲 확대에 대한 사회적 여론을 형성하는 데에도 기여할 수 있다.

넷째, 도시숲에서의 시민참여 활동 참여의 경험은 지역 사회 봉사 활동에의 경험으로 이어져 지역공동체를 활성화시키는 계기가 될 수 있다.[16]

이러한 도시숲 시민참여의 필요성을 인식하여 우리나라에서도 2000년대 초반부터 다양한 유형의 도시숲 시민참여 활동이 전개되고 있다.

1) 도심지의 학교를 공원으로-학교숲 운동

시민단체인 생명의숲국민운동은 1999년부터 유한킴벌리, 삼성화재 등의 기업들, 산림청 등의 행정기관과 함께 도심지의 학교에 나무를 심고 숲을 조성하는 학교숲 운동을 진행하고 있다.

1999년부터 현재까지 전국적으로 750여 개의 학교에 학교숲을 조성하고 관리하는 활동을 추진하고 있으며, 조성된 학교숲들은 도심지의 환경 개선에 기여할 뿐 아니라 학생들의 환경교육 공간으로도 활용되고 있다.

생명의숲국민운동에서 시작한 학교숲 조성 운동은 이후 지자체, 교육청 등으로 확산되어 현재까지 전국 12,000여 개의 학교 중 1/4이 넘는 3,000개 이상의 학교에 학교숲이 조성되고 있는 것으로 추산된다.

생명의숲국민운동의 학교숲 운동은 학교숲 조성 및 관리 과정

서울화랑초 학교숲 전/후 (출처 : 생명의숲국민운동)

서울숲 나무심기 자원활동 (출처 : 서울그린트러스트)

에 학생, 교사, 학부모, 지역 주민 등의 학교구성원들이 참여하게 함으로써, 대기 정화, 열섬 완화 등의 도시 환경 개선 효과를 얻을 뿐 아니라 시민참여형 도시숲 운동을 활성화시키는 주요한 계기가 된 것으로 평가받고 있다.

2) 시민의 힘으로 직접 관리하는 도시 공원 – 서울숲

서울숲은 '공원 녹지가 부족한 서울 동북부 지역에 시민이 참여하는 자연친화적 대규모 숲을 조성하여 시민의 여가 문화 공간 및 건강한 도시환경을 제공하고자 하는'[17] 목적으로 서울시와 민간단체인 (재)서울그린트러스트가 함께 조성·관리하는 도시숲이다.

총면적 1,156,498m²인 서울숲은 2003년 조성을 시작하여 2005년 완공되어 시민들에게 개방되었다.

(재)서울그린트러스트는 서울숲 조성과정에서부터 참여하였으며, 4,000여 명의 시민들과 70여 개의 기업들로부터 47억 원을 모금하여 숲조성 기금으로 활용하였다. 조성 이후에는 공원 이용프로그램 운영을 위탁받아 수행하였으며, 2016년부터는 시설물 관리까지 완전 민간위탁을 받아 운영하고 있다.

서울숲에서는 일상적인 숲조성 및 관리 자원 활동 뿐 아니라 다양한 문화프로그램 및 교육프로그램 등이 연평균 800회 이상 진행되고 있으며, 연평균 6천여 명의 자원활동가들이 이러한 활동들에 참여하고 있다.

3) 철도 폐선 부지를 공원으로 – 광주 푸른길

광주광역시에는 광주역에서 동성중까지 8.2km에 이르는 폭 8~26m, 면적 120,227m²의 푸른길 공원이 있다. 이곳은 1984년에 승인된 광주도심철도이전계획에 따라 폐선 부지가 된 곳을 시민들이 참여하여 행정기관과 함께 공원으로 조성하고 관리하고 있는 곳이다.

이 지역은 애초에 도심철도 폐선 이후 경전철을 건설할 계획이 논의되고 있던 곳이었으나 공원화를 원하는 시민들의 요구를 행정기관이 수용하여 공원화한 곳이다.

광주시의 시민들은 1999년 '푸른길시민회의'라고 하는 모임을 결성하여 푸른길 담론의 확산을 위한 조직적인 활동을 전개하였으며 2000년 11월 광주시장의 '폐선부지의 녹지공간 조성계획' 발표를 이끌어내는 데 성공하였다.[18]

이후 푸른길 조성을 위한 '푸른길 100만 그루 헌수운동' 등을 통해 기금 4억 원을 모금하고, 나무심기 활동 등 조성·관리 과정에 적극적으로 참여하고 있다. 현재는 민간단체 (사)푸른길(2012년 설립)이 푸른길 공원의 시민참여 활동을 전담하여 운영하고 있다.[19]

이 외에도 울산대공원(울산시), 부산시민공원(부산시), 세계평화의숲(인천시), 관악산 숲길(서울시), 노을공원(난지도), 우리 동네숲, 사회복지숲 등 다양한 지역에서 다양한 유형의 도시숲 시민참여 활동들이 진행되고 있다.

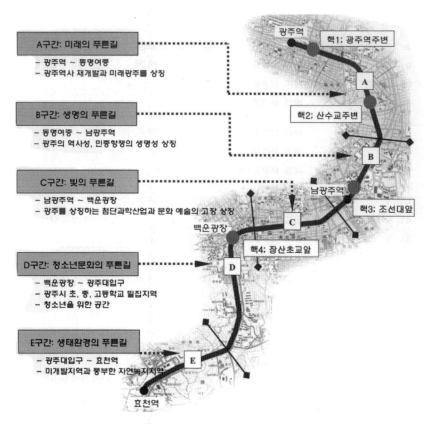

기본계획상 푸른길 공원 활용계획 (출처 : (사)푸른길)

국내 주요 도시숲 시민참여 및 거버넌스 현황[20]

도시숲(공원) 명칭	시민참여 및 거버넌스 현황
서울숲	서울시와 생명의숲의 협약에 의해 설립된 (재)서울그린트러스트에서 조성 및 관리 운영에 참여함. 현재 서울그린트러스트 산하의 '서울숲사랑모임'에서 관리 및 운영에 참여하고 있음.
울산대공원	SK주식회사에서 울산시와 협약을 맺고 울산대공원을 조성하여 기부채납하였음. 울산생명의숲 등 민간단체와 기업임직원 및 시민들의 자원 활동과 활용프로그램이 진행되고 있음.
부산시민공원	미군부대 이전 부지에 시민들의 요구를 수용하여 부산시민공원을 조성하였음. 부산그린트러스트 등 민간단체와 시민들의 자원활동 및 활용프로그램이 진행되고 있음.
광주푸른길공원	도심 철도 폐선 부지에 시민들의 요구를 수용하여 공원을 조성함. (사)푸른길 등 민간단체에서 조성 및 관리 과정에 핵심 주체로 참여하고 있음.
인천 세계평화의숲	생명의숲, 인천국제공항공사, 인천시 중구청이 협약을 맺고 인천공항 신도시에 인천 세계평화의숲을 조성하였음. 생명의숲이 양성한 주민자원활동조직 '세계평화의숲사람들'이 관리 및 활용프로그램을 주도하고 있음.
서울 관악산 숲길	생명의숲, G마켓, 관악구청이 협약을 맺고 관악산 숲길 정비 및 숲가꾸기 사업을 진행하였음. 생명의숲에서 양성한 자원활동조직 '관악산숲가꿈이'가 관리 및 활용프로그램을 진행하고 있음.
서울 난지도 노을공원	서울시에서 대중골프장을 조성하여 운영하려고 했던 난지도 노을공원을 시민운동을 통해 가족공원으로 재조성하였음. 민간단체인 '노을공원시민모임'에서 관리 및 활용프로그램에 참여하고 있음.
학교숲	생명의숲, 유한킴벌리, 산림청이 협약을 맺고 전국 학교에 숲을 조성하고 교육적으로 활용하는 사업을 진행하였음. 이후 생명의숲, 삼성화재, 산림청도 유사한 사업을 파트너십을 통해 진행하고 있음.

도시숲(공원) 명칭	시민참여 및 거버넌스 현황
사회복지숲	생명의숲과 기업들이 협약을 맺고 전국 사회복지시설에 숲을 조성하고 활용하는 프로그램을 진행하고 있음. 생명의숲 자원활동조직인 '움틈'에서 조성 및 활용프로그램을 주도하고 있음.
우리 동네숲	서울그린트러스트와 기업, 지자체가 협약을 맺고 주민들과 함께 자투리 공간을 녹화하고 활용하는 프로그램을 진행하고 있음.

5. 도시숲 시민참여 활성화를 위한 개선 방안

위에서 보았듯이 다양한 지역에서 다양한 유형의 도시숲 시민 참여 활동들이 진행되고 있지만 지금 보다 활성화되기 위해서는 여러 가지 개선해야 할 점들이 있다.

생명의숲국민운동은 2015년의 연구를 통해 '도시숲 시민참 여에 대한 시민의식 개선 및 참여 기회 확대', '도시숲 자원활동 가 및 주민들에 대한 지속적인 교육 기회 제공', '시민참여에 대한 행정기관의 의식 제고', '도시숲 시민참여의 가치에 대한 객 관적인 측정 지표 개발', '도시숲 시민참여 우수 사례에 대한 정 보 공유' 등 도시숲 시민참여 활성화를 위한 5가지의 개선방안을 제시하였다.[21]

2013년도 한국갤럽 조사에서는 76%의 국민들이 도시숲 조 성 및 관리 과정에 참여할 의사가 있는 것으로 나타났으나, '참여의 수준'에 있어서는 편차가 있다.

사업 현장에서의 경험에 의하면 여전히 대부분의 시민들은 일회성 단순 참여 정도의 참여 활동에 만족하는 경향이 있다. 시민들이 도시숲 조성 및 관리의 주체가 될 수 있도록 기획과정에서부터 사후 관리 및 활용 과정까지 전 과정에 걸쳐 주인의식을 가지고 참여할 수 있도록 하는 것이 필요하다.

이를 위해서는 사업의 단계별 참여 프로그램들을 보다 다양하게 개발하여 시민들이 본인의 여건에 맞춰 지속적으로 참여할 수 있는 체계를 만들 필요가 있으며, 본인들이 이용하는 도시숲의 주인임을 인식하게 하기 위한 지속적인 노력이 필요하다.

위에서 소개한 도시숲을 비롯해서 많은 도시숲들에서는 초기 단계에 자원활동가 및 주민들에 대한 교육프로그램들을 진행하고 있다. 그리고 이렇게 양성된 자원활동가 조직이 이후 관리 및 활용 단계에서 시민참여 프로그램을 주도하는 사례들을 볼 수 있다. 그러나 조성 이후 민간단체들과 행정기관들의 관심도가 떨어지는 단계에서부터는 지속적인 교육프로그램이 실행되지 못하고 있어, 이에 대해 현장의 자원활동가들이 어려움을 토로하고 있다.

현장의 자원활동가 그룹과 주민들의 지속적인 성장을 담보할 수 있는 교육 기회들이 지속적으로 제공될 수 있는 체계를 만들어가는 것이 필요하다.

한편으로 시민참여에 대한 행정기관의 의식 제고도 필요하다. 행정기관의 적극적인 의지에 의해 도시숲 시민참여의 성과들이 나타나고 있지만, 여전히 시민참여에 대한 행정기관의 의식은 낮은 수준에 머물러 있다. 대부분의 경우 행정기관에서 생각하는 시민참여의 수준은 나무심기 등의 행사에 단순 참여하는 수준 또는 계획 수립이나 관리 과정에서의 의견 수렴 정도 수준에 머물러 있다.

시민참여의 활성화를 이뤄내기 위해서는 행정기관에서 보다 높은 수준의 시민참여, 즉, 계획 및 조성, 관리 전 과정에 걸쳐 시민 주도의 사업이 이뤄질 수 있는 시민참여 수준에 대한 인식을 가질 필요가 있다.

앞에서도 언급했듯이 도시숲 조성 및 관리 과정에서 다양한 형태의 시민참여 활동이 진행되고 있지만, 이 활동들이 어느 정도의 가치를 가지는 지에 대한 객관적인 측정 지표는 아직 부족한 상황이다.

시민참여 활동을 통해 어느 정도의 행정력 및 예산을 절감할 수 있었는지, 어느 정도의 도시숲 서비스 기능의 향상을 이뤄낼 수 있었는지, 어느 정도의 이용자 및 주민 만족도를 이뤄낼 수 있었는지, 그리고 이 모든 것이 합쳐져 어느 정도의 사회적 가치를 생산해냈는지에 대한 객관적인 측정 지표를 마련하고 측정 결과를 제공한다면, 시민참여 활성화에 큰 도움이 될 수 있을 것이다.

끝으로 위에서 소개한 사례 이외에도 함께 공유하고 분석할 만한 우수 사례들이 많이 존재하므로, 이러한 사례들을 발굴하고 분석하여 함께 공유하는 작업도 도시숲에서의 시민참여 활성화에 많은 기여를 할 수 있을 것이다.

6. 도시숲 시민참여 활성화를 통한 지속가능한 도시 만들기

위에서 보았듯이 도시숲은 지속가능한 도시를 위한 그린인프라로서 매우 중요한 역할을 수행하고 있다. 우리나라의 도시들이 뉴욕, 런던, 파리와 같은 선진 도시들 수준의 도시숲을 갖출 수 있다면 우리 시민들은 지금 보다 더욱 나은 생활 여건에서 지속가능한 삶을 누릴 수 있게 될 것이다.

그러나 앞의 도시숲 관련 예산에서 보았듯이 도시숲에 대한 우리 사회의 투자는 여전히 인색하다. 도시숲을 비롯한 도시의 녹지지역은 도시민들의 휴양공간으로서 주요한 역할을 수행하고 있지만, 미래의 잠재적 개발 예정지로 인식되고 있는 것도 현실이다.

2020년부터 발효되는 장기미집행 도시공원 해제 조치가 실행되면 현재 시민들이 이용하고 있거나 맑은 공기를 제공해주고 있는 도시숲 중 많은 공간이 어느 순간 개발되어 사라질 수도 있다. 토지에 대한 사유재산권 보호라고 하는 취지는 존중해야 하겠지만 도시의 지속가능성 확보를 위해 많은 역할을 하고 있는 도시숲의 공공재적 성격을 감안하면 안타까운 마음을 갖게 한다. 지방자치단체들은 지방채까지 발행해가며 도시공원 해제로 인한 피해의 규모를 줄여보려고 노력하고 있으며, 시민사회에서는 트러스트 운동을 통해 해제 위기에 있는 도시공원 부지를 매입하고자하는 움직임을 보이고 있지만 이러한 노력만으로는 한계가 있는 듯하다.

앞에서 지속적으로 언급했듯이 도시숲은 도시민들의 건강한 삶을 지탱하는 핵심 인프라라고 할 수 있다. 이러한 도시숲이 줄어든다면 그 피해는 정도의 차이는 있겠지만 도시에 거주하는 모든 시민들이 입을 수밖에 없다. 이러한 위기 상황을 극복할 수 있는 우리 사회 구성원 모두의 노력이 필요한 시점이다.

행정기관에서는 시민들의 피해를 줄이기 위해 할 수 있는 최대한의 행정적인 노력을 전개해야 할 것이며, 시민들은 본인들이 입게 될 피해에 대해 인식하고 도시숲을 지키고 늘리고 건강하게 가꾸는 일에 동참해야 할 것이다.

이러한 시민들의 노력은 거창한 결의가 필요한 일들만 있는 것은 아니다. 내 주변의 비어 있는 공간에 나무 한그루, 풀 한포기라도 소중히 돌보고 늘려가려는 노력에서 시작하면 된다. 그리고 십시일반 힘을 모아 사라질 위기의 도시숲을 지키는 데 조금의 힘만이라도 보태면 될 것이라 생각한다.

도시숲은 지속가능한 도시를 만들어 가는 데 있어 필수불가결한 존재이다. 우리가 지속가능한 도시, 건강한 도시를 만들기 원한다면 우리 주변의 도시숲의 소중함을 다시 한 번 인식하고 도시숲을 위한 활동에 조금의 힘이라도 보태야 할 필요가 있다. 이를 통해 우리 도시를 지속가능한 도시로 만들어가야 할 것이다.

지역사회와 함께하는
지속가능한 지역만들기

_____ 유미연 _____

1. 지속가능한 발전과 시민 참여

글로벌 시대에 접어들면서 일부 선진국에 국한되어 있던 환경
문제는 개발도상국으로까지 확대되었고, 환경적 접근만으로는
문제를 해결할 수 없게 되었다. 이에 국제사회에서는 "지속가능
한 발전"이라는 새로운 개념을 탄생시켰다. 오늘 그리고 당장의
내일이 아닌 우리의 미래세대에게까지 아름다운 세상을 선물해
주기 위해 환경뿐만 아니라 사회와 경제 모두를 고려해야 한다
는 것이 그 이유였다.

1987년 브룬트란트 보고서로 통칭되는 「우리 공동의 미래」에서
'지속가능한 발전'의 개념[1]이 정의된 이후, 2000년 밀레니엄 정상
회의Millenium Summit를 통해 '새천년개발목표Millenium Develop-
ment Goals, MDGs'가 설정되었다. MDGs는 빈곤과 불평등 해소를

통한 인간의 삶의 질에 초점을 맞춘 것으로 2015년까지 8개 목표, 21개 세부목표를 달성하는 것을 목적으로 하였다. MDGs의 종료를 앞둔 2015년 9월, 국제사회는 지속가능한 발전Sustainable Deve-lopment의 실현을 위한 후속의제로 '지속가능발전목표Sustain-able Development Goals, SDGs'를 설정하였다. SDGs는 개도국을 대상으로 했던 MDGs와 달리 그 범위를 선진국까지 확대하였다. 또한 사회분야에 국한되지 않고 지속가능한 발전의 개념에 맞추어 '경제·사회·환경'을 통합적으로 고려하여 17개 목표, 169개 세부목표로 지표를 다양화하고 이를 구성하는 데 있어 정부 외에도 시민사회, 민간기업 등 다양한 이해관계자의 참여를 중시하였다. (문도운 외, 2016) 이를 통해 과거에는 환경문제 해결에 있어 그 참여의 범위가 전문가에 한정되었던 반면 오늘날에는 민간으로까지 확대되면서 거버넌스 구축이 중시되고 있음을 알 수 있다.

시민참여의 유형은 참여주체에 따라, 그들의 필요 및 의지에

새천년개발목표와 지속가능한 발전목표 비교2

구분	MDGs(2001~2015)	SDGs(2016~2030)
구성	8개 목표+21개 세부목표	17개 목표+169개 세부목표
대상	개도국	(보편성) 개도국 중심이나, 선진국도 대상
분야	빈곤·의료 등 사회 분야 중심	(변혁성) 경제성장, 기후변화 등 경제·사회·환경 통합 고려
참여	정부 중심	(포용성) 정부, 시민사회, 민간기업 등 모든 이해관계자 참여

따라 '시민주도형'과 '정부주도형'으로 구분된다. '시민주도형 참여'는 정부 정책 과정에 적극적으로 참여하는 것을 뜻한다. 본 유형에는 시민들 스스로 지역의 환경문제를 해결하고 보전해나 가는 '자치형 참여'와 시위와 같은 '요구형 참여'가 해당된다. 자 치형 참여는 시민의 참여도가 가장 높고 시민과 정부의 관계가 원만하다는 특징을 지니는 반면, 요구형 참여는 환경정책에 대 한 불만을 시위, 진정과 같은 방식으로 해결해 참여시민과 정부 간에 심각한 갈등이 발생할 수 있다. '정부 주도형'은 정부의 필 요에 의해 시민들의 참여를 유도하거나 정부 정책 과정에 시민 들이 보조자나 협력자로서 제한적으로 참여하는 것으로 참여의 수준이 매우 소극적이다. '정부 주도형'은 지금까지 주를 이루어 왔던 탑다운Top-down 방식으로, 홍보형 참여와 협력형 참여로 구분된다. '홍보형 참여'는 시민들에게 단순히 정보를 제공하고 정책 및 사업을 홍보하는 것이며, '협력형 참여'는 시민의 참여 가 제한적으로 허용되어 의사결정의 보조자나 협력자의 역할을

환경문제 해결을 위한 시민참여 유형 구분[3]

참여 주도 주체		주요 역할	시민·정부 간 관계	주요 참여 방식	주요 정책참여 단계
시민 주도형	자치형	시민	원만	환경보전 실천	집행
	요구형	시민	심한 갈등	시위, 진정	집행
정부 주도형	홍보형	정부	원만	공식기구 참여	결정
	협력형	정부, 시민	대체로 원만	공식, 비공식 참여	결정·집행

수행하는 것을 뜻한다.(정준금, 2007)

지속가능한 발전은 국가뿐만 아니라 지역으로까지 이어졌고, '지속가능한 지역만들기'라는 개념이 등장하였다. 지속가능한 지역만들기란 "지역의 환경적·경제적·사회적 지속가능성을 실현하기 위해 지역의 다양한 자원을 파악하고 이를 지역 내에서 소비하고 활용하는 것"을 뜻한다.(나카지마 에리, 2009)

지역자원은 자연자원부터 인적자원, 사회자원, 물리자원, 경제자원을 포함하며, 지역은 이러한 자신들의 자원을 발굴하여 지역 내에서 활용하고 다른 지역과 공유하며 지역 활성화를 도모함으로써 지속가능성을 확보해나가고 있다. 저출산, 고령화 그리고 지역소멸론이 대두되면서 지속가능성이 점차 더 중요해져가고 있는 현실 속에서 지속가능한 지역만들기를 실현해나가고 있는 지역들을 살펴보고자 한다.

지속가능한 지역만들기에서 중요한 지역자원의 유형[4]

구분	내용
자연자원	물·대기·토양, 동식물 및 자연계의 순환체제
인적자원	인간 한 사람 한 사람의 건강·교육·기술·지혜
사회자원	사람들 및 사회의 결속력, 협력을 촉진하는 신뢰관계, 사회공통규칙, 교환, 사회적 연계·네트워크
물리자원	교통, 에너지 공급, 주택 등의 지역 인프라
경제자원	화폐·시장·저축 등 우리 생활의 기초가 되는 경제체제

2. 생물권 보전을 통한 지속가능한 지역만들기[5]

유네스코에서는 문화, 지질, 생물권의 보전을 중심으로 세 종류의 보호지역을 지정하고 있는데, 지금부터 소개할 '생물권보전지역'은 그 중 하나이다. 생물권보전지역Biosphere Reserves, BR은 1971년 유네스코의 정부 간 과학프로그램인 'MAB프로그램Man and the Biosphere Programme'의 일환으로 시작되었고 생물다양성 보전과 지속가능한 지역 발전을 목적으로 한다. 그러나 초기에는 그 목적과 달리 자연보전과 연구, 교육에 중점을 두어 국립공원과 같은 기존 법적 보호지역만을 BR로 지정하였다. 이후 국제사회에서 지속가능한 발전이 중시됨에 따라 1995년 세비야 전략 수립과 함께 지속가능한 발전으로 패러다임을 전환하였다. 세비야 전략은 생물권 보전에 있어 사회, 문화, 정신, 경제적 측면과 지역사회의 참여를 요구하였고 MAB위원회는 세계 BR네트워크를 중시하며 2008년 생물권보전지역을 위한 '마드리드행동계획'을 수립하였다.(조도순, 2011)

BR은 '핵심구역Core area, 완충구역Buffer zone, 협력구역Transition area'으로 구분되며 '보전Conservation, 발전Development, 지원Logistic support'을 세 가지 기능으로 설정하고 있다. 핵심구역은 국내법으로 보호되는 곳이어야 하며 주로 보호활동과 연구 활동이 이루어진다. 완충구역에서는 핵심구역을 보호하는 역할로 연구를 비롯하여 생태관광 및 휴양, 환경교육 등이 이루어지며 협력구역은 그 외 일반 거주 및 상업지역 등이 해당된다. BR의 주요 기능에서 보전이라 함은 말 그대로 생태계와 생물종, 경관, 유전적 변이 등을 보전하는 것이고 발전은 사회·문화적, 생태적으로 지속가능한 경제와 인간의 발전을, 지원은 시범사업, 환경교육, 연구 및 모니터링을 통해 위 두 가지 기능이 용이하게 수행 될 수 있도록 지원하는 것을 뜻한다.

BR이 보전지역이라고는 하나 법적 규제가 없는 국제적 규약이다. 이에 각 지역은 법적 보호를 받는 주요 생태계뿐만 아니라 그에 인접한 지역사회를 포함하여 생물다양성 보전과 이용이 조화를 이룰 수 있도록 스스로 관리계획을 수립하고 그에 따라 지속가능한 발전을 도모하여야 한다. 만일 생물다양성 보전 및 지역사회와의 협력이 잘 이루어지지 않을 경우 지정 후 10년마다 이루어지는 평가를 통해 지정해제가 될 수도 있다.

현재 124개국에 701개 BR이 지정되어 있으며, 여러 국가의 접경지역에 위치한 접경생물권보전지역Transboundary BR은 21개에 달한다(2019년 기준). 국내의 경우 1980년 MAB한국위원회 설립 이후 설악산(1982)을 시작으로 제주도(2002), 신안 다도해(2009), 광릉숲(2010), 고창군(2013), 순천시(2018), 강원생태평화(2019), 연천임진강(2019) 총 8개 지역이 지정[6]되어 있으며, 북한에도 백두산과 금강산을 포함해 총 5개 지역이 BR로 지정되었다. 국내 BR들은 지역활성화를 목적으로 BR브랜드 인증사업과 생태관광 등을 운영하고 있다. 특히 제주도의 하례리와 신안군의 영산도는 환경부 생태관광마을 지정 등 생태관광 우수지역으로 발돋움하며 지역사회의 참여를 통한 지속가능한 발전을 실현해나가고 있다.

1) 제주도 하례리 생물권보전지역 생태관광마을

제주도에서는 2014년부터 BR 생태관광마을 공모사업을 추진하면서 BR 내 위치해 있는 하례리와 저지리를 중심으로 사업을 지원하였다. 1차년도에는 주민교육과 지역자원 발굴, 스토리텔링 개발 및 지역협의체 운영을 지원하였고 2차년도부터 5차년도까지는 생태관광 프로그램 개발과 인프라 정비를 통한 수익화 법인 설립을 목적으로 하고 있다.

하례리는 제주감귤의 최대 생산지로 새벽에는 감귤농사를 짓고 나머지 시간에는 잊혀져 버린 삶의 터전 '효돈천'과 소를 몰았던 '고살리숲길'을 중심으로 생태관광 프로그램을 운영하고 있다. 효돈천은 제주도 BR의 핵심구역으로 한때 투명카약으로 유명했던 쇠소깍의 상류지역이다. 한라산에서부터 시작되어 바다로 이어지는, 바다와 강이 만나는 지역으로 특이한 생물들이 서식하는 등 종다양성이 풍부해 천연보호구역으로 지정되어있다. 하례리의 생태관광은 이 특이한 지역을 탐방하는 것으로 시

〈사진 1〉 제주 하례리 효돈천 풍경 및 생태관광

작되며 모든 것은 '하례리 생태관광마을협의체'에 속해 있는 지역주민들의 안내하에 진행된다.

최근에는 효돈천을 테마로 한 마을 캐릭터 '하리'를 개발하는 등 하례리의 생태관광 운영을 위해 제주도와 사회적기업 제주생태관광은 지속적인 주민역량강화를 지원하고 있으며 주민들 또한 적극적으로 참여하고 있다. 이를 통해 하례리 생태관광마을은 초기 정부주도형의 홍보형을 거쳐 협력형으로 발전하고 있으며 협의체 구성을 통해 자치형으로의 전환을 준비하고 있다.

2) 신안 다도해 생물권보전지역 영산도 명품마을

신안 다도해 BR에 위치해 있는 영산도는 목포에서 배를 타고 흑산도로 들어가 거기서 또 10분 가량 배를 타고 들어가야 하는 섬이다. 다도해 국립공원에 속해 있는 곳으로 한 때 많은 국립공원 마을들이 국립공원 지정 해제를 요청할 때 오히려 영산도는 해제를 하지 말아달라고 요청하기도 했다. 이에 국립공원관리공단에서는 '명품마을' 사업을 통해 국립공원 내 마을의 활성화를 도모하였고 영산도도 그 중 한 곳으로 브랜드 개발부터 펜션 등 다양한 시설 및 방송홍보를 지원받았다.

사실 영산도는 신안에서 가장 가난했던 섬이라고 한다. 그 일대에선 산모를 위해 배를 타고 영산 미역을 사갈 정도로 미역이 유명한 곳이었음에도 불구하고 힘들게 채취하여 말린 미역을 20

〈사진 2〉 신안 영산도 풍경 및 생태관광

장에 3만 원밖에 받지 못했다. 거기에 심한 태풍으로 가두리 양식도 할 수 없게 되자 젊은이들은 먹고살기 위해 하나 둘 마을을 떠났고 두 개의 마을이 있던 영산도에는 어느새 하나의 마을만 남았다. 마을을 되살리기 위해 시작한 것이 명품마을사업이었고, 이제는 브랜드 사업을 통해 20장에 3만 원 하던 것을 20만 원에 팔 수 있게 되었다. 물론 이와 같은 성공은 브랜드를 만들었다고 가능한 것이 아니다. 철저한 품질기준에 따라 상품을 포장하고 판매해 상품의 질을 항상 똑같이 유지했기 때문이다.

또한 섬의 자연환경을 유지하기 위해 자체 기준도 설정하였다. 과잉채취로 홍합을 찾아볼 수 없게 되자 3년간 채취를 금하고 이후 계절별 채취량 기준을 정해 현명한 이용을 실천하였다. 멸종위기종 2급 난초인 석곡을 보존하여 군락지가 형성되기도 했다. 무엇보다 45명인 주민 기준에 맞추어 하루 입도객을 50명으로 제한함으로써 섬에 무리가 가지 않도록 하였다.

영산도는 앞서 소개한 하례리와 달리 처음부터 마을주민들의 요구로 사업이 시작되면서 시민주도의 자치형으로 생태관광마을이 운영되고 있음을 알 수 있다.

3. 소통의 장 마련을 통한 지속가능한 지역만들기

자연보전 또한 지속가능한 지역만들기에 있어 중요한 요소이지만 인적자원과 네트워크 구축과 같은 사회자원도 매우 중요한 자원이다. 서로 정보를 공유함으로써 지역의 문제를 공론화하여 함께 해결방안을 찾고 협력할 수 있기 때문이다. 포럼은 단순히 정보를 제공하는 것에 그치지 않고 함께 논의할 수 있다는 상호작용을 지니고 있어 이를 통해 지역의 문제를 해결하는 곳들이 있다.

일본 시가현에서는 '마더레이크포럼Mother Lake Forum'을 개최하여 여러 지자체들이 함께 비와호의 수질을 깨끗하게 유지하고 있고, 영국 런던 이즐링턴에서는 주민자치센터의 주도로 '마을포럼Village/Neighbourhood Forum'을 운영하며 마을의 토지이용계획 수립 등 지역사회 관련 정책들을 수립하는 데 있어 주민이 직접 참여할 수 있도록 하고 있다(김상욱, 2015). 국내의 경우도 농림축산식품부의 지원으로 지역별 '농촌현장포럼'을 운영함으로써 지역주민과 지자체 공무원, 전문가, 시민단체 등 지역의 다양한 이해관계자들이 모여 소통하고 지역의 문제를 해결해나가고 있다. 도시에서도 이러한 포럼이 운영되고 있는데 농촌현장포럼과 달리 정부 지원사업이 아닌 지역사회의 주도로 운영되고 있다. 바로 2014년부터 건국대학교 생태기반사회연구소가 지역 시민단체와 함께 개최해 온 '광진포럼'이다.

각자 다양한 이유와 구성원으로 포럼을 운영하고 있지만 지역의 지속가능성 확보를 위한다는 목적은 모두 같다. 모든 사례를 살펴보면 좋겠지만, 여기서는 일본 비와호의 마더레이크포럼과 광진포럼에 대해 보다 자세히 살펴보고자 한다.

1) 일본 비와호 마더레이크포럼[7]

비와호는 400만 년 전 형성된 일본 최대의 호수로 생물다양성이 풍부한 곳이자 시가현과 오사카 지역 일대의 주요한 수자원이다. 이에 지역사람들은 비와호를 가리켜 '어머니 호수 Mother Lake'라 부른다. 그러나 고도성장을 거치면서 비와호의 생태계는 파괴되었고, 시가현에서는 이를 해결하기 위해 2000년도에 '마더레이크21계획Mother Lake 21 Plan'을 수립하게 되었다. 본 계획은 "비와호 유역의 보전과 인간-자연-호수의 공생관계 회복"을 목적으로 하며, 최종 목표인 "2050년 활력 있는 생활 속에서 비와호와 사람이 공생하는 모습 만들기"를 달성하기 위해 제1기부터 제3기까지 시기별 세부 목표도 수립하였다. 제1기 계획(2000~2010)에서는 행정을 중심으로 수질보전과 수원함양, 자연적 환경·경관 보전 등의 활동을 진행하였다. 1기 계획의 평가결과에 따라 제2기 계획(2011~2020)의 성과평가와 달성방법, 목표를 재검토하였다. 특히 1기 계획에서 행정주도가 실효성이 없다는 평가를 받으면서 제2기 계획부터는 지역주민 등 다양한 이해관계자의 참여를 중시하였고 그를 통해 '마더레이크 포럼'이 탄생하게 되었다.

비와호는 교토 부근 시가현에 위치해 있으며 여러 지자체(구사쓰시, 오쓰시, 히코네시)에 걸쳐져 있고 이 지역들의 생활 및 공업용수로 사용되어 이해관계가 매우 복잡하다. 이에 시가현에서는 다양한 이해관계자들의 참여를 독려하고자 마더레이크 포럼을 보다 세부적으로 구성하였다. 우선 포럼의 사무국을 설치하고 포럼 운영위원회를 구성하였다. 포럼의 사무국은 공익재단법인 오우환경보전재단에서 담당하며, 운영위원회는 운영위원, 간사위원, 일반위원으로 구분된다. 운영위원은 현縣 주민과 비영리조직NPO, 사업자, 어민, 전문가, 행정 등에서 선출하며 위원장은 위원의 호선으로 선출한다. 간사위원은 주로 현립대학교수와 비와호환경과학연구센터, 민간연구기관, 다양한 NPO, 환경관련 재단 등 외부 인사들의 비중이 높고 일반위원은 외부 인사 외에도 시가현 환경정책과 관계자들이 다수 참여하며 시가현도 하나의 주체로 참여하고 있다. 포럼의 참여대상은 유역주민, NPO, 농림수산업 종사자, 사업자, 전문가, 행정, 청소년 등 비와호 유역에 관계된 다양한 주체들이다. 포럼의 운영방식은 크게 '마더레이크포럼', '비와코미회의', '현민포럼과 학술포럼' 세 가지로 구분되며 각각의 내용은 다음과 같다.

우선 마더레이크포럼은 비와호 종합보전의 방향성을 확인 및 평가하는 자리이다. 각 유역별로 생태계 현황을 파악하고 자신의 생활과 호수의 관계를 되돌아보고 향후 대응방안 논의와 상호관계 형성을 통한 대응을 강화시켜나가는 장이다. 포럼에서 논의된 결과는 학술포럼의 전문가 조언을 거쳐 시가현 시책에 제안을 하고 제안된 내용은 시가현 비와호 물정책본부나 환경심의회의의 검토를 받아 진행, 관리된다. 또한 하반기 대응책과 차기년도 예산을 작성한다. 마더레이크포럼 운영위원회에서는 비와코미 회의에서 진행될 주제를 선정하고 프로그램 작성부터 발표자 선정, 웹사이트 운영 등 운영 전반을 담당하고 있다.

비와코미회의는 연 1회 비와호 유역의 모든 이해관계자들이 참여하는 자리이다. 비와코미란 비와호의 '비와'와 지역community, 대화communication, 약속commitment을 의미하는 '코미'의 합성어다. 그 뜻처럼 이 회의에는 시민단체부터 농림어업인, 유역협의회, 민간기업, 전문가 그리고 행정에 이르기까지 다양한 이해관계자들이 모여 전년도 비와호의 환경상태와 개선노력 등에 대해 서로 평가하고 논의를 한다. 회의 주제는 앞서 설명하였듯 마더레이크포럼 운영위원회에서 정하며 본 회의를 통해 나온 다양한 방안들에 우선순위를 매기어 향후 방침으로 제시한다.

현민포럼과 학술포럼은 각각 현민과 전문가를 대상으로 운영되는 포럼으로 비와호 유역 네트워크 위원회와 종합보전학술위원회의를 개편한 것이다. 현민포럼의 경우 각 지역에서 비와호를 위해 활동하고 있는 개인과 단체를 비롯해 농림수산업 종사자 및 기업 대표, 전문가, 하류 지역민 등 다양한 주체가 참여하고 있다. 비와코미회의처럼 1년에 한 번 정도 모여 비와호의 현상과 마더레이크21계획의 진행 상황 등에 대한 정보를 교환한다. 현민포럼은 광역단위에서 이루어지는 '시가현포럼'과 지자체별로 운영되는 '지역포럼'으로 구분되는데 범위의 차이일 뿐 운영방식은 동일하다. PDCA^{Plan-Do-Check-Action} 사이클을 통해 참가자 스스로 과제를 발굴하고 해결방안을 모색함으로써 계획부터 실행, 평가까지 상향식^{Bottom-up} 의사결정을 가능하게 하고 현민의 주체성과 책임감을 형성하게 된다. 이와 달리 학술포럼은 비와호 종합보전학술위원회의를 개편한 것으로 10인의 전문가로 구성된다. 학술적 관점에서 마더레이크21계획의 진행상황을 평가하고 그 결과를 현민포럼에 제시하며, 현민포럼에서 제시된 의견을 검토하여 행정에 시책이나 사업개선으로 제안하기도 한다.

마더레이크21계획에서 제3기 계획은 이전과 다르게 30년 동안 진행되는 장기계획으로 '1950년대의 수질을 재현하고 물환경을 살리는 산 만들기, 호수 환경을 지키고 다양한 생물이 사는 사계절의 아름다움을 보여주는 비와호의 경관 보전'을 목표로 한다. 물론 세부 내용은 제2기 계획의 종료 이후 평가 결과에 따라 변경될 수도 있다. 제2기가 2020년에 종료되므로 이제 마더레이크포럼에서는 지난 10년을 되돌아보며 마지막 장기계획을 수립할 것이다. 그들이 또 어떠한 방식으로 자신들의 호수와 생활을 지켜나갈지 기대가 된다.

2) 대학과 지역사회가 함께하는 광진포럼

광진포럼은 본래 광진구의 오랜 시민단체인 "광진주민연대"에서 광진구의 지속가능한 발전을 도모하고자 2013년부터 개최해 온 포럼이다(디지털광진, 2013.7.19). 그러다 2014년 10월부터 건국대학교 생태기반사회연구소가 참여하면서 지역단체 광진주민연대, 지역신문사 디지털광진 그리고 지역대학을 중심으로 한 새로운 포럼 운영위원회가 구성되었다. 그렇게 3년간 지역현안에 대하여 시민단체와 지역주민, 전문가, 광진구청 등 다양한 이해관계자들을 위한 소통의 장을 마련하면서 포럼은 자리를 잡게 되었다. 이후 2017년 2월부터는 광진시민허브가 운영위원회에 참여하기 시작했고 그해 6월부터는 건국대학교 생태기반사회연구소(이하 생태기반사회연구소) 대신 건국대학교 커뮤니티비즈니스센터(이하 CB센터)와 LINC+사업단[8]이 운영위원회에 참여하며 지역사회와 함께 포럼을 운영하고 있다.

포럼운영위원회에서는 연초에 1년의 운영 계획을 간략히 수립하고 이후 월마다 운영위원회의를 개최하여 포럼 주제와 발표자들을 선정한다. 이후 실행위원회에서 회의결과를 기반으로 발표

〈사진 3〉 광진포럼 운영 모습

자 섭외 등 포럼 운영 준비를 수행한다. 포럼은 특별한 일이 없는 이상 매월 두 번째 월요일 오후 7시부터 9시까지 개최되며, 여름 휴가철에는 개최하지 않는다. 한 때 격월 개최가 논의되기도 하였으나 2017년에만 잠시 시행되었을 뿐 현재까지 포럼은 거의 매월 개최되고 있다. 운영 예산은 대학과 시민단체가 약 절반씩 부담하며, 초기 약 3년간은 포럼 장소 입구에 모금함을 설치하여 시민들의 기부를 받기도 하였다. 각각의 역할을 살펴보면 대학에서는 주로 공간 마련, 섭외 및 기타 운영 지원을 담당하고 시민단체에서는 섭외 및 다과 준비 등 기타 운영 전반을 수행하고 있다.

포럼의 주제는 앞서 언급하였듯 포럼운영위원회의를 통해 결정하며, 초기에는 지역 정치인들이 자문위원으로 참여하면서 지역현안에 대해 함께 논의하기도 했다. 지금까지 진행된 포럼의 주제를 지역자원의 유형과 연관지어보면 도시의 특성 때문인지 자연자원보다는 '인적, 사회, 물리, 경제자원'을 통합적으로 다루어 왔음을 알 수 있다. 광진포럼에서 다룬 주제들을 살펴보면 제일 많이 언급된 내용은 "광진구"이며 그 다음은 "주민"이다. 지역현안을 주로 다루다보니 지역명인 '광진구'와 '광진'이 가장 많이 등장하였는데 이를 제외하면 "주민, 참여, 시민, 활성화" 등 주민참여에 대한 내용이 주를 이룬다. 이는 광진포럼이 주거와 복지, 교육, 환경, 지역축제, 선거 등 다양한 주제를 다룸에 있어 주민들에게 정보를 제공하고 구청과의 협력, 주민의 참여를 이끌어내고자 했기 때문이다.

다만 대부분의 지역현안이 대학과 직접적으로 연관된 내용은

Top	Word	Freq
1	광진구	7
2	주민	7
3	광진	5
4	참여	4
5	구청	3
6	시민	3
7	활성화	3

광진포럼에서 가장 많이 다루어진 주제 Top7

아니다보니 대학생들의 참여율이 매우 저조하다는 아쉬움이 있
다. 그러나 지역주민들을 중심으로 평균 30~50명이 지속적으
로 참여하며 지역주민 주도의 포럼이 4년 넘게 운영되고 있다는
것은 매우 의미 있는 일이라고 생각된다.

광진포럼 운영 현황 (2014.10~2019.1)[9]

회차	개최일자	포럼 주제	운영주체
1	2014.10.13	지방자치 활성화를 위한 민관협력 및 주민참여 －로컬푸드 1번지 완주로부터 배운다	건국대학교 생태기반 사회연구소, 광진주민연대, 디지털광진
2	2014.11.10	동단위 주민자치 활성화방안 －서울시의 최근 흐름을 반영하여(동 마을복지센터)	
3	2014.12.08	대학과 지역사회의 아름다운 만남	
4	2015.02.09	광진구 지역사회복지계획 짚어봅시다	
5	2015.04.13	광진구 마을 만들기－지난 3년, 앞으로 30년	
6	2015.08.10	사회적경제에 날개를 달자 －주민이 원하는 광진구 사회적경제 기본조례	
7	2015.09.14	쓰레기와의 한판승부－광진구민 대토론회	
8	2015.10.12	내 힘으로 발전소를 만드는 비법, 전격공개	
9	2015.11.09	주민들이 원하는 행복주택만들기 프로젝트	
10	2016.05.09	뜨거운 역사의 현장 '광진' 바로 알기	
11	2016.06.13	어린이대공원 활용방안 －지역과 협력을 통한 어린이대공원 활성화 방안	
12	2016.07.11	법원부지－광진구청 주민참여 개발 계획	
13	2016.09.12	광진구민이 바라는 광진구청사 －법원부지 광진구청 주민참여 개발계획 논의 그 이후	
14	2016.10.10	광진혁신교육지구 오늘과 내일	
15	2017.02.03	지방분권과 지방자치의 나아갈 길 －광진구청장에게 듣는다	기존 운영주체에 광진시민허브 합류
16	2017.03.13	주민참여예산제 "100배 활용하기"	

회차	개최일자	포럼 주제	운영주체
17	2017.06.12	동 주민센터의 대변신 이제는 찾아갑니다	건국대학교 CB센터 및 LINC+사업단, 광진주민연대, 디지털광진, 광진시민허브
18	2017.08.21	서울동화축제 6년 진단과 대안	
19	2017.10.26	미래사회의 변화와 새로운 교육 실험	
20	2017.12.18	우리 삶을 바꾸는 10가지 시민공약	
21	2018.02.12	올바른 지역 일꾼 뽑기 문제는 공천이다!	건국대학교 CB센터 및 LINC+사업단, 광진주민연대, 디지털광진, 광진시민허브
22	2018.03.19	개헌－국민과 함께 희망 만들기	
23	2018.04.30	6.13 선거 후보자에게 제안하는 우리 삶을 바꾸는 10가지 시민공약	
24	2018.06.26	지역구민과 함께하는 '축'당선&지역을 말하다	
25	2018.09.17	한반도 정세와 시민사회의 과제	
26	2018.10.22	광진구 커뮤니티 케어의 모색 －고독사의 실태와 대안을 찾아－	
27	2018.11.19	ILO 기본협약 중 결사의 자유에 대한 이해 －광진구 노동자 조직화 현실과 대안－	
28	2018.12.10	성평등 시각에서 자치구 사업보기	
29	2019.01.14	광진주민자치 활성화 어떻게 할 것인가?	

4. 글을 마치며

대부분의 지속가능한 지역만들기는 정부주도형의 홍보형에서 시작하여 교육과 지원 사업을 통해 주민참여를 이끌어내며 정부주도형의 협력형으로 변화한다. 그리고 시민주도형의 자치형을 최종목표로 삼아 주민들 스스로 자신의 지역을 보전하고 지속가능성을 확보할 수 있도록 노력한다. 이미 영산도는 시민주도형의 자치형으로 마을이 운영되고 있고 하례리 또한 자치형으로 점차 이동하고 있다고 볼 수 있다. 일본 비와호 마더레이크 포럼 또한 다양한 논의의 장을 마련함으로써 지방정부의 주도에서 시민주도형의 자치형으로 운영되고 있다. 이와 달리 광진포럼은 시민주도형의 요구형과 자치형의 사이로 오히려 지역정부의 참여와 협력을 유도하고 있다. 시민단체를 중심으로 지역주민들에게 정보를 공유하고 논의의 장을 마련하며 그들의 적극적인 참여를 유도하고 있다는 데 큰 의미를 지닌다.

　세상에는 다양한 사람들이 존재하듯 그들이 속해 있는 지역의 특성 또한 매우 다양하다. 때문에 앞서 제시한 사례들이 일반화되어 모든 지역에 적용하는 것은 불가능하다. 어떤 지역은 하향식 접근으로 정부의 주도가 필요하고 어떤 지역은 지역주민 주도의 상향식 접근이 가능할 수 있다. 하지만 앞서 살펴보았듯, 출발점은 모두 다를 수 있으나 그 종착점은 모두 '시민주도의 자치형'이 될 수 있다. 지속적인 주민 역량강화와 정부의 관심 그리고 운영 예산만 확보된다면 말이다. 비록 많은 시간과 비용이 필요하겠지만 지역의 지속가능성을 확보할 수 있다면 그래도 감수할 수 있지 않을까, 아니 아마도 감수해야만 하지 않을까 하는 생각이 든다.

생태사회를 위한 독일작가들의 활동과 생태문학

1 이 글은 학회의 사전 동의를 받아 사지원, 「독일 생태문학의 발전과정」(『카프카연구』11, 한구카프카학회, 2004, 79~96쪽)을 수정·보완하여 활용하였음을 밝힌다.

2 Haeckel, *Generelle Morphologie der Organismen*, Berlin, 1866, p.286.

3 Novalis, *Die Christenheit und Europa*, Bd. 2, Werke, p.734; 최문규, 「자연철학에 기초한 독일낭만주의의 자연관 및 문학관」, 윤호녕 외, 『19세기 자연과학과 자연관』, 서울대 출판부, 1997, 32쪽에서 재인용.

4 윤호녕 외, 『19세기 자연과학과 자연관』, 서울대 출판부, 1997.

5 위의 책, 33쪽.

6 von Arnim, *Werke und Briefe*, Bd. 1, Hrsg. v. Walter Schmitz und Sibylle von Steinsdorff, Frankfurt a. Main, 1995, pp.308~309.

7 von Arnim, *Goethes Briefwechsel mit einem Kinde*, Hrsg. v. Waldemar Oehlke, Frankfurt a. Main, 1990, p.530.

8 위의 책.

9 von Arnim, *Werke und Briefe*, Bd 3, Politische Schriften, Hrsg. v. Wolfgang Bunzel·Ulrike Landfester·Walter Schmitz und Sibylle von Steindorff, Frankfurt a. Main 1995, pp.9~368.

10 이 책이 나중에 출판된 『가난한 사람에 대한 책』이다.

11 베를린 관청은 온갖 사회적 불의에 맞서는 베티나를 저항의 총체 개념으로 여겼다.(Bernhard Gajek, 박진영 역, "Bettina von Arnim", 『계명대 독일학지』, 1992, 계명대 독일학연구소, 27쪽)

12 시적 사실주의는 19세기 후반기의 독일문학을 지배한 문학사조이다. 시적 사실주의 작가들은 문학을 통해서 정제된 사회를 보여주고 독자를 교화하려고 했기 때문에 고된 일상과 시대적·사회적 문제를 사실적이고 객관적으로 묘사하면서도 인간내면의 아름다움과 인간에 대한 믿음을 배제하지 않았다.

13 Jens(Hrsg.), *Kindlers Neues Literatur Lexikon*, München, 1991, p.847.

14 Böll, *Essayistische Schriften und Reden*, 3, Köln, 1980, p.462.

15 Ibid., p.462.

16 Böll, *Essayistische Schriften und Reden*, 1. Köln, 1979, p.249.

17 Böll, *Essayistische Schriften und Reden*, 2, Köln, 1979, p.603.

18 Böll, *Essayistische Schriften und Reden*, 3 .Köln, 1980, p.463.

19 Reid, *Heinrich Böll*, München, 1991, p.273.

20 루돌프 바로는 공산주의 체제를 분석하고 '독일사회주의통일당'의 토대를 이루는 근거들을 문제 삼은 『대안. 현존하는 사회주의에 대한 비판』(1977)의 일부를 서독의 『슈피겔』에 발표하고 서독의 텔레비전과 인터뷰를 했다. 이 일로 인해 그는 8년

금고형을 선고받았다. 동독정부는 국제적 압력에 못 이겨 그를 석방했다. 그는 즉시 서독으로 이주했고 1985년까지 녹색당에서 활동하다가 1989년 다시 동베를린으로 돌아갔다. 이후 '베를린홈볼트대학교'의 '사회생태학연구소' 교수로 재직하다가 1997년 백혈병으로 사망했다. 루돌프 바로 이론의 핵심은 자기근절의 논리와 근본주의이다. 요약하면 이렇다. 현대의 산업체제는 자본과 기술과 과학이 함께 작동하여 자신과 모태를 뿌리 채 근절시키는 메가머신이다. 때문에 서너 세대의 복지는 반드시 수세기에 걸친 질병과 고통을 그 대가로 지불할 것이고, 생태위기는 자본주의의 종말을 가져올 것이다. 생태위기를 극복하기 위해서는 근본주의가 절대적으로 필요하고, 이는 인간의 영적·정신적 전환으로 가능하다. 결론적으로 가장 중요한 것은 전환에의 의지이다. Bahro, *Logik der Rettung*, Stuttgart, 1987.

21 위의 책.

22 Böll, *Feindbild und Frieden*, München, 1987, p.168.

23 Böll · Vormweg, *Weil die Stadt so fremd geworden ist*, Bornheim—Merten, 1985, p.134.

24 Quernheim, *Das moralische Ich. Kritische Studien zur Subjektwerdung in der Erzahlprosa Christa Wolfs*, Wuerzburg, 1990, p.270.

25 Wolf, *Voraussetzungen einer Erzaehlung : Kassandra*, Darmstadt/Neuwied, 1983, pp.107~108.

26 Nicolai, *Christa Wolf. Kassandra*, Odelburg, 1995, p.53.

27 소설의 시간은 1978년 11월이지만 1977년 가을 독일에서 있었던 사건들을 제시하고 있다. 68학생운동 이후에 결성된 테러 집단 적군파(RAF)가 감금되어 있는 그룹의 지도급 인물들을 석방시키기 위해 테러를 가하기 시작했다. 이들은 1977년 4월부터 그 해 가을까지 정치, 경제계의 고위급 인물 3명과 그들의 기사와 경호원을 살해하고 87명의 승객이 탄 루프트한자 여객기를 납치하여 감방에 갇히어 있는 동료와 교환할 것을 요구했다. 적군파의 테러행위가 절정에 이르렀던 "1977년 가을까지 28명이 죽었고 17명의 도시게릴라군이 시체로 발견되었으며 전혀 관련이 없는 2명의 시민도 추적 시에 경찰의 오인으로 사살되었다. 결과적으로 모두 47명이 목숨을 잃었다."(Stefan Aust, *Der Baader—Meinhof—Komplex*, München, 1989, p.592)

28 Reid, *Heinrich Böll*, München 1991, p.267.

29 박희병, 『한국의 생태사상』, 돌베개, 1999, 17쪽.

30 Böll, *Drei Tage im März*, Köln, 1975, p.73.

31 Böll, *Im Gespräch. Heinrich Böll mit H. L. Arnold*, München 1971, p.57.

생태담론의 철학

1 이 글은 양해림, 「에코담론의 철학」, 『기후변화, 에코(ECO) 철학으로 응답하다』, 충남대 출판문화원, 2016, 13~55쪽; 양해림, 「환경철학과 환경정책의 바람직한 지평 모색」, 『환경철학』 25, 한국환경철학회, 2018, 73~78쪽을 수정·보완하였음.

2   문순홍, 『생태학의 담론』, 아르케, 2006, 123쪽.
3   김성진, 「철학적 인간학의 생대학적 과세」, 송상용 외, 『생태문제와 인문학적 상상력』, 나남출판, 1999, 45쪽.
4   박준건, 「생태적 세계관, 생명의 철학」, 『인문학과 생태학』, 백의. 2001, 62쪽.
5   홍기빈, 『아리스토텔레스, 경제를 말하다』, 책세상, 2001, 38쪽.
6   박이문, 「생태학적 합리성과 아시아 철학」, 숲과문화연구회 편, 『숲께 드리는 숲의 철학』, 철학과 현실사, 2006, 136쪽.
7   P. J. Bowler, Bowler, *The Science of Ecology.* 2nd ed., Orlando, FL : Saunders College Publishing. 1994, p.365.
8   도널드 워스터, 강헌 · 문순홍 역, 『생태학, 그 열림과 닫힘의 역사』, 아카넷, 2002, 6쪽.
9   가이아 가설은 크게 다섯 가지로 나누어 살펴볼 수 있다. 첫째, 영향력을 가진 가이아(Influential Gaia) : 생물계는 무생물계에 근본적으로 영향을 미친다. 둘째, 공진화 가이아(Coevolutionary Gaia) : 생물계가 무생물계에 영향을 미치고 무생물계는 이와 반대로 생물계의 진화에 영향을 미친다. 이때 진화는 다윈의 이론에 A따라 진화한다. 셋째, 항상성 가이아(Homeostatic Gaia) : 생물계가 무생물계에 영향을 미치는 영향은 무생물계가 안정이 되는 방향으로 진행된다. 넷째, 목적론적 가이아(Teleological Gaia) : 지구의 대기는 항상성을 유지하는데, 이는 생물계에 의해서뿐만 아니라 생물계를 위한 것이다. 다섯째, 최적화 가이아(Optimizing Gaia) : 생물계는 그들의 물리적 환경을 생물이 살아가기에 최적의 조건이 되도록 조절한다 (J. W. Kirchner, "The Gaia Hypothesis : Are They Testable? Are They Useful?" in Schneider, S. H. and P. J. Boston eds, *Scientist on Gaia*, MIT Press.1992).
10 황수영, 「생태학적 관점에서 본 베르그손의 자연관」, 『인문학과 생태학』, 백의, 2001, 125쪽.
11 한면희, 『미래세대와 생태윤리』, 철학과 현실사, 2007, 67쪽.
12 Roderick Frazier Nash, *Wilderness and the American Mind*, New Haven : Yale University Press, 1967, pp.20~21.
13 Roderick Frazier Nash, *The Right of Nature : A History of Environmental Ethics*, Madison : University of Wisconsin Press, 1989, p.164.
14 G. Tayler, Miller, Jr, *Essentials of Ecology*, 3rd ed., Brooks/Cole, Thomson Learning, 2005, p.5.
15 문순홍, 앞의 책, 123쪽.
16 Aldo Leopold, *A Sand County Almanac and Sketches Here and There*, New York : Oxford University Press, 1966, pp.262.
17 김성진, 「환경미학과 썩음의 미학」, 『환경철학』 제6집, 한국환경철학회, 2007, 53~54쪽.
18 Holmes Rolston III, "Values in and Duties to the Natural Rights," David Schmidtz(Hg.), *Environmental ethics*, Oxford University. 2002, pp.33~37.

19 노희정, 앞의 글, 113쪽.

20 지혜를 사랑하는 사람을 철학자(Philosopher)라고 한다. 그리스어인 Philo- sophia, 즉 지혜를 사랑한다는 애지학(愛智學)에서 연유한다. philo는 사랑한다는 뜻이고, sopher는 지혜로운 사람이라는 의미이다. 숲을 사랑하는 사람은 지혜로운 사람이다. 따라서 숲을 사랑하는 사람은 철학을 하는 사람이다. 숲을 깊이 생각하고 숲을 사랑하는 사람은 누구나 이미 철학을 하고 있는 것이다. 참된 철학은 사유를 위한 사유를 하거나 관념적인 말놀이를 하는 것이 아니라 가장 직접적이고 가장 포괄적인 생각으로부터 나오지 않으면 안 된다. 우리는 숲이 생명이 우리에게 향해서 부르는 소리에 응답하지 않을 수 없다. 왜냐하면 생명이야말로 가장 직접적이고 가장 포괄적인 의식이며, 인간과 숲을 살려고 하는 생명의 한가운데서 살려고 하는 생명이기 때문이다.

21 Arne Naess, "The Shallow and Deep, Long−Range Ecology Movement", *inquiry*, Vol.16, Spring, 1973, pp.95~96.

22 송명규, 『현대생태사상의 이해』, 도서출판 따님, 2004, 100~101쪽.

23 문순홍, 「생태여성론, 그 닫힘과 열림의 이론사」, 문순홍 편, 『생태학의 담론』, 솔, 1999. 368쪽.

24 마리아 미스·반다나 시바, 『에코페미니즘』, 창비, 2010, 27쪽.

25 위의 책, 16쪽.

26 문순홍, 앞의 글, 362쪽.

27 Zimmermann et al.(eds), *Environmental Philosophy*, Englewood Cliff, 1993 : vi−ix.

28 장춘익, 「생태철학 : 과학과 실천사이의 지적 상상력」, 송상용 외, 『생태문제와 인문학적 상상력』, 나남출판, 1999, 88~89쪽.

29 문순홍, 『생태학의 담론』, 아르케, 2006, 120쪽.

30 머레이 북친, 「사회생태론」, 문순홍 편, 『생태학의 담론』, 솔, 1999, 116쪽.

31 위의 책, 122쪽.

32 구승회, 『생태철학과 환경윤리』, 동국대 출판부, 2001, 158쪽.

33 J. R. DesJardins, 김명식 역, 『환경윤리』, 자작나무, 1999. 386쪽.

34 머레이 북친, 서유석 역, 『머레이 북친의 사회적 생태론과 코뮌주의』, 메이데이, 2012,

35 위의 책, 76쪽.

36 이에 대한 자세한 내용은 다음을 참조 : 양해림, 「기후변화와 책임의 윤리」, 『환경철학』 8, 한국환경철학회, 2009, 197~239쪽.

37 Max Weber, *Wirtschaft und Gesellschaft*, Tübingen, 1947(막스 베버, 박성환 역, 『경제와 사회』, 문학과 지성사, 1997).

38 Max Weber, *Gesammelte Aufsätze zur Wissenschaftslehre*, Tübingen, 1968, p.183.

39 Max Weber, *Wirtschaft und Gesellschaft*, Tübingen, 1947, p.4.

40 Ibid., p.1; Max Weber, *Soziologische Grundbegriffe*, 6. Aufl. 1984, p.19.

41 Max Horkheimer·Th. W. Adorno, *Dialektik der Aufklärung*, Amsterdam, 1947,

p.24. 양혜림, 「과학기술시대의 오디세우스 – 호르크하이머와 아도르노의 계몽의 변증법을 중심으로」, 『디오니소스와 오디세우스의 변증법』, 철학과 현실사, 2000, 215~239쪽 참조.

42 칼 폴라니, 홍기빈 역, 『거대한 전환』, 도서출판 길, 2018, 464쪽.

43 구승회, 『생태철학과 환경윤리』, 동국대 출판부, 2001, 161쪽.

44 이상헌, 『생태주의』, 책세상, 2011, 76쪽.

45 Hans Jonas, *Das Prinzip Verantwortung, Versuch einer Ethik für technologische Zivilisation*, Frankfurt. a. Main, 1979.

46 Ibid., 18쪽.

47 Ibid., 63~101쪽.

48 데이비드 페퍼, 이명우 외역, 『현대환경론』, 한길사, 1989, 58쪽.

49 카트린 라레르, 「새로운 윤리?」, 베어드 캘리콧 외, 윤미연 역, 『자연은 살아있다』, 창해, 2004, 155쪽.

50 데이비드 페퍼, 앞의 책, 58쪽.

51 이상헌, 『생태주의』, 책세상, 2011, 65쪽.

52 Arne Naess, *Ecology, Community and Lifestyle*, Cambridge University Press, 1989, pp.27~28 · 171~176.

53 Roderick Frazier Nash, *The Right of Nature : A history of environmental ethics,* Madison : The University of Wisconsin Press, 1989, p.3.

54 박찬국, 『환경문제와 철학』, 집문당, 2004, 160쪽.

55 울리히 벡, 『위험사회 : 새로운 근대성을 위하여』, 새물결, 2014, 301쪽.

56 존 벨러미 포스터, 「자본주의에서 사회주의로의 이행과 생태」, 김철규 외역, 『생태 논의의 최전선』, 필맥, 2009, 37쪽.

57 이진경, 『미래의 맑스주의』, 그린비, 2006, 379쪽.

지속가능한 성장을 위한 문화 도시 기반 경쟁력 강화

1 SDG Compass, 지속가능발전목표에 관한 기업행동지침. https://sdgcompass.org/

2 Strand, Joyce A. · Peacock, Robert, "Resource Guide : Cultural Resilience", *Tribal College Journal*, Vol.14, No.4, American Indian Higher Education Consortium, 2003, pp.28~31.

3 기본적으로는 선행연구와 관련 정책 등을 참조하여 '도시재생'이라고 사용되나, 관련 문헌 등에서 지역의 재생으로 경쟁력을 제고한다는 목적으로 하는 경우, 맥락에 따라 '지역재생'의 용어가 혼용되는 경우도 있음.

4 국토연구원, 「지역거점 문화도시 조성사업의 추진실태 및 향후 과제」, 2012, 12쪽; 이병민, 「콘텐츠 생태계 중심 창조적 문화도시의 발전방향」, 『인문콘텐츠』 25, 인문콘텐츠학회, 2012, 13쪽을 참고하여 정리

5 「지역 간 문화격차 실태 및 개선방안」, 『국토정책 Brief』, 국토연구원, 2015.5. 23. 특히 예술과 지역에 관련해서는 Art in City, 문전성시(문화를 통한 전통시장 활성

화 사업), 생활문화공동체 조성사업, 마을미술프로젝트 등 다양한 프로젝트가 발생함.(라도삼, 「예술과 지역의 결합에 관한 세 사례의 답」, 『서울을 바꾸는 예술 포럼 – 문화기획자의 지역 생존 자료집』, 서울문화재단 공공예술센터, 2016)

6 본래 법상의 도시재생의 목적은 '도시의 경제적 · 사회적 · 문화적 활력 회복을 위하여 공공의 역할과 지원을 강화함으로써 도시의 자생적 성장기반을 확충하고 도시의 경쟁력을 제고하며 지역공동체를 회복하는 등 국민의 삶의 질 향상성에 이바지' 하는 것임(도시재생활성화 및 지원에 관한 특별법 제2조).

7 허진아, 「뉴욕 하이라인의 지역재생 사례를 통한 공공디자인 방향 모색」, 『조형미디어학』, 한국일러스트학회, 2011, 190쪽.

8 이소영 외, 『지역쇠퇴분석 및 재생방안』, 한국지방행정연구원, 2012, 25쪽.

9 기존 지역 도시재생 정책의 내용을 바탕으로 필자가 정리.

10 자산(資産)의 사전적 의미는 개인이나 집단이 미래에 성공하거나 발전할 수 있는 바탕이 될 만한 것을 비유적으로 이르는 말이라는 의미가 포함되어 있으며, 통상적으로는 유 · 무형의 자원들을 '장소자산'이라고 언급함(백선혜, 2004).

11 이때, 물리, 환경, 역사 · 문화, 경제, 인적, 사회적 자산 등을 망라함(이선영 · 남진, 2015).

12 서울시 종로구 세운상가를 중심으로 만들어진 '다시세운시민협의회'는 세운상가 상권을 활성화하고 주민들의 역량을 강화하기 위해 세운상가의 상인과 주민들이 2017년에 스스로 조직한 협의체로 각 상가의 회장 및 임원과 다양한 분야의 전문가, 예술가, 기술장인이 함께 하고 있는 도시혁신형 사례라고 할 수 있음. http://sewoon.org

13 "예술경영, 지역을 사고思考하다", 『@예술경영 2010』, 예술경영지원센터

환경보전을 위한 지역의 참여

1 이후의 글은 2017년 한국환경교육학회 하반기 학술대회 저자의 발표글을 재구성하였습니다. 정수정, 「장소를 기반으로 한 환경교육센터의 변화와 사례」, 『2016년 한국환경교육학회 하반기 학술대회자료집』, 한국환경교육학회, 2016, 13~17쪽.

2 위의 글.

3 위의 글.

4 위의 글.

녹생생활과 통계정보

1 naver 국어사전. https://ko.dict.naver.com/#/entry/koko/e4b0c8aa49894e2eb73aef1b331f5c02

2 'Giga bit per second'의 약자. 데이터 전송속도가 초당 $2^{30} \fallingdotseq 10$억bit의 속도이다. bit는 2진법의 한자리수로 컴퓨터에서 사용하는 최소단위이다.

3 이 회의를 국제연합환경개발회의(UNCED : United Nations Conference on

Environment and Development) 또는 리우(환경)회의라고도 한다.

4 한국민족문화대백과, 「국제연합환경개발회의(國際聯合環境開發會議)」(https://t
erms.naver.com/entry.nhn?docId=571953&cid=46627&categoryId=46627); 에
너지정책연구원. 「기후변화협약(UNFCCC)에 대해」(http://www.keei.re.kr/mai
n.nsf/index_mobile.html?open&p=%2Fweb_keei%2Fpendingissue.nsf%2Fxml
main%2F16DA1C733740C7C24925787A00276635&s=%3FOpenDocumen
t%26menucode%3DS1).

5 교토의정서의 정식명칭은 국제기후변화협약의 교토의정서(Kyoto Protocol to the
United Nations Framework Convention on Climate Change)이다.

6 한경 경제용어사전, 「파리기후협정」(https://terms.naver.com/entry.nhn?docId=3
329531&cid=42107&categoryId=42107); pmg 지식엔진연구소, 「신기후체제
(파리협정)」, 『시사상식사전』, 박문각(https://terms.naver.com/entry.nhn?docId=
3345327&cid=43667&categoryId=43667).

7 두산백과. 「저탄소 녹색성장」. https://terms.naver.com/entry.nhn?docId=134827
7&cid=40942&categoryId=31645

8 저탄소 녹생성장 기본법(시행 2018.3.20) 제2조 2항.

9 ○는 해당연도에서 조사된 항목을 나타낸다. 이하 모든 표에서 동일.

10 1997년의 응답항목은 '약간 노력함' 대신 '노력하는 편임'으로 표현되었음.

11 1997년의 응답항목은 '약간 노력함' 대신 '노력하는 편임'으로 표현되었음.

12 <표3>, <표4>, <표6> ~<표9>의 응답 구성비율의 연도별 변화가 의미 있는 것인지
의 여부를 보다 정확히 논의하기 위해서는 응답 구성비율들에 대한 분산 추정값을
함께 살펴보아야 한다. <표7>에서 2018년도 '매우 노력함'의 구성비율이 다른 연도
에 비해 감소했더라도, 이것이 표본오차에 의한 것으로 실제로는 감소하지 않았을
수도 있다. 여기에서는 편의상 표본오차를 고려하지 않았다. 추정의 정확도와 표본
오차 등에 자세한 내용은 통계학 서적을 참고하기 바란다.

도시숲 시민참여와 지속가능한 도시

1 변우혁·김기원 외, 『도시숲 이론과 실제』, 이채, 2010.

2 산림청, 「제2차 도시림 기본계획」, 2018.

3 위의 책.

4 손정아, 「미세먼지가 숲을 만났을 때, 숲은 어떻게 미세먼지를 먹어치우나?」, 『미세
먼지 대응 도시숲 그린인프라 토론회 자료집』, 서울연구원, 2018.

5 산림청, 「제2차 도시림 기본계획」, 2018.

6 김원주, 「서울시 그린인프라의 미세먼지 저감효과 평가」, 『미세먼지 대응 도시숲
그린인프라 토론회 자료집』, 2018.

7 김대욱 외, 「도시공원 조성에 따른 미기후환경의 변화 분석 - 대구광역시 중구를
대상으로」, 『한국도시설계학회지』 11(2), 한국도시설계학회, 2010, 77~94쪽.

8 박종화 외, 「공원 크기에 따른 공원의 온도 저감 효과 분석」, 『국토계획』 51(5), 대한

국토·도시계획학회, 2016, 247~261쪽.

9 위의 글.
10 산림청, 「제2차 도시림 기본계획」, 2018.
11 위의 글.
12 위의 글.
13 위의 글.
14 생명의숲국민운동, 「시민참여형 도시숲 관리 사례 발굴 및 분석 연구보고서」, 2015.
15 위의 글.
16 위의 글.
17 생명의숲국민운동, 「시민참여형 도시숲 운영 과정 조사 연구」, 2016.
18 위의 글.
19 위의 글.
20 생명의숲국민운동, 「시민참여형 도시숲 사례 발굴 및 분석」, 2015.
21 위의 글.

지역사회와 함께하는 지속가능한 지역만들기

1 미래 세대가 자신의 필요를 충족시킬 능력을 위태롭게 하지 않는 범위에서 현재의 필요를 충족시키는 발전. 문도운 외, 2016.
2 지속가능한발전포털. http://ncsd.go.kr/
3 정준금, 「환경정책론」, 대영문화사, 2007.
4 나카지마 에리, 김상용 역, 「영국의 지속가능한 지역만들기 파트너십과 지방화」, 한울아카데미, 2009.
5 건국대학교 산학협력단, 「생물권보전지역 지속가능 지역경제 활성화 전략 연구 보고서」, MAB한국위원회. 2016 내용을 중심으로 수정 보완하였다.
6 설악산과 신안 다도해의 경우 2013년 BR 용도구역을 확대 변경 신청하였다. 제주도 또한 2018년 중산간지역을 중심으로했던 BR 용도구역을 도 전체로 확장하는 변경 신청을 하였다.
7 생명의숲국민운동, 「광릉숲포럼 및 거버넌스 구축을 위한 이해관계자 조사 및 분석 연구보고서」, 국립수목원, 2015, 55~64쪽 내용을 중심으로 정리하였다.
8 사회맞춤형 산학협력력 선도대학 육성사업(Leaders in INdustry-university Co-operation)
9 생태기반사회연구소 내부자료. 디지털광진 홈페이지.

참고문헌

생태사회를 위한 독일작가들의 활동과 생태문학

박희병, 『한국의 생태사상』, 돌베개, 1999.

최문규, 「자연철학에 기초한 독일낭만주의의 자연관 및 문학관」, 윤호녕·최문규·고갑희, 『19세기 자연과학과 자연관』, 서울대 출판부, 1997.

Aust, Stefan, *Der Baader—Meinhof—Komplex*, München, 1989.

Bahro, Rudolf, *Die Alternative. Zur Kritik des real existierenden Sozialismus*, Europäische Verlagsanstalt(EVA), Köln/Frankfurt, 1977.

_____, *Logik der Rettung*, Stuttgart, 1987.

Böll, Heinrich: *Werke. Romane und Erzählungen*, Bd. III, Frankfurt a. M./Wien 1987.

_____, *Essayistische Schriften und Reden*, Bd. 1~3, Köln 1979/1980.

_____, *Drei Tage im März. Ein Gespräch zwischen Heinrich Böll und Christian Linder*, Köln, 1975.

_____, *Im Gespräch. Heinrich Böll mit H. L. Arnold*, München 1971.

Gajek, Bernhard, 박진영 역, "Bettina von Arnim, Von der Romantik zur Sozialen Revolution", 『계명대 독일학지』, 1992.

Grass, Günter, *Der Butt*. 4. Darmstadt/Neuwied, 1987.

Jens, Walter(Hrsg.), *Kindlers Neues Literatur Lexikon*, München, 1991.

Keller, Gottfried, *Romeo und Julia auf dem Dorfe*, München, 1991.

Nicolai, Rosemarie, *Christa Wolf. Kassandra*, Oldenburg, 1995.

Reid, R. H., *Heinrich Böll*, München, 1990.

Raabe, Wilhelm, *Pfisters Mühle*, Stuttgart, 1985.

von Arnim, Bettina, *Werke und Briefe*, Bd.1, Hrsg. v. Walter Schmitz und Sibylle von Steinsdorff, Frankfurt a. Main, 1995.

_____, *Werke und Briefe*, Bd.3, Politische Schriften, Hrsg. v. Wolfgang Bunzel, Ulrike Landfester, Walter Schmitz und Sibylle von Steindorff, Frankfurt a. Main, 1995.

_____, *Goethes, Briefwechsel mit einem Kinde*, Hrsg. v. Waldemar Oehlke, Frankfurt a. Main, 1990,

Quernheim, Mechthild, *Das moralische Ich. Kritische Studien zur Subjektwerdung in der Erzahlprosa Christa Wolfs*, Wuerzburg, 1990.

Wolf, Christa, *Kassandra*, München, 2000.

_____, *Die Dimension des Autors*, Darmstadt/Neuwied, 1987.

_____, "Dokumentation", In, *The German Quaterly*, Bd.57, 1984.

생태담론의 철학

가토우 히사티케, 한귀현 역,『환경윤리』, 동남기획, 2001.

구승회,『생태철학과 환경윤리』, 동국대 출판부, 2001.

김성진,「철학적 인간학의 생태학적 과제」, 송상용 외,『생태문제와 인문학적 상상력』, 나남출판, 1999.

_____,「환경미학과 썩음의 미학」,『환경철학』6, 한국환경철학회, 2007.

노희정,「도덕공동체의 확장과 도덕적 의무」,『환경철학』6, 한국환경철학회, 2007.

도널드 워스터, 강헌·문순홍 역,『생태학, 그 열림과 닫힘의 역사』, 아카넷, 2002.

_____, 문순홍 편역,『지속가능한 사회를 향한 생태전략』, 나라사랑, 1995.

데자르뎅, 조제프 R., 김명식·김완구 역,『환경윤리』, 연암서가, 2017.

머레이 북친,「사회생태론」, 문순홍 편,『생태학의 담론』, 솔, 1999.

문순홍,『생태학의 담론』, 아르케, 2006.

_____,「생태여성론, 그 닫힘과 열림의 이론사」, 문순홍 편,『생태학의 담론』, 솔, 1999.

박이문,「생태학적 합리성과 아시아 철학」, 숲과 문화연구회 편,『숲께 드리는 숲의 철 학』, 철학과현실사, 2006.

_____,『환경철학』, 미다스북스, 2002.

박준건,「생태적 세계관, 생명의 철학」,『인문학과 생태학』, 백의, 2001.

박찬국,『환경문제와 철학』, 집문당, 2004.

송명규,『현대생태사상의 이해』, 도서출판 따님, 2004.

안건훈,「아메리컨 인디안의 환경윤리」,『철학』57, 한국철학회, 1998.

양해림,『기후변화, 에코(ECO)철학으로 응답하다』, 충남대 출판문화원, 2016.

_____,『한스 요나스의 생태학적 사유읽기-개정증보판』, 충남대 출판문화원, 2017.

_____,「기후변화와 책임의 윤리」,『환경철학』8, 한국환경철학회, 2009.

_____,「과학기술시대의 오디세우스-호르크하이머와 아도르노의 계몽의 변증법을 중심으로」,『디오니소스와 오디세우스의 변증법』, 철학과현실사, 2000.

이상헌,『세상을 움직이는 물』, 이매진, 2003.

이진경,『미래의 맑스주의』, 그린비, 2006.

장춘익,「생태철학-과학과 실천사이의 지적 사상력」, 송상용 외,『생태문제와 인문학 적 상상력』, 나남출판, 1999.

존 벨러미 포스터,「자본주의에서 사회주의로의 이행과 생태」, 김철규 외역,『생태논의의 최전선』, 필맥, 2009.

카트린 라레르, 「새로운 윤리?」, 베어드 캘리콧 외, 윤미연 역, 『자연은 살아있다』, 창해, 2004.

칼렌바크, 어니스트, 노태복 역, 『생태학 개념어 사전』, 에코리브르, 2009.

페퍼, 데이비드, 이명우 외역, 『현대환경론』, 한길사, 1989.

한면희, 『동아시아 문명과 한국의 생태주의』, 철학과현실사, 2009.

_____, 『미래세대와 생태윤리』, 철학과현실사, 2007.

호지, 헬레나 노리베리 · 시바, 반다나, 홍수원 역, 『진보의 미래』, 두레, 2006.

홍기빈, 『아리스토텔레스, 경제를 말하다』, 책세상, 2001.

화이트, 린, 주니어, 강일휴 역, 『중세의 기술과 사회변화』, 지식의풍경, 2005.

Crowley, Thomas J., "Causes of Climate Change over the past 1000 Years", *Science*, 14. July, 289, 2000.

Bowler, P. J., *The Science of Ecology*. 2nd ed., Orlando, FL : Saunders College Publishing, 1994.

David Griffin, Albany, *Postmodern Spirituality, Political Economy and Art*, N.Y : State University of New York Press, 1990.

David, Held, Anthony McGrew, David Goldblatt and Jonathan Perraton, *Global Transformations*, Stanford University Press, 1999.

Goodland, Robert, Sustainability : Human, social Environmental Change, Indianapolis : John Wiley &Sons, 2002.

Haeckel, Ernst, *Generelle Morphologie der Organismen : Allgemeine Grundzüge der organischen Formen-Wissenschaft. mechanische begründet durch die von Charles Dawin reformierte Descendenz-Teorie*. vols. Berlin; G. Remar, 1866.

Jonas, Hans, *Das Prinzip Verantwortung, Versuch einer Ethik für die technologische Zivilisation*, Frankfurt. a. Main, 1984(이진우 역, 『책임의 원칙-기술시대의 생태학적 윤리』, 서광사, 1994).

Kirchner, J. W., "The Gaia Hypothesis : Are They Testable? Are They Useful?" in : Schneider, S. H. and P. j. Boston eds, *Scientist on Gaia*, MIT Press, 1992.

Korhonen, Jouni, "Environmental Planning vs. System Analysis : Four Prescriptive Principles vs Four Descriptive Indicators", in : *Journal of Environmental Managment* 82, 2007.

Leopold, Aldo, *A Sand County Almanac and Sketches Here and There*, New York : Oxford University Press, 1996.

Macy, Joanna, "The Ecological Self : Postmodern Ground for Right Action" in : *Sacred Interconnections*, 1990.

Meyer—Abich, Klaus Michael, *Wege zum Frieden mit der Natur*, München, 1984.

_____, "Naturphilosophie auf neuen Wege," Osward Schwemmer(Hg.), *Über Natur*, Frankfurt. a. Main, 1987.

Mol, P. J., "Ecological Modernisation and Institutional Reflexivity : Environmen -tal Reform in the Late Modern Age", *Ecological Politics*, Vol.5. No.2, 1996.

Morriso, Roy, 노상우 · 오성근 역, 『생태민주주의』, 교육과학사, 2005.

Naess, Arne, "The Shallow and Deep, Long-Range Ecology Movement", *inquiry*, Vol 16, Spring, 1973.

Naess, Arne, *Ecology, Community and Lifestyle*, Cambridge University Press, 1989.

Nash, Roderick Frazier, *The Right of Nature : A history of environmental ethics*, Madison : The University of Wisconsin Press, 1989.

_____, *Wilderness and the American Mind*, New Haven : Yale University Press, 1967.

Odum, E. and Barrett, G. W., *Fundamentals of Ecology*(5th Ed), Brooks Cole, 2004.

O'Riordan, T., *Environmentalism*, London : Pion.1981.

Rolston III, Holmes, "Values in and Duties to the Natural Rights," David Schmidtz(Hg.), *Environmental ethics*, Oxford University, 2002.

Shrader-Frechett, Kristin, *Ethics and Environment Policy : Theory Meets Practice*, Athens, The University of Georgia Press, 1994.

Strass, L., *Natural right and History*, The University of Chicago Press, 1953.

Tayler, Miller, Jr. G., *Essentials of Ecology*, 3rd ed., Brooks/Cole, Thomson Learning, 2005.

Max Weber, *Gesammelte Aufsätze zur Wissenschaftslehre*, Tübingen, 1968.

_____, *Wirtschaft und Gesellschaft*, Tübingen 1947(막스 베버, 박성환 역, 『경제와 사회』, 문학과지성사, 1997).

White, Jr., Lynn, "The Historical Roots of Our Ecologic Crisis", in : *Science*, no. 155, 1967.

Zimmermann er. al(eds), *Environmental Philosophy*, Englewood Cliffs, 1993.

지속가능한 성장을 위한 문화 도시 기반 경쟁력 강화

도시재생 네트워크, 『뉴욕 런던 서울의 도시재생 이야기』, 픽셀하우스, 2009.

라도샴, 「예술과 지역의 결합에 관한 세 사례의 답」, 『서울을 바꾸는 예술 포럼－문화기획자의 지역 생존 자료집』, 서울문화재단 공공예술센터, 2016.

박태선·이미영·한우석, 「지역 간 문화격차 실태 및 개선방안」,『국토정책 Brief』, 국토연구원, 2015.5.23.

백선혜, 「소도시의 문화예술축제 도입과 장소성의 인위적 형성」,『대한지리학회지』 39(6), 대한지리학회, 2004.

이병민, 「콘텐츠 생태계 중심 창조적 문화도시의 발전방향」,『인문콘텐츠』 25, 인문콘텐츠학회, 2012.

_____, 「문화자산을 토대로 한 도시재생과 지역발전-〈서울동화축제〉사례를 중심으로」,『한국경제지리학회지』 19(1), 한국경제지리학회, 2016.

이병민 외,『창조경제시대 한국형 지역재생모델 수립을 위한 인문학적 접근방안 모색』, 경제·인문사회연구회, 2013.

이병민·이원호, 「글로컬라이제이션 시대의 문화변동과 지역발전 : 문화콘텐츠를 중심으로」, 한국경제지리학회지 17(2), 한국경제지리학회, 2014.

이선영·남진, 「도시재생 수단으로서 지역자산의 의미와 활용실태 분석」,『국토계획』 50(3), 대한국토·도시계획학회, 2015.

이소영 외,『지역쇠퇴분석 및 재생방안』, 한국지방행정연구원, 2012.

이순자 외,『지역거점 문화도시 조성사업의 추진실태 및 향후 과제』, 국토연구원, 2012.

이용관·이현진,『산업의 문화화 활성화를 위한 정책과제 연구』, 한국문화관광연구원, 2016.

이클레이(ICLEI) 한국사무소 , 「UN해비타트3 배경 및 추진결과」, 2016.3.

정수희·이병민, 「창조적 장소자산으로서 예술자산의 유형과 사례연구」,『한국경제지리학회지』 17(1), 한국경제지리학회, 2014.

_____, 「'사회적 예술활동'의 개념 규정과 유형화에 대한 연구」,『예술경영연구』 46, 한국예술경영학회, 2018.

조명래, 「문화적 도시재생과 공공성의 회복 : 한국적 도시재생에 대한 비판적 성찰」,『공공예술·건축·디자인 세미나 자료집』, 부산발전연구원, 2010.6.17.

하수정 외,『지속가능한 발전을 위한 지역 회복력 진단과 활용 방안 연구』, 국토연구원, 2014.

허진아, 「뉴욕 하이라인의 지역재생 사례를 통한 공공디자인 방향 모색」,『조형미디어학』 14(3), 한국일러스아트학회, 2011.

Aitchison, C.·Evans, T., "The cultural industries and a model of sustainable regeneration : manufacturing 'pop' in the Rhondda Valleys of South Wales", *Managing Leisure*, vol 8, Chapman & Hall, 2003.

Cooke, P.·Lazzeretti, P., *Creative Cities, Cultural Clusters and Local Economic*

Development, Cheltenham, UK and Northampton, MA, USA : Edward Elgar, 2008.

del Corral, M. (2005) *Cultural industries : towards a policy framework*, UNESCO, Presentation of Asia-Pacific Creative Communities : A Strategy for the 21st Century, Jodhpur(India) .

SDGMUN(2016) 『2016-2030』 Sustainable Development Goals '지속가능한 발전 목표 SDGs 종합 보고서'.

Strand, Joyce A · Peacock, Robert., "Resource Guide : Cultural Resilience", *Tribal College Journal*, Vol.14, No.4, American Indian Higher Education Consortium, 2003.

Syker, H., Roberts, P., *Urban Regeneration,* Syker, H.(eds.), SAGE Publications Ltd, 2012.

UCLG, "Culture in the Sustainable Development Goals—Agenda 21 for culture : A Guide for Local Action", 2017.

Xie, Philip Feifan. *Industrial Heritage Tourism*, Channel View Publications, 2015.

http://www.wwfkorea.or.kr/?228711/sustainable-development-goals

SDG Compass : 지속가능발전목표에 관한 기업행동지침.(https://sdgcompass.org/;)

지속가능한 사회와 사회적 책임

「ISO 26000 : 2010 Guidance on social responsibility」.

정택진 외, 『ISO 26000 사회적 책임, 글로벌 스탠더드로 실행하라』, 한울, 2013.

江橋崇, 『企業의 社會的 責任經營』, 法政大學出判局, 2009.

小林俊治·齊藤毅憲, 『CSR 經營革新』, 中央經濟社, 2008.

小河光生, 『ISO26000で經營はこう変わる』, 日本經濟新聞出版社, 2010.

日本經營倫理學會 CSRイニシアチブ 委員會, 水尾順·清水政道·蟻生俊夫 編, 『CSRイニシアチブ』, 日本規格協會, 2007.

ISO, 吉澤 正 訳, 『ISOがすすめるマネジメントシステム規格の統合的な利用』, 日本規格協會, 2009.

www.iso.org

탈탄소 지속가능한 기후정의의 길

Germanwatch CAN New Climate Institute, "The Climate Change Performance

Index 2019", 2018.

IPCC, "Climate Change 2014 Synthesis Report", 2014.

IPCC, "SPECIAL REPORT, Global Warming of 1.5℃", 2018.

IRENA, "Renewable Energy and Jobs : Annual Review 2018", 2018.

Lappeenranta University of Technology and the Energy Watch Group, "GLOBAL RENEWABLE ENERGY SOLUTIONS SHOWCASE", 2017.

Mark Z. Jacobson, "100% Clean and Renewable Wind, Water, and Sunlight All-Sector Energy Roadmaps for 139 Countries of the World", 2017.

Potsdam Institute for Climate Impact Research, Stefan Rahmstorf and Anders Levermann, "OUR SHARED MISSION FOR 2020 : Why global emissions must peak by 2020", 2017.

Pope Francis, "Laudato Si : On Care for our Common Home", 2015.

REN21, "Renewables 2018 Global Status Report", 2018.

The Sustainable Development Solutions Network(SDSN) and The Institute for Sustainable Development and International Relations(IDDRI), "Pathways to deep decarbonization 2015 report", 2015.

The World Bank, "Groundswell : Preparing for Internal, Climate Migration", 2018.

UN Environment, "Emissions Gap Report 2018", 2018.

UN, "Transforming our world : the 2030 Agenda for Sustainable Development", 2015.

WCED, "Report of the World Commission on Environment and Development : Our Common Future", 1987.

WMO, "climate statement : past 4 years warmest record", 2018.

환경보전을 위한 지역의 참여

권영락·황만익, 「장소감의 환경교육적 의의」, 『환경교육』 18(2), 한국환경교육학회, 2005.

이선경·장남기, 「자기 환경화를 통한 환경교육 전략의 효과」, 『환경교육』 5, 한국환경교육학회, 1993.

이재영, 『한국환경교육의 흐름』 3, 공주대 출판부, 2013.

임하나 외, 「장소성 인식 특성이 행동 의도에 미치는 영향 분석」, 『도시설계학회지』 14(2), 한국도시설계학회, 2013.

정수정, 「장소를 기반으로 한 환경교육센터의 변화와 사례」, 『2017년 한국환경교육학회 하반기 학술대회자료집』, 한국환경교육학회, 2017.

정해림·임미연, 「거주지역 생태탐사 프로그램에서 보이는 학습자와 자연 간의 상호작용 양상의 탐색」, 『환경교육』 30(1), 한국환경교육학회, 2017.

Stern, M. J.·Hellquist, A., "Trust and collaborative governance", In Alex Russ, A. & Krasny, M. E. (Eds.), *Urban Environmental Education Review*. Ithaca; London : Comstock Publishing Associates, 2017.

녹생생활과 통계정보

김인기, 『이야기로 풀어쓴 세계사』 1, 지경사, 2008.

송성수, 『기술의 역사 : 뗀석기에서 유전자 재조합까지』, 살림출판사, 2009.

통계청, 「사회조사보고서」, 2018.

허순영, 『풀어쓴 통계학』, 자유아카데미, 2018.

Elizabeth Marshall Thomas, 이선희 역, 『세상의 모든 딸들』, 홍익출판사, 1987.

경제학사전, 「산업혁명」. https://terms.naver.com/entry.nhn?docId=779099&cid=42085&categoryId=42085

두산백과. 「저탄소 녹색성장」. https://terms.naver.com/entry.nhn?docId=1348277&cid=40942&categoryId=31645

에너지정책연구원. 「기후변화협약(UNFCCC)에 대해」. http://www.keei.re.kr/main.nsf/index_mobile.html?open&p=%2Fweb_keei%2Fpendingissue.nsf%2Fxmlmain%2F16DA1C733740C7C24925787A00276635&s=%3FOpenDocument%26menucode%3DS1

윤지로, 「세계 환경위기 시계 1년새 14분 빨라졌다」, 『세계일보』, 2018.10.4.(http://www.segye.com/newsView/20181004004575?OutUrl=naver)

위키백과, 「산업혁명」.(https://ko.wikipedia.org/wiki/%EC%82%B0%EC%97%85%ED%98%81%EB%AA%85)

위키백과, 「제2차 산업혁명」.(https://ko.wikipedia.org/wiki/%EC%A0%9C2%EC%B0%A8_%EC%82%B0%EC%97%85%ED%98%81%EB%AA%85)

위키백과, 「제3차 산업혁명」.(https://ko.wikipedia.org/wiki/%EC%A0%9C3%EC%B0%A8_%EC%82%B0%EC%97%85%ED%98%81%EB%AA%85)

위키백과, 「제4차 산업혁명」.(https://ko.wikipedia.org/wiki/%EC%A0%9C4%EC%B0%A8_%EC%82%B0%EC%97%85%ED%98%81%EB%AA%85)

학생백과, 「산업혁명」.(https://terms.naver.com/entry.nhn?docId=941456&cid=47323&categoryId=47323)

한경 경제용어사전, 「산업혁명」.(https://terms.naver.com/entry.nhn?docId=20

61767&cid=50305&categoryId=50305)

한경 경제용어사전, 「파리기후협정」.(https://terms.naver.com/entry.nhn?docI
d=3329531&cid=42107&categoryId=42107)

한국민족문화대백과, 「국제연합환경개발회의(國際聯合環境開發會議)」.(https://ter
ms.naver.com/entry.nhn?docId=571953&cid=46627&categoryId=4
6627)

황승환, 「스페이스X의 인터넷 인공위성 12,000대 '스타링크' 계획 최종 승인」,
『THEGEAR』, 2018.11.15.(http://www.thegear.net/16436)

EBS 어린이 지식e, 「지식e 궁금해! 지구 환경 시계가 위험을 알린다」.(https://terms.n
aver.com/entry.nhn?docId=3430673&cid=58436&categoryId=5843
6&expCategoryId=58436.)

IT용어사전, 「제4차 산업혁명」.(https://terms.naver.com/entry.nhn?docId=35
48884&cid=42346&categoryId=42346)

pmg 지식엔진연구소, 「신기후체제(파리협정)」, 『시사상식사전』, 박문각.(https://te
rms.naver.com/entry.nhn?docId=3345327&cid=43667&categoryId
=43667)

원예와 힐링

Byung-Sik Joo · Sin-Ae Park · Ki-Cheol Son, "Improving Work Adjustment
Skills in Students with Mental Retardation Using Hydroponics
Program", *Kor. J. Hort. Sci. Technol.*, Vol.30, No.5, 2012.

Patricia M. Herman · Benjamin M. Craig · Opher Caspi, "Is complementary
and alternative medicine(CAM) cost-effective? a systematic review",
BMC Complementary and Alternative Medicine, Vol.5, No.11, 2005.

Son, K.C · Jung, S.J · Lee, A.Y · Park, S.A., "The theoretical model and universal
definition of horticultural therapy", *Acta Hortic*, Vol.11, No.21, 2016.

Sin-Ae Park · A-Young Lee · Geung-Joo Lee · Dae-Sik Kim · Wan Soon
Kim · Candice A. Shoemaker · Ki-Cheol Son, "Horticultural
Activity Interventions and Outcomes : A Review", *Korean J. Hortic. Sci.
Technol.*, Vol.34, No.4, 2016.

Sin-Ae Park · A-Young Lee · Kwan-Suk Lee · Ki-Cheol Son, "omparison
of the Metabolic Costs of Gardening and Common Physical
Activities in Children", *Kor. J. Hort. Sci. Technol.*, Vol.32, No.1, 2014.

Sin-Ae Park · A-Young Lee · Kwan-Suk Lee · Ki-Cheol Son, "A

Comparison of Exercise Intensity between Two Horticultural and Four Common Physical Activities among Male Adults in Their 20s", *Kor. J. Hort. Sci. Technol.*, Vol.33, No.1, 2015.

Sin-Ae Park · Kwan-Suk Lee · Ki-Cheol Son · Candice Shoemaker, "Metabolic Cost of Horticulture Activities in Older Adults", *J. Japan. Soc. Hort. Sci.*, Vol.81, No.3, 2012.

Sin-Ae Park · Sae-Room Oh · Kwan-Suk Lee · Ki-Cheol Son, "Electromyographic Analysis of Upper Limb and Hand Muscles during Horticultural Activity Motions", *HortTechnology. February.*, Vol.23, No.1, 2013.

Sin-Ae Park · A-Young Lee · Hee-Geun Park · Ki-Cheol Son, "Gardening Intervention as a Low — to Moderate — Intensity Physical Activity for Improving Blood Lipid Profiles, Blood Pressure, Inflammation, and Oxidative Stress in Women over the Age of 70 : A Pilot Study", *HORTSCIENCE*, Vol.52, No.1, 2017.

Sin-Ae Park · A-Young Lee · Geung-Joo Lee · Dae-Sik Kim · Wan Soon Kim, Candice A. Shoemaker, Ki-Cheol Son, "Horticultural Activity Interventions and Outcomes A Review", *Korean Journal of Horticultural Science & Technology.*, Vol.34, No.4, 2016.

World Health Organization, *Construction in Basic Documents*, Geneva : WHO, 1948.

Yun-Ah Oh · Sin-Ae Park · Byung-Eun Ahnc, "Assessment of the psycho-pathological effffects of a horticultural therapyprogram in patients with chizophrenia", *Complementary Therapies in Medicine.*, Vol.36, 2018.

도시숲 시민참여와 지속가능한 도시

국립산림과학원, 『미세먼지 대응 도시숲 그린인프라 자료집』, 서울연구원, 2018

김대욱 · 김중권 · 정응호, 「도시공원 조성에 따른 미기후환경의 변화 분석－대구광역시 중구를 대상으로」, 『한국도시설계학회지』 11(2), 한국도시설계학회, 2010.

박종화 · 조기혁, 「공원 크기에 따른 공원의 온도저감 효과 분석」, 『대한국토계획학회지』 51(5), 대한국토 · 도시계획학회, 2016.

변우혁 · 김기원 외, 『도시숲 이론과 실제』, 이채, 2010.

산림청, 「제2차 도시림 기본계획」, 2018.

생명의숲국민운동, 「시민참여형 도시숲 관리 사례 발굴 및 분석」, 2015.

＿＿＿＿＿＿＿, 「시민참여형 도시숲 운영 과정 조사 연구」, 2016.

_____, 「미세먼지·폭염 저감을 위한 도시림 관련 정책연구」, 2017.

지역사회와 함께하는 지속가능한 지역만들기
광릉숲 유네스코 생물권보전지역.(https://www.gfbr.kr)
구도완·홍덕화, 「한국 환경운동의 역사」, 『환경운동과 생활세계』, 한울아카데미,
　　2013.
김상욱, 「[영국 런던 '이즐링턴 자치구'] 피플 파워 및 직접참여민주주의의 전형」, 『월간
　　주민자치』 39, 한국자치학회, 2015.
나카지마 에리, 김상용 역, 『영국의 지속가능한 지역만들기 파트너십과 지방화』, 한울아
　　카데미, 2009.
건국대학교 산학협력단, 「생물권보전지역 지속가능 지역경제 활성화 전략 연구 보고서」,
　　MAB한국위원회, 2016.
디지털광진, 「광진포럼에서 지역문제 함께 고민해요」, 디지털광진, 2013.7.19.(http:/
　　/www.gwangjin.com/sub_read.html?uid=10871&section=sc14&se
　　ction2=)
디지털광진.(http://www.gwangjin.com)
문도운 외, 「알기쉬운 지속가능발전목표 SDGs」, 국제개발협력시민사회포럼·KOICA,
　　2016.
생명의숲국민운동, 「광릉숲포럼 및 거버넌스 구축을 위한 이해관계자 조사 및 분석
　　연구보고서」, 국립수목원, 2015.
유네스코 고창 생물권보전지역.(http://www.gochang.go.kr/gcbr/index.gocha
　　ng)
정준금, 『환경정책론』, 대영문화사, 2007.
제주도 생물권보전지역.(http://jibr.jeju.go.kr)
조도순, 「MAB와 생물권보전지역의 역사와 철학」, 『유네스코 MAB 40주년 기념 : MAB
　　의 성과와 미래』, 유네스코한국위원회, 2011.
하라 유이치, 『비와호 Mother Lake21계획-컨셉과 이해관계자의 참가-보고서』, 교토
　　학원대학, 2012.
한국농어촌공사, 농어촌연구원, 『농업비점오염관리 거버넌스 운영 매뉴얼2 유역거버넌
　　스 구축』, 한국농어촌공사 농어촌연구원, 2016.
UNESCO MAB.(http://www.unesco.org/new/en/natural−sciences/enviro
　　nment/ecological−sciences/biosphere−reserves/)

필자 소개

사지원 史智媛, Sa Ji-won
독일 레겐스부르크 대학교에서 박사학위(Ph. D. 독일정부 하인리히뵐 재단의 장학생)를 취득하였으며 현재 건국대학교 문화콘텐츠학과 교수로 재직 중이다. 건국대학교 생태기반사회연구소 소장과 한국하인리히뵐학회 회장을 맡고 있으며 한국연구재단 학술지 발전위원회 전문평가단 위원과 생명의 숲 이사로 활동하고 있다. 주요연구 분야는 생태·문화·여성이다. 이 분야에 대한 25편의 단독 및 공저와 역서, 100여 편의 논문이 있다.

양해림 梁海林, Yang Hae-rim
현 충남대학교 인문대학 철학과 교수. 한국니체학회장, 한국환경철학회장, 한국역사철학회장, 대전시민사회연구소장, 민주화를 위한 전국교수협의회(민교협) 공동의장, 대전광역시 인권위원회 인권위원장을 역임했다. 현 충남대학교 인문과학연구소장, 한국해석학회장이다. 단행본으로『시사프리즘, 철학으로 한국사회를 읽다』(충남대 출판문화원, 2018), 「니체와 그리스 비극」(한국문화사, 2017), 「개정 증보3판 대학생을 위한 서양철학사」(집문당, 2017) 등 18권의 단행본과 30여 권의 공저, 논문으로「21세기 글로벌 기후변화와 윤리적 정의(Justice)」, 「기후변화와 탈핵의 정치」, 「초기 맑스의 생태담론」 등 90여 편이 있다.

이병민 李炳敏, Lee Byung-min
현 건국대학교 문화콘텐츠학과 교수. 서울대학교 사회과학대학 지리학과 박사. 한국문화콘텐츠진흥원 정책개발팀장, 청강문화산업대학 산학부단장 및 대외협력센터장을 역임하였으며, 현재 건국대학교 글로컬문화전략연구소장 (사)산업클러스터학회 회장, 문화경제학회 부회장, 경제지리학회 편집위원장으로 활동하고 있다. 대표논문 및 저서로는「K-Pop Strategy Seen from the Viewpoint of Cultural Hybridity and the Tradition of the Gwangdae」(2017), 「대학에서의 창의성 발현을 위한 문화콘텐츠 교육 개선방안 탐색」(2013), 「콘텐츠 생태계 중심 창조적 문화도시의 발전방향」(2012), 「문화콘텐츠산업의 고용 특성에 대한 통계 분석 연구」(2011) 등 50여 편이 있다.

이승은 李丞檼, Lee Seung-eun
대전보건대학교 의료경영과 교수. 글로벌표준정책포럼 총괄간사, 한국표준품질선진화포럼 사무처장을 역임하였다.

임낙평 林洛平, Lim Nak-pyong
전남대학교 독어독문학과를 졸업했으며 광주환경운동연합 사무처장 및 공동의장, 푸른광주21협의회(현 광주지속가능발전협의회) 공동대표, 광주시민단체협의회 상임대표, (재)국제기후환경센터 대표이사를 역임했다. 현재는 동아시아기후네트워크 공동대표, 환경부 국가지속가능발전협의회 위원으로 활동하고 있다.

정수정 鄭水晶, Jung Sue-jung
한국환경교육연구소 소장, 삼육대학교 환경그린디자인학과 겸임교수, 산림청 산림교육심의위원회 심의위원, 유네스코 MAB한국위원회 위원, 노원환경재단 이사로 활동하고 있다.

허순영 許順英, Heo Sun-yeong
현 창원대학교 통계학과 교수, 미국 Texas A&M 대학교 통계학과 박사. 한국교육개발원 연구위원, 미국 NHIS 및 미국 Westat에서 교환교수를 역임하였다.

박신애 朴信愛, Park Sin-ae
캔사스주립대학교 이학박사. 현재 건국대학교 환경보건과학과 및 일반대학원 바이오힐링융합학과 교수, International People Plant Council 위원장(Chair), 한국원예치료복지협회 부회장, 국제자연산림복지협회 부회장, 인간식물환경학회지 부편집위원장으로 활동하고 있다.

이수현 李洙賢, Lee Soo-hyun
서울대학교 동물자원과학과를 졸업하고, 경실련 환경개발센터 간사 및 생명의숲 사무처장을 역임하였다. 현재는 생명의숲연구소 부소장으로 활동하고 있다.

유미연 柳美姸, Yoo Mi-yeon
건국대학교 환경과학과 박사 수료, 건국대학교 생태기반사회연구소 연구조교. 대표 저서로는 『우리의 지속가능한 생물다양성 – 생물다양성 보전을 위한 민간참여』(유네스코한국위원회, 2018)가 있다.